世界はとても不思議で美しい

My Favorite Movies

映画の本棚

2004-2022

佐藤　博 SATO Hiroshi

同時代社

憧れを知る者のみ
我が悩みを知らめ

ゲーテ（『ヴィルヘルムマイスターの遍歴時代』）

Love is Art
Struggle is Beauty

荻原守衛（碌山）

はじめに

「本棚」が好きです。

背中で並んだ本の書名を眺めるだけで、懐かしさや切なさがよみがえることがあります。

その本を読んだときの情景や境遇を思い出すこともあります。

誰かの家を訪ねても、まず本棚に目が向きます。

そこに並んだ物語や詩や思想が、その人の好んだ著者が、その人のなかに潜んでいるように思うからです。

映画も似たところがあります。どんな映画を観てきたのか、どんな映画に惹かれたのかに興味があります。

観た映画を語りあうことも好きです。

映画の魅力にさまざまな光があたり、

気づかなかった発見や、語る人の見方や感じ方にも触れることができるからです。

私の職業は教師でした。

多くの職業がそうであるように、教師もまた悩みの多い仕事でした。

子どもについて、人間について、自分について、社会について、たくさんの難問が教師に突きつけられます。
映画は答えはくれませんが、世界を広げ、見方を転じさせ、苦悩の質を変えてくれることがあります。
映画館の暗闇から温かい思いや新鮮な気分で自分の場所に戻れた日が何度もありました。

「世界はとても不思議で美しい」

韓国映画『はちどり』（四二八ページ）で、喪った大切な人が主人公の中学生に残した言葉です。
映画を観ることでも、自分自身の人生でも、そんな不思議で美しい世界と巡りあいたいものです。
アルゼンチンの草原、ブータンの山並み、ウガンダの学校、パリの教室、広島の夏、
映画によって時間も場所も超えて違う世界に連れ出され、
映画で出会った人たちに励まされた日が私にもありました。
そんな映画の記憶を誰かに伝えられたら、と願います。

本書は教育科学研究会が発行する月刊誌『教育』に連載した映画紹介を一部加筆修正し、再録したものです。
読者対象は主に教職員や教育研究者でしたが、
誰もがかつては子どもであり、多くの方々がその人生で子どもや教育にかかわるはずです。
子どもの視点や教育からのまなざしでも映画を楽しんでいただければと願います。

intermission

2010-2019

intermission

2020-2022

※おことわり　雑誌掲載時から、多忙な読者が取り上げた映画を実際に観に行けるとは限らないと考え、ストーリーの結末まで紹介している作品も少なくありません。ご容赦ください。

青春の激情と光芒《こうぼう》

『草原の輝き』

誰にも忘れ難い青春の映画があるのではないだろうか。私にとってはエリア・カザン監督の『草原の輝き』である。渦中の青春期が「人生のもっとも美しい季節(1)」などとは思えずに焦燥していた頃、リバイバルで出会った映画である。主演したナタリー・ウッドは可憐《かれん》でまぶしいほどに美しく見えた。

村上春樹が『映画をめぐる冒険(2)』で「この映画のことを想うとき、いつも哀しい気持ちになる」として、ナタリー・ウッドについて「青春というものの発する理不尽な力に打ちのめされていく傷つきやすい少女の心の動きを実に見事に表現している」と記した文章に、懐かしく共感した。

草原の輝き、花の栄光
再びそれは還らずとも嘆くなかれ
その奥に秘めらし力を見出すべし

映画の題はワーズワース(3)のこの詩から採られている。一九六一年の作品だが、いま観てもあまり違和感はない。この年、本作はアカデミー脚本賞を受賞し、ナタリー・ウッドは同年の『ウエスト・サイド物語』[4]ではなく、本作でアカデミー女優賞にノミネートされた。

戦前の一時期、アメリカ共産党員だった監督のエリア・カザンは戦後ハリウッドを襲った「赤狩り」に屈した過去をもつ。その後、『エデンの東』[5]などの名作を世に送ったが汚名は終生彼を苦しめた。そうした彼自身の屈折は青春の激情と過ち、人の弱さを描いた本作に色濃く反映されている。

*

青年期の切実なテーマをいくつか秘めた映画だが、主旋律は「愛と性」である。主人公は高校の同級生バッドとディーニーで、冒頭、滝を見下ろす道に止めた車で熱くキスを交わしている。時代は一九二八年、アメリカでもまだ性道徳は厳しく、バッドの疼《うず》く欲求と、潔癖なしつけを受けてきたディーニーの自制が激しくせめぎあう。それでも二人の幼いまでの夢中な恋は異性への憧憬にあふれ、みずみずしい。偶像を崇拝するような相手への慕情は青春期の免れがたい傾向だが、初恋はそれゆえにいつも危うく、儚《はかな》さを孕《はら》む。

監督：エリア・カザン／原作・脚本・原作：ウィリアム・インジ／配給：ワーナー・ブラザース／1961年アメリカ／2時間4分

映画の副旋律には親や社会が強いる価値観と青年の自立への模索と葛藤がある。バッドの父親は地元の石油成金で、フットボールの花形選手である息子を自慢し名門大学への進学と出世に期待をかける。父親の愛はしばしば条件付きである。自分を満足させる存在であるかぎり愛は与えられる。父の期待に背いたバッドの姉は、自由と奔放との引き替えに孤立と転落の人生を歩むことになる。ディーニーの母は平凡な主婦だが娘の純潔と将来を何よりも気遣う。母親の愛という名の束縛からディーニーは苦しみながらも逃れることができない。

*

映像は多感な青春を新緑のように鮮やかな色彩でとらえる。高校の廊下を手をつないで歩き、微笑んでピアノを連弾したり、雨傘の下で見つめあう二人。だが未知の性と純粋ゆえの不安な愛はお互いを傷つけずにおかない。「女には二種類ある。うまく遊べばいい」という父の忠告からバッドは同級の別の女生徒と関係をもってしまう。それを知った直後の授業でのディーニーが痛ましい。ワーズワースの詩を不意に指名されて音読したあと、「この詩の意味は?」と尋ねられたとき、感情が決壊し、教室を飛び出す。

一歩道を踏み外せば、青春は色を変える。事件のあと、精神を狂わせ自殺を図ったディーニーは親の配慮で精神病院で療養の日々を過ごす。農業大学に進みディーニーと牧場を営むことを夢見ていたバッドは、不本意な名門大学で挫折し、折からの世界大恐慌で暴落した株は父の自殺と家庭の崩壊をもたらす。そんな二人だが、やがてそれぞれに新しく愛する人に出会う。

*

熱情と受難は、英語ではともにpassionであることを高校時代に知った。ディーニーの飛び込んだ滝の奔流は青春の激流にも見えた。だが報われなかった想い、結ばれなかった恋であっても、恋したことは不幸ではない。

最後にディーニーは、すでに結婚し自分の牧場で働くバッドに会いに行く。それぞれの苦難を乗り越えての再会。かつて愛した人の幸福を見届けて、自分も新しい光に向かって歩みだす。「草原の輝き」はその詩とともに、何度も私に再生を呼びかけてくれた。

（『教育』二〇一九年一一月号）

（1）「人生のもっとも美しい季節」

「ぼくは二十歳だった。それがひとの一生で一番美しい年齢だなどと誰にも言わせまい。一歩足を踏みはずせば、いっさいが若者をだめにしてしまうのだ」（『アデン　アラビア』ポール・ニザン／篠田浩一郎訳／晶文社／一九六六年）

この本は私たちの世代の青春のバイブルだった。

（2）『映画をめぐる冒険』

村上春樹、川本三郎／講談社／一九八五年

まえがきで、「かつては［…］僕にとって映画を観るという行為は［…］ひとつの祝祭的儀式であった」と村上春樹は書く。そして高校に入ると女の子と映画館でデートするようにもなった、という村上の回顧は同世代に共通のものだろう。そのようにして私たちは映画とともに青春の「冒険」に乗りだした。

（3）ウィリアム・ワーズワース

イギリスの詩人（一七七〇〜一八五〇）。

引用詩は高瀬鎮夫訳「草原の輝き」。

（4）『ウエスト・サイド物語』

監督：ロバート・ワイズ、ジェローム・ロビンス／一九六一年アメリカ

地方では遅れて公開され、私は高校時代にこの映画を八回観た。少年期を過ごした高松市の中心街にあった映画館、ライオン館は

私の聖地だった。

（5）『エデンの東』

監督：エリア・カザン／一九五五年アメリカ

二四歳で夭折《ようせつ》したジェームス・ディーンの主演で一世代上には伝説的作品となり、私はリバイバル上映を同じくライオン館で観た。

2004-2009

学校で愛された犬の物語

『さよなら、クロ』

映画を観る楽しみとは何だろうか。人生はたしかに一回だが、映画や文学を含めた〝物語〟の世界で、私たちはたくさんの人生を生きることができる。そして、生きることの哀歓をもう一度胸に刻んで、また自分自身の人生に帰っていく。

つらさや苦しみを交えながら、日常はおおむね平凡だ。人間相手の教師という職業も、いい時ばかりは流れないし、揺れる思春期の中学生とつきあうのは感情の消費も激しい。ときに人知れずささやかな誇りや小さな感動に出会うが、うまく対応できずに悩み、自己嫌悪を抱える時間のほうが遥かに多い。そんなとき、映画が私を救ってくれる。

＊

『さよなら、クロ』という作品を観たのも、クラスがうまくいかずにやや落ち込んでいた秋の日曜日だった。すでにロードショーが終わり、早朝一回だけのアンコール上映を渋谷のミニシアターでやっているのを『ぴあ』で見つけ、早起きして足を運んだ。前の座席が喫茶店のようにテーブルの前に並んだ、温もりのある小さな映画館だった。

映画がはじまる前のいつもの心のさざめきのあとに、暗闇が訪れ、初秋の山道と黒い子犬が登場する。ファーストシーンからどこか懐かしい匂い。登校する高校生の群れ、野良犬はその一人、亮介（妻夫木《つまぶき》聡）に弁当をもらい、なついて文化祭の日の高校までついてくる。

物語はそこからすべりだし、間もなく出番の仮装行列の準備におおわらわの亮介のクラス模様が映しだされる。行列のトリの西郷隆盛が連れた犬の張りぼてがふざけて踏み壊されたところに、本物のこの犬を起用するアイディアが出されクラスは沸く。堂々とこの大役をこなした犬は、「クロ」と名づけられ、みんなに愛されて学校に住みつくことになる。

＊

クロにはモデルがある。一二年にわたって学校で暮らし、数千人の生徒と学校生活をともにした実在の犬が長野県にいた。時には職員会議に参加し、夜は守衛さんと警備に回り、職員名簿に番犬として名前が載ってマスコミにも紹介され、その死に際しては大勢の人びとが葬儀に集まったという。

脚本・監督は松岡錠司《じょうじ》。『バタアシ金魚』で報知映画賞、ブルーリボン賞などの新人賞を受け、『きらきらひかる』ではシカゴ国際映画

監督：松岡錠司／脚本：松岡錠司・平松恵美子・石川勝己／原作：藤岡改造／配給：シネカノン／2003年日本／１時間49分

祭グランプリに輝くなど、活躍中の若手の俊才である。彼はこの映画の企画を受けたとき、「犬の物語じゃなく、犬と人のかかわりの映画を創りたい」と考える。どうして犬一匹のためにみんなが駆けつけて葬式をやったのか、その理由を切り口に、当時青春を生きた人たちの想いと人間の物語を描きたいと構想した。だから、物語のほとんどはフィクションである。

私も子どもの頃に「クロ」という名の子犬を飼っていたので、タイトルだけでこの映画を観たいと思ったのだが、見終わってみるとこの映画は、たしかに犬の物語というよりは学校を舞台にした巣立ちと友情と愛の物語だった。そして、それは期待以上のみずみずしさで私の心を打った。

＊

実話は一九六一年にはじまるが、映画は監督の思いから一九六八年〜七八年に設定し直され、撮影には実際に犬のいた松本深志《ふかし》高校が使われている。古い木造校舎、地方の進学校のどこか伸びやかで自治のある自由な雰囲気、登場するさまざまな色合いの気のいい高校生たちと味のあるおとなたちが画面を彩る。

亮介が惹かれながら、想いを伝えることなく卒業するヒロイン雪子に伊藤歩。亮介の親友で、雪子をめぐる恋のライバル孝二に新井浩文。そのほかすぐ格言を引用する文学青年（近藤公園）や、ひょうきんな人気者（佐藤隆太）、快活な肉屋の看板娘（三輪明日美）

など、多彩な高校生役を『GO』『ウォーターボーイズ』『木更津キャッツアイ』など最近の人気映画やドラマで活躍中の若手俳優が生き生きと演じている。また、守衛の井川比佐志や、養護教諭の余《よ》貴美子、獣医の柄本明、校長の渡辺美佐子などそうそうたる俳優が脇を固めて安定感のある画面を構成している。

おとなになる前に誰もが通り過ぎたこの季節に、新鮮に出会った友人や憧れた異性、影響を受けた教師など、登場する人物に観客はそれぞれにどこか似た自分の過去を重ねることができるだろう。

この映画の魅力は、もう帰ることができない「高校」という場所と、あの時代に寄せる私たちの郷愁を美しく掬《すく》いとっていることかもしれない。

*

物語を導くクロは名犬ではない。特別な芸もなければ華々しい活躍があるわけでもない。たいていの犬がそうであるように、どこでも歩き回り、座り込む。日向の太陽のようにそこにいるだけで、心が休まり温まる、ただの犬である。

だが人間にはドラマがある。出会いや別れがあり、それぞれに恋し、悩み、傷つき、葛藤する人生がある。そして、邪心のない動物の瞳は、ときに人間を絶望から救う。監督はあどけない動物の自然な姿を大切にしながら、登場人物のそれぞれのドラマをていねいに描きだす。交錯する想いを抱えて亮介たち三人で観た映画『卒業』、その後の事

『GO』『ウォーターボーイズ』『木更津キャッツアイ』

『GO』は行定勲監督、『ウォーターボーイズ』は矢口史靖監督で、二〇〇一年公開。『木更津キャッツアイ』は二〇〇二年放送のテレビドラマ。『GO』『木更津キャッツアイ』の脚本は宮藤《くどう》官九郎。

故、それぞれの進路に旅立つ高校生。

そして映画は、一〇年の時を超える。亮介はおとなになり、獣医となった。雪子は離婚をしたが戸籍係のベテランになった。クロのいる高校にはあいかわらずの高校生たちが、また新しい青春を生きている。

クロの葬式に、すっかり社会人になったかつての卒業生が集う。校長の弔辞には日本で獄死した韓国の抵抗詩人尹東柱《ユンドンジュ》の言葉が引用されて感動を添える。

＊

ラストシーン。葬式の帰り道、信州の遠い山脈に向かって並んで歩きながら、亮介と雪子が言葉を交わす。

「クロはちゃんと生きたんだね」

「後悔なんかしなかったんだよね」

「もちろん、一生懸命生きたんだ、あいつは」

そして、まっすぐ亮介を見つめて雪子が言う。

「私、幸せになろうと思う」

長い自分への愛に応えて、愛し返すための美しい決意の言葉。一〇年を経て、再会し、わかりあい、歩みだす二人。私たちが密かに憧れ、そうありたいと願う純愛の世界。人を恋う切なさを温かく織り込んで、映画は終わる。

『卒業』
監督：マイク・ニコルズ／一九六七年アメリカ
映画だけでなく、〈サイモン＆ガーファンクル〉によるテーマ曲「サウンド・オブ・サイレンス」や、大塚博堂がこの映画に重ねて歌った「ダスティン・ホフマンになれなかったよ」（作詞：藤公之介、作曲：大塚博堂）など音楽も記憶に残る。

尹東柱
四五二ページ参照

映画館を出ると渋谷は昼前で、通りは若い人びとで賑わい、色づいた街路樹が秋の陽にまぶしかった。明日も学校に行こう、もう一度教師の仕事に帰ろう、そんな明るい気分が静かに湧いていた。

（『教育』二〇〇四年二月号）

韓国映画との出会い

『八月のクリスマス』『ラスト・プレゼント』

私たちは、大切な人との出会いをふと「人生の贈り物」と考えることがある。そんなことを思い出させてくれたのは、韓国映画『八月のクリスマス』を観たときだった。

＊

映画を観て、もう五年が過ぎているのに、いまも不思議な余韻が心に残っている。もの静かな映画である。現代のソウル。おだやかな日常。赤いバイクに乗った青年が街を走る。タイトルバックに小学生の合唱が流れ、やがてピアノ曲に変わると小学校の校庭でひとり鉄棒に興ずる先ほどの青年がいる。淋しいのに、優しい気持ちになる放課後の校庭。夏の濃い緑の葉陰に腰を下ろす主人公ジョンウォンの後ろ姿にモノローグが流れる。「子どもの頃――、誰もいない運動場に残るのが好きだった。そこで亡き母のことを思いだし、父も、僕も、いつかはこの世から消えると思っていた」

＊

この映画の静謐《せいひつ》な美しさは、余命を宣告され、去りゆくことを意識した主人公の目で私たちが日常や愛を見つめ直すことにあるのかもしれない。もう二度と見られないと思うとき、人を愛するとき、世界は色彩を変える。

主人公は小さな写真館を営んでいる。学校帰りに写真館を遊び場とする小学生グループもいれば、懸命な表情で記念写真のカメラに向かう人びともいる。そうした何事もない日々のなかで、ジョンウォンは、急ぎの現像を頼みにきた駐車違反取締警官の若い女性、タリムと出会う。制服に身を包み、きびきびと仕事をしながらもどこか幼い純真さを見せる彼女との交流が始まる。木陰で待つタリムに渡されるアイスクリームから、無意識の好意が伝わる。街角で重い荷物を運ぶタリムを見かけて、バイクに乗せ、『ローマの休日』のように疾走するジョンウォンの笑顔。目を交わしあうだけで幸福になれる関係。

映画は二人の仕事や家族の日常も淡々と、しかしていねいに描く。違反の摘発を罵られたタリムの悔しさ、遺影を撮影にきたおばあさんの悲しい笑み、写真館に飾られた初恋の少女との再会と別れなど、映像も音楽も控えめな美しさで綴《つづ》られている。

また、年老いた父とのジョンウォンの生活、妹との会話、父が撮る最後の家族写真まで、家族の愛情は観客に優しく届く。

*

『ローマの休日』
監督：ウィリアム・ワイラー／一九五三年アメリカ

ジョンウォンはタリムへの想いを最後まで口にすることはできなかった。彼の入院を知らず、何度も閉まった写真館をのぞくタリム。タリムが理由のわからない苛立ちで思わず石を投げて割ったガラス窓を、退院したジョンウォンが見つけ、そこに挟まれた彼女の手紙を微笑みながら読む。ジョンウォンの最期の日々、身の回りを整理しながら古い写真を懐かしむ。小学校から大学、軍隊にいた頃、彼の人生の数々の断片。そのアルバムの最後に収まる自分自身の記念写真を一人で撮影する。そして彼は、それが遺影に変わって、街に冬が来る。何も知らないタリムが写真館を訪れ、自分の写真が飾られたウインドウに微笑む。彼女に宛てたジョンウォンの出されなかった手紙がモノローグとなってラストシーンに流れる。

「……僕の記憶にある写真のように、愛もいつかは、思い出に変わると思っていました。でも君だけは思い出ではありません。愛を胸に秘めたまま旅立たせてくれた君に〝ありがとう〟の言葉を残します」

写真館にいつしか雪が降り積もり、エンドタイトルが流れはじめたとき、『八月のクリスマス』という題名の意味に観客は気づく。あの夏の日にタリムと出会えたことが、一二月を待てなかったジョンウォンにとって人生最高のプレゼントだったことに。

＊

『八月のクリスマス』
監督：ホ・ジノ／脚本：オ・スンウク、シン・ドンファン、ホ・ジノ／配給：パンドラ／1998年韓国／1時間37分

主演は韓国を代表する俳優ハン・ソッキュとシム・ウナ。監督はこれがデビュー作だったホ・ジノ。作品は韓国で青龍映画賞最優秀作品賞をはじめ多くの賞を受賞し、世界でも高く評価された。フランスの『フィガロ』紙が評した「わが国では誰も取り上げなかった愛のテーマを慎み深く描いた、宝石のような作品」という言葉は、私の感想でもある。

＊

それから三年後の一二月に、私にとってももう一つの忘れられない韓国映画となる『ラスト・プレゼント』を観た。呼び覚まされた個人的な想いもあふれて涙が止まらなかった。愛する人との出会いこそ何よりも大切な人生の贈り物であることを、上質の笑いと涙に包んで、なんと美しくこの映画は私たちに差しだしてくれたことだろう。

テレビのお笑い番組に出ることをめざして努力するコメディアンの夫と、子ども服を扱う小さな店を経営する妻の、隠された初恋と愛の葛藤。人の心を温める情感の豊かさが、この作品にもあふれている。

「一人にするのは胸が痛むけど、その痛みも人に笑いを届けるあなたへのプレゼントになれば……あなたが私への最高のプレゼントであったように」

あなたは 世界が私にくれた 最高のプレゼント!
ラスト・プレゼント
LAST PRESENT

『ラスト・プレゼント』
監督：オ・ギファン／脚本：パク・チョンウ／配給：パンドラ／2001年韓国／1時間52分

遺品のなかから見つけた妻の最期の手紙は、教師である私にも宛てられたように胸を打った。

＊

珠玉の韓国映画をいくつも観たことで、私は韓国にたくさんの友をもったように感じる。韓国映画は、さまざまな顔をもつ。

『シュリ』『JSA』『二重スパイ』には、緊迫感の連続する映像でいまも分断国家を生きる隣国の人びとの激しい息づかいを聴いた。『友へ チング』や『チャンピオン』には男同士の熱い友情や命を賭けた激しい愛に心が疼《うず》いた。『猟奇的な彼女』は娯楽としての映画を堪能させてくれたし、『リメンバー・ミー』『春の日は過ぎゆく』やいま上映中の『ラブストーリー』など韓国の恋愛映画は、心洗う美しさや気品をもって楽しませてくれた。魅力ある俳優や才能ある監督の多さにも驚くばかりだった。

近年、韓国は文化への保護政策を強力に進めているという。最近多くの日本人をも魅了している韓国テレビドラマの創造にはそうした背景がある。感動すること、感動させることがこんなにも得意な隣国の人びと。日本はいま、韓国に学ぶことが本当に多い。

＊

昨年の夏、私は初めて韓国を訪ねた。初めてなのに懐かしさを覚える街並み。行き交う人びとの表情にも親しみを感じる。それは、屈折した日韓の歴史を超えて、今日の韓

『シュリ』
監督：カン・ジェギュ／二〇〇〇年韓国

『JSA』
監督：パク・チャヌク／二〇〇〇一年韓国

『二重スパイ』
監督：キム・ヒョンジョン／二〇〇三年韓国

『友へ チング』
監督：クァク・キョンテク／二〇〇一年韓国

『チャンピオン』
監督：クァク・キョンテク／二〇〇二年韓国

『猟奇的な彼女』
監督：クァク・ジェヨン／二〇〇一年韓国

国文化に触れたあとの感情だったようだ。
美しい絵や音楽、感動を刻む文学作品や映画との出会いは、苦労も多い私たちの人生へのプレゼントだろう。私は韓国からもらったいくつもの「贈り物」に深く感謝し、大切にしつづけたいと思う。

（『教育』二〇〇四年四月号）

『リメンバー・ミー』
監督：Jeong-kwon Kim／二〇〇〇年韓国

『春の日は過ぎゆく』
監督：ホ・ジノ／二〇〇一年韓国・日本・香港

『ラブストーリー』
監督：クァク・ジェヨン／二〇〇三年韓国

社会主義への夢と送別

『グッバイ、レーニン！』

クレーンで倒されたレーニンの銅像が、ヘリコプターで運ばれてゆく。高く掲げられていたレーニンの右手が、宙吊りになって助けを求めるように画面いっぱいにクローズアップされる。社会主義だった祖国東ドイツの消滅を隠されたまま病床にあった主人公の母親が、歴史の急変に気づくベルリンの街角での光景である。

＊

「東欧革命」とソ連の崩壊から、一〇年を超える歳月が流れた。世界の多くの人びとが理想を託した社会主義の夢はどこへ消えたのだろうか。この映画は、観る人によっては複雑な思いをかきたてられるが、笑いも涙もあふれて、社会体制の奥にある家族の愛情と歴史の意味に迫ってゆく。

ベルリン国際映画祭で最優秀ヨーロッパ賞などを獲得し、ドイツ国内では歴代の興行記録を塗り替えるほどに大ヒットしたこの作品は、日本でも多くの観客を獲得している。公開されて二か月が過ぎても休日は満席続きで、この映画を観るために私は春雨の恵比寿《えびす》ガーデンプレイスで二時間も待たなければならなかった。それでもこの映画を観たい、と思ったのは自分自身の曲折した社会主義への思いと、世界史の激変をユーモアに包んで人びとを魅了できた作品への興味からだった。

＊

映画の主人公アレックスは、東ドイツに育った心優しい青年である。彼が少年の日に自分の生まれた国に強い誇りを覚えたのは、ソユーズ三一号に乗り込む東ドイツ初の宇宙飛行士ジークムント・イェーンの勇姿だった。映画はその国家的偉業を伝えるテレビを食い入るように見つめる一〇歳のアレックスの家庭から始まる。だが、その日、彼の家は坂道を転落しはじめていた。国家保安警察が訪れ、母は夫の西ドイツ亡命を知らされて厳しく責め立てられていたのだ。

母はその後、東ドイツ社会で生き抜くために、献身的な社会主義活動家となり、国家英雄として勲章をもらうまでになる。

だが、成長したアレックスは違った。青年らしい正義感から、独裁政権打倒の運動に加わり、東ドイツ建国四〇周年の夜、市民デモに参加して警察に逮捕される。その現場を街頭で目撃した母は、ショックのあまり心臓発作を起こし、そのまま昏睡状態で入院することになる。責任を感じたアレックスが、無言の母親につききりで看

監督：ヴォルフガング・ベッカー／脚本：ヴォルフガング・ベッカー、ベルント・リヒテンベルグ／配給：ギャガ・コミュニケーションズGシネマグループ／2003年ドイツ／2時間1分

病している間に、ベルリンの壁が崩れ、ホーネッカー議長は退陣、東ドイツは急速に西ドイツに吸収されていく。母親が意識を回復した八か月後、喜ぶアレックスに「もう一度ショックを与えたら命取りだ」と医師は告げる。社会主義を信奉していた母親に、真実を知らせることはできない。母を死なせないために、アレックスの涙ぐましい努力がそこから始まる。それは、大真面目でありながら、次々と観客の笑いを誘う。

*

私は笑いながら、いまはなき「寅さん」の奮闘を思い出していた。彼もまた、愛する人のために無理を通し、観客はその善意の努力と予想どおりの失態に笑いながら目を潤ませたものだった。

アレックスを演じるダニエル・ブリュールがいい。母を思うけなげで温かい好青年を自然に演じて、観客はハラハラしながらも思わず応援したくなる。母の看病をしながらも、担当看護婦のララに惚れて、恋仲にもちこむところも「寅」に似ている。

病院にいてはいずれ真相が伝わってしまうと考えた彼は、母を自宅に連れ帰り、世の中が何も変わってないように見せかける。

西ドイツの商品が激しい勢いで流入し、スーパーに代わった食料品店の棚からみるみる東ドイツ製品が消えていく。彼は母の好きなピクルスもコーヒーもゴミ箱を漁って空き瓶を探し、中身を詰め替える。母の誕生日にはかつてのピオニール（社会主義少年団）

「寅さん」
言わずもがなだが、山田洋次監督『男はつらいよ』シリーズ（一一七ページ参照）の主役、車寅次郎。「ザマ見ろい、人間はね、理屈なんかじゃ動かねえんだよ」「ああ、生まれてきてよかったな、って思うことが何べんかあるじゃない。そのために人間生きてんじゃねえのか。そのうちお前にもそういうときが来るよ」「俺には、難しいことはよくわの教え子を小遣いで雇って「祖国」の賛歌を歌わせる。

だが、窓から見える巨大なコカ・コーラの看板を隠すことはできず、テレビを見たいという母の願いに困り果てる。そんなピンチを救ってくれたのは映画好きの親友デニスだ。ビデオで凝った嘘《うそ》のニュースを制作し、テレビに映す。資本主義の競争社会に疲れ果て、新たな理想社会を求める西側住民を、難民として東ドイツが受け入れているという「ニュース」に、母は満足の微笑みを浮かべて安らぐ。社会主義を見限っていた息子が、母の信じた夢に敬意をはらい、ありえた理想社会を母の部屋に実現しようと奮闘する。

だが嘘はいつか破綻する。そう考えてすべてを打ち明けようとしたアレックスより先に、真実を語りだしたのは母親のほうだった。亡命した父の本当の理由、そして夫婦の密かな交流と再会。物語は家族の愛を深く描いて急展開する。

東西ドイツ統一の三日後に母は息を引き取る。遺言にしたがって、アレックスは手製のおもちゃのロケットで母親の遺灰を空にまく。母は東ドイツの存続を信じたまま逝ったことを信じたいアレックスと、最期まで息子を悲しませまいと無知を装っていた母の切ない思いが、祝福の花火に沸く統一ベルリンの夜空に交差する。

＊

温かい笑いは人を明るくなごませ、純粋な愛は胸を打つ。人びとはそんな映画に自分のなかの優しさを呼び覚まされる。私たちは現実の醜さを避けることができないとして

からねえけどね、あんた、幸せになってくれりゃいいと思っているよ」「じゃ、また、夢の続きを見るとするか」

思いどおりにはならない教師の仕事も、風に吹かれて旅に出る寅の姿と台詞《せりふ》が励ましてくれた。

も、人間の美質を描く作品に出会いたい。

共同で脚本も担当した西ドイツ出身の監督ヴォルフガング・ベッカーはこの作品でドイツアカデミー賞最優秀監督賞を受賞し、アレックス役のダニエル・ブリュールもドイツアカデミー賞最優秀主演男優賞を獲得している。また、東ドイツ屈指の人気女優だったという母親役のカトリーン・ザースは本作に寄せる特別の思いをこめた演技で私たちに感動を与えてくれた。

＊

この映画の面白さは、社会主義の夢と結末への考察にもある。私も若い日に、貧困と社会的な不正や不合理の克服を願い、社会主義に憧れた。この二五年の間に、社会主義の数か国を訪ねもした。旅行者の目でしかなかったが、ソ連・東欧では、当時貧しいながらも私たちの国を超える保育や医療、老人福祉の充実を見た。かつて世界を鼓舞したベトナムには失望もあったが、キューバではアメリカの不当な経済制裁や脅しに屈せず、自立した国づくりをめざして共同する陽気な人びとに出会った。

「崩壊したのは本当の社会主義ではない」と主張する人びともいる。そうだとしても、現存した社会主義国の崩壊を、人類の歴史の実験結果として誠実に検討することが私たちには必要だろう。人びとに本当の幸福を実現する新たな夢を探りつづけたい。

（『教育』二〇〇四年六月号）

〝反抗〟と楽しさを学校に

『スクール・オブ・ロック』

どこの国でも多かれ少なかれそうであるのかもしれないが、子どもの教育でもっとも避けられているテーマの一つは、上手に、〝反抗〟の精神と方法を育てることではないだろうか。

『スクール・オブ・ロック』というアメリカ映画を観て、ロックに乗った異色学園コメディーに笑いながら、頭に浮かんだのはそんな想いだった。

＊

ロックという音楽がそうであるように、この映画は型破りで反逆精神に満ちつつ、軟弱さといい加減な方便も含み、痛快で、笑えて、面白い。普段、ロックは聴かない私にとって、この映画への興味はとにかく楽しい映画を観たいということだった。オープニングからがんがんに鳴り響くロックビート、子どもたちの演奏はどの曲も思いがけず体が揺れて、わくわくと楽しめた。

本物の人気ロッカー、ジャック・ブラック（ＪＢ）が演じる主人公デューイは、破天荒さゆえにバンド仲間からも見放され、代用教員の友人宅に居候するダメ男である。この映画の脚本も書いたという見るからに善良そうな友人役マイク・ホワイトは、実生活でもJBの親しい友人だという。いい年をしてまともな稼ぎもないロック野郎の「熱さ」と、「真面目」に生きる人びととの対比も面白い。

友人の新妻に部屋代の滞納を追及され、臨時採用の依頼電話に思わず友人になりすまして面接に出かけると、そこは裕福で優秀な子どもたちが集まる名門私立小学校。調子のよさで女性校長をだまし、五年生の担任になったはいいが、教えることが何もない。学級委員の女の子が、授業の進め方を説明し、壁に貼った金星の成績表を見せると、デューイは「俺は一切成績はつけない。これからは金星も罰もなしだ！」と成績表を破り捨て「好きなことをしろ！」と怒鳴りだす。あきれた子どもたちが「勉強がしたい」と言いだすと、「あきらめて生きろ。人生は必ず負ける。権力をもった〝大物《ザ・マン》〟がこの世を支配している。夢などもって時間を無駄にするな」と説く。

家賃稼ぎのためだけに学校に来たデューイだが、自分のクラスの音楽の授業を盗み見て、その器楽演奏の能力の高さに驚き、ロック魂に火がついてしまう。車から楽器を運びだし、教室に並べて、クラシックしかやったことのない子どもたちにロックの演奏を

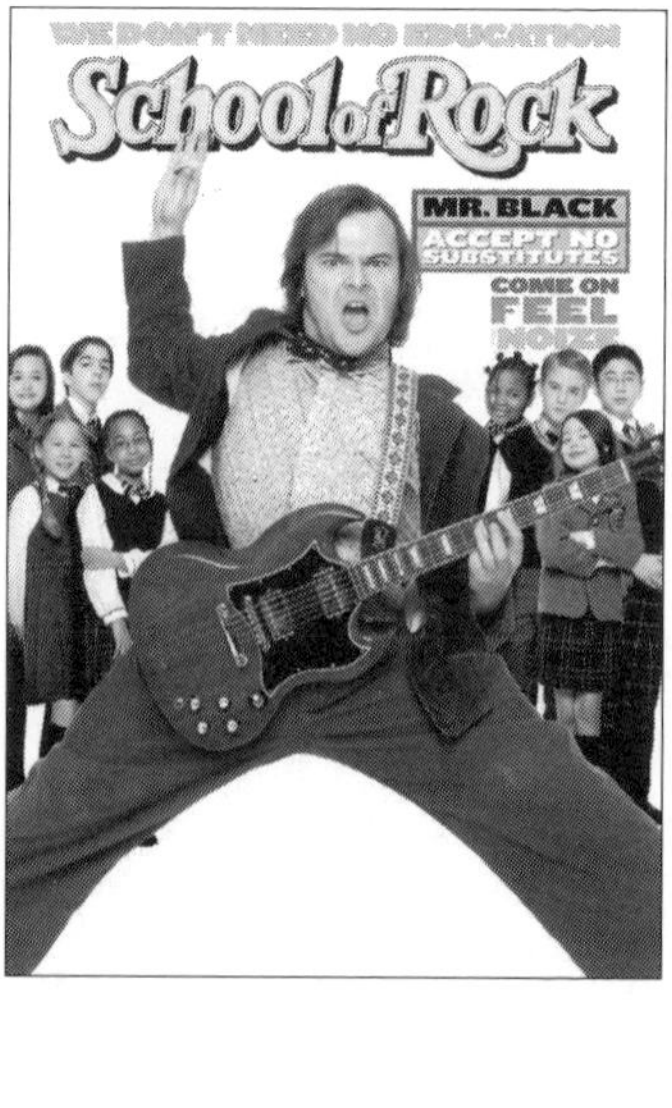

監督：リチャード・リンクレイター／脚本：マイク・ホワイト／配給：UIP映画／2003年アメリカ／1時間50分

って走りだす。

教え込む。ここから先は生気潑剌《はつらつ》、デューイにとって、苦役の日々が「夢の時間」とな

実際に演奏している子役たちがすばらしい。全米で楽器が弾けて歌える子どもたち数千人をオーディションし、映画に出たことのない本物の小さな音楽家たちが集められたという。監督のリチャード・リンクレイターは彼らのロック演奏が上手になっていく過程に感動し、彼らを短期にロッカーに育てたＪＢのすごさを絶賛している。

＊

映画はたしかに現実にはありえないお伽話《とぎばなし》だ。隙だらけで都合のいい展開も気にならなくはない。だが、そうした欠点を超えてＪＢ演じるダメ「教師」の、ロック精神満載の奮闘ぶりと、子どもたちの活躍やユーモアに泣き笑いしてしまう。そこには、〝反抗する楽しさ〟があふれている。それは現代の学校や教育への、笑いに包んだ批判でもある。

ＪＢは一九六九年生まれだという。そのことから思い浮かんだのは、その年『69 sixty nine』という題をもつ村上龍の小説だった。これも痛快きわまるわが愛読書の一冊だが、そのあとがきも印象深い。

「楽しんで生きないのは、罪なことだ。わたしは高校時代にわたしを傷つけた教師のことを今でも忘れない。数少ない例外を除いて、彼らは本当に大切なものをわたしから奪

『69 sixty nine』
村上龍／集英社／一九八七年
二〇〇四年に李相日《リサンイル》監督、宮藤官九郎脚本、妻夫木聡主演で映画化もされた。

おうとした。［…］彼らは人間を家畜へと変える仕事を飽きずに続ける退屈の象徴だった。だがいつの時代でも権力の手先は手強《てごわ》いものだ。唯一の復讐の方法は彼らより楽しく生きることだと思う」

事実、村上はそのように生きた。ここにある精神も、ロックという音楽やこの映画と通底している。

子どもはたしかにいつまでも子どもでいることはできない。だが、子どもの心をもって生きつづけることはできる。楽しく生きるとは、現実に屈せず、不運は嘆かず、理不尽なことは笑い飛ばし、好きなことをつらぬき、自分を恃《たの》んで生きることだろう。

＊

私も教師なので、映画のなかでも子どもと教師の関係には注目してしまう。ニセ教師でありながら、デューイの方法は学ぶところが少なくなかった。彼の本分はロックである。「俺をまねて弾いてみろ」。彼はまず演奏し、自分の楽しさを見せる。楽器のできない子にも役を振る。バックコーラスにチアリーダー、マネージャー、照明係や警備主任も置いて、「バンドをほめまくれ」とグルーピー役までつくってしまう。

鑑賞や実演だけでなく、ロックの理論も歴史も時間割となる。そして親や他の教師たちからの「秘密の教室」を共有する。行儀はよいが表面的なつきあいしかなかった子どもの世界が、色めいて立ち上がる。そこで彼は、ロックの精神が〝反抗〟であることを身をもって教えようと、自分にも反抗させる。「あんたは最低の教師」「消えろ、くさいブタおやじ！」。罵られて一瞬顔を歪《ゆが》ませながら、彼は子どもの心を引き出していく。「いじめられたら何て言う？　通せんぼされたらなんて言う？」。彼はギターを持って子どもの言葉にメロディーをつける。「やめろ。消えろ。あっちへ行け」「言いなりなんてロボットだ。うるさくするな。じゃますんな」。みんなの笑い声がコーラスになり、即興の音楽が教室を包む。

＊

そして子どもバンドは、賞金二万ドルのバンド・バトルに挑戦する。年齢を理由に予選を受け付けてもらえず、学級委員のアイディアで小児病棟の末期患者になりすまして同情を買うシークエンスも笑えるが、圧巻は校長と保護者が子ども奪還に乗り込んで騒然となる決勝のステージだ。

「レッツロック！　弾きまくれ」。容姿や才能に自信を失う子どもたちを励まし、子どもの真情を歌った子どもの自作曲で決勝に挑む過熱したデューイ。金目的だったくせに「目的は優勝じゃない。最高のステージだ」「ロックに成績なんて関係ない。〈セックス・ピストルズ〉だって無冠だ」と叫びだす。

エンドクレジットは興奮のまま流れはじめる。ニセ教師がみんなにバレても、デューイは自分が〝教師〟であったことに気づく。

騒がしい映画なのに、見終わると色づいた落ち葉が子どもたちのまわりを舞う静かな秋の陽の校舎が目に残る。
学校と、少年期の思い出が人間をつくる。

（『教育』二〇〇四年八月号）

ヒロシマで死者と生きる

『父と暮せば』

八月は死者の季節でもある。個人的な記憶になるが、子どもの頃、お盆には夏草のなかを家族みんなで墓参に行き、夜には海で精霊《しょうろう》流しがあった。おとなになって、母を喪ったのも忘れられない八月だった。

日本人にとっては、八月はあの戦争と原爆による死者たちを悼む特別の季節でもある。格別に暑かった今年の夏、イラクでは激しい戦闘がつづき、世界にはまだ平和が訪れていない。病気でも事故でもなく、戦争によって生を奪われた人びとの記憶と想いを私たちはどのように受け継ぎ、伝えつづけていけばよいのだろう。

＊

映画にも気品の有無があることを、『父と暮せば』という作品を観て考えていた。原爆を描きながら、声高な告発ではなく、悲憤や激情を静かに抑えて、しかし芯から人の心に訴える気高さがこの作品にはある。それは原作の井上ひさしや監督の黒木和雄の資質によるとともに、あの戦争や原爆を体験した世代の忘却を許さない死者たちへの敬意と、生者の側の責任を問いつづけてきた深さによると私には思えた。

広島の被爆者は四人に一人、約五万人が手記を残している。それは書かずにいられなかった体験の記録であり、井上ひさしはこの戯曲を書くにあたって、できうるかぎりのそうした手記を読み、何万回も「おまえはあのときのヒロシマの人たちのこころを書くことができるのか」と自問したという。そして生き残った人たちのほとんどが「生き延びたことが、亡くなった人たちに申し訳ない」という思いを抱きつづけていることを知る。この物語の芯はそうして生まれた。

監督の黒木も、同じ思いを抱きつづけて戦後を生きた一人だった。彼は一五歳だった終戦間際、学徒動員中に爆撃を受けて一〇人の学友を失いながら奇跡的に生き延びた体験をもっている。この作品を舞台で観て感動した黒木は映画化を切望し、自分の人生と技量を賭けて映画的に再創造している。

＊

体験の痛切さから重い映画を想像されるかもしれないが、作品には井上の見事な「機知と仕掛け」があり、映像には黒木のやわらかで優しい魅力があふれている。

登場人物はわずかに三人、描かれているのは昭和二三（一九四八）年の四日間という簡素な映画である。原爆投下から三年後の広島。被爆者として生き残った二三歳の娘と、原爆で亡くなった父と、娘に想いを寄せる青年の織りなす物語は、娘美津江が稲妻と落雷にピカを連想して怯《おび》えながら帰宅する火曜日から始まる。「おとったん、こわーい」と叫ぶ美津江の前に、押し入れから父竹造が現れて慰め励ます。違和感のない登場だが、竹造は明らかに幽霊である。原爆で身寄りも希望も失った娘が心配でたまらず、死んでも死にきれない親心の幻影がコミカルに舞台を回す。

水曜日。美津江は子どもたちに聞かせる昔話の練習をしている。父は図書館に勤める美津江が、原爆の資料を探しに訪ねてきた青年研究者木下にほのかな恋心を抱いていることを知っている。美津江は昼間、木下と会い、原爆瓦を託され、それを使ったお話で子どもたちに原爆を伝えられないかと提案されたが「話をいじっちゃいけん」と拒否した。そのことを父はからかい、『一寸法師』のなかに原爆瓦を入れた話を実演して見せる。わずかにこのシーンに原爆の痛みと死者の怒りが凝縮して表現されて胸を打つ。

木曜日。美津江は比治山《ひじやま》で木下と会う約束だったのを逃げ帰る。彼女は「うちが幸せになってはそがあな（死んでいった）人たちに申し訳が立たんのです」と煩悶《はんもん》をくり返し、自分に恋を禁じてしまう。父はそんな娘を愛おしみ、自分は娘を幸せにするためにこそ現れており、木下に送れなかった手紙を投函するよう叱咤《しった》する。

金曜日。迷いながら木下を家に迎える支度《したく》にいそしむ美津江。決

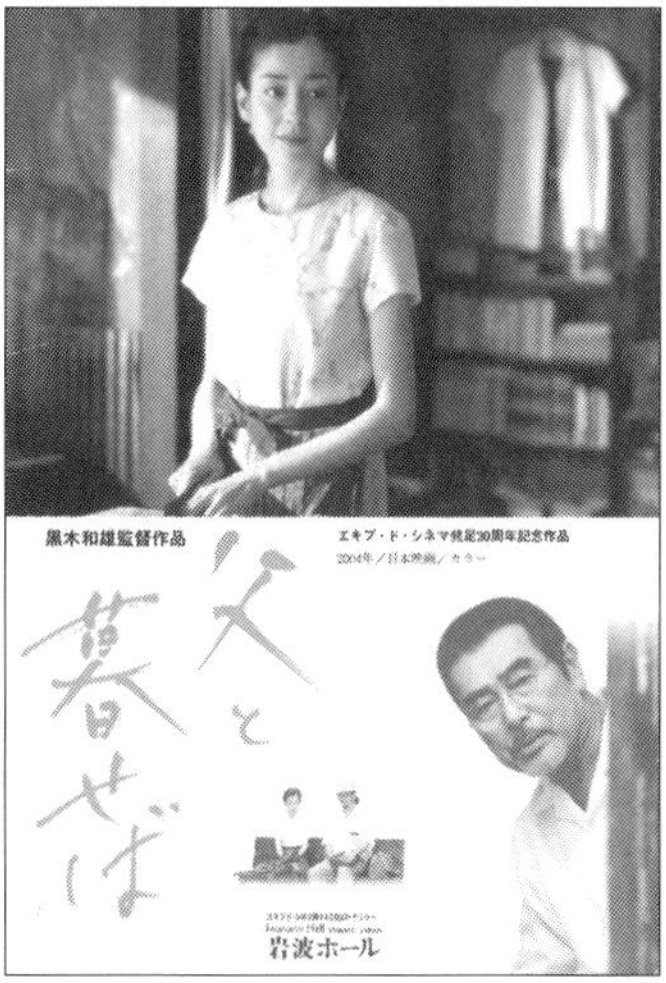

監督：黒木和雄／脚本：黒木和雄、池田眞也／原作：井上ひさし／配給：パル企画／2004年日本／1時間39分

心がつかない娘に「あの日」を語りはじめる父。「おまいは、わしらに生かされとるんじゃ。あよなむごい別れが何万もあったちゅうことを覚えてもらうために、生かされとるんじゃ」。父の言葉に美津江の心が溶けだす。復興が進む広島の街をオート三輪の荷台で美津江のもとに向かう木下の姿が見えてくる。

映画の最後は、すべての登場人物も美津江の家も消えて原爆ドームが映しだされ、瓦《が》礫《れき》のなかに可憐《かれん》な夏の花が咲く。すべてが、夢幻であったかのように……。

＊

美津江を演じた宮沢りえの清楚《せいそ》でひたむきな演技が観客を打つ。「おとったん、ありがとありました」。消えるように去って行く父にかける最後の言葉。万感の思い。独立プロのこの作品への出演依頼を引き受けてくれるかと心配したスタッフに、「こういう役がくることを待っていました」と言い、一人で広島を訪ね、涙ぐみながらほとんど一日真剣に原爆資料館を見学していたという宮沢りえ。彼女の慎ましく気品のある演技でこの映画は清冽《せいれつ》な印象を獲得している。そして監督黒木の盟友、原田芳雄が飄々《ひょうひょう》と娘を愛する父を演じて作品にユーモアと明るさをもたらし、台詞の少ない木下青年を演じた浅野忠信は、その表情と存在で若さのもつ純情と時代の誠実を観客に運んでくれた。

とにかく人間は生きなければならぬと娘に訴える父、その訴えを自分に取り入れようと苦心する娘、そしてすべてを忘れまいと努力する恋人、この三人の誰か一人に観客がなってくれること、そしてそれぞれの立場で歴史を受け継いで生きつづけること。井上ひさしの願いは、映画化されることでさらに大きく日本と世界の人びとの心に届くだろう。

*

この映画を観たあと、在日の哲学者池明観《チミョングァン》の『韓国と韓国人』という本を携えてソウルを旅した。日本はただの被害国ではもちろんない。加害の歴史も私たちは引き受けなければならない。大切なことは受難を知った私たちが「歴史をどう再生させるか」を考えつづけることだろう。

支配者の言説ではなく、抑圧された側だけの視点でもなく、歴史家は詩人と同じく悲しみを嘆きに変え、喜びを賛美へと変え、報復を越えた和解と平和への道を模索しなければならないと池明観は呼びかける。それは反省の歴史であり、批判の歴史であり、暗い時代や闇の事件のなかでも、美しく生きた人びとをともに賛美することで、彼らを二一世紀の我々の人生のために生き返らせることだと彼は言う。

核兵器はいまも人類を脅かして大量に存在している。映画に描かれた三人の向こうに、原爆で命を奪われた数十万人の人びとの人生が幻のように浮かぶ。

（『教育』二〇〇四年一〇月号）

『韓国と韓国人』
池明観／河出書房新社／二〇〇四年
池明観は韓国の軍事政権下で民主化運動に加わり、「T・K生」の名で一九七三年〜一九八八年に雑誌『世界』に「韓国からの通信」を連載した。二〇二二年、九七歳で死去。

受難した子どもの眼で

『誰も知らない』

生れてきて限りない青空にみつめられたから
きみたちは生きる
生れてきて手をつなぐことを覚えたから
きみたちは寄り添う
生れてきて失うことを知ったから
それでも明日はあると知ったから
きみたちは誰も知らない自分を生きる

谷川俊太郎

映画のプログラムの巻頭にそっと置かれた詩が、心に響いた。題名の意味と、是枝《これえだ》裕和監督がこの作品を一五年をかけても創らずにいられなかった想いが、伝わってくる。暗闇の映画館で二時間二一分を、人知れず生きた四人の子どもたちと過ごした。

『誰もしらない』に寄せて
谷川俊太郎が、この映画に寄せて書きおろした詩。

作品は、その長さにもかかわらず、詩のような印象を観客に与える。救いのない、悲惨な物語でありながら、子どもたちへの切ないまでの愛しさと、子どもだった自分への懐かしさがかきたてられ、受難した子どもの目でもう一度世界を見つめさせてくれる。

＊

『誰も知らない』は、本当にあった事件をモチーフにしている。一九八八年、東京で起きた「西巣鴨《にしすがも》子ども四人置き去り事件」と呼ばれるものである。父親の違う四人の子どもたちは出生届も出されず、学校へも行かず、大家にも気づかれず、ひっそりと狭いアパートで暮らしていた。ある日、母親は一四歳の長男に「好きな男ができた」と打ち明けたあと、わずかな現金と短いメモで弟妹の世話を頼んで失踪する。その日から始まる子どもだけの漂流生活を、映画は描く。

「演出ノート」によると、是枝監督はこの事件の報道がセンセーショナルに「残忍非道な母親」批判に傾くなかで、一つの疑問を抱く。父に、そして母に捨てられた少年が、なぜ妹たちを捨てずに「家族」を守ろうと必死になったのか？　保護された妹は「お兄ちゃんはやさしかった。お母さんよりもいっぱいご飯を食べさせてくれた」と語っている。この一言をきっかけに監督の想像が翼を延ばす。彼ら母子の間には、少なくとも報道からはうかがい知ることが

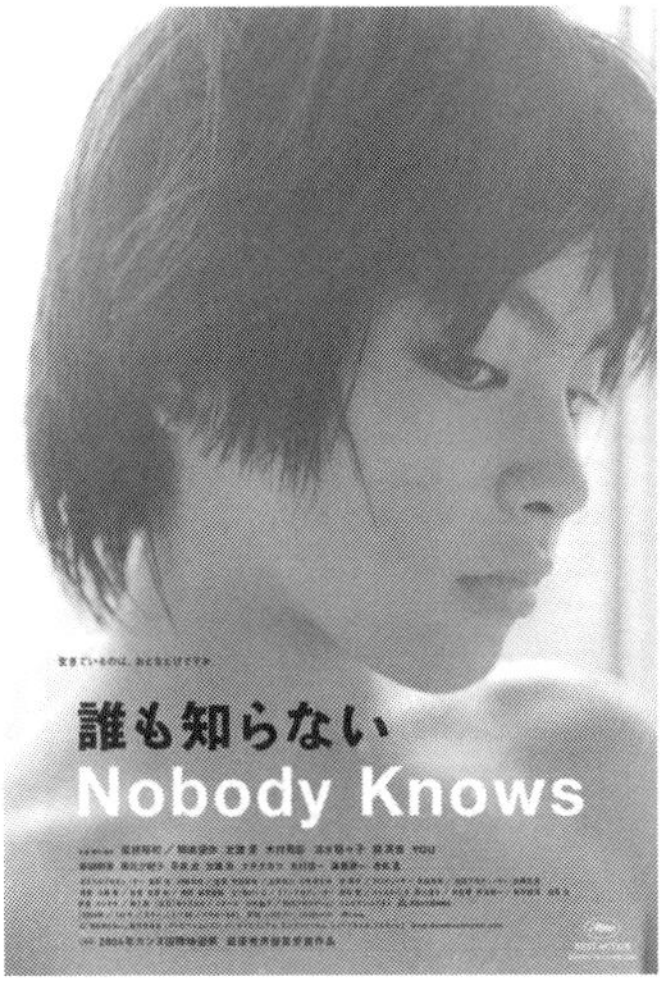

監督・脚本：是枝裕和／配給：シネカノン／2004年日本／2時間21分

できないある豊かな関係が築かれていた時期もあったのではないかと。

その後の調べで、兄は心ならずも死なせてしまった妹を山中の雑木林に埋葬し、電車に乗って何度もお墓参りに出かけていたことが明らかになる。保護責任者遺棄の罪を問う法廷で母に再会した少年は彼女の期待に応えられなかった自分を責めて涙を流したという。この事件の登場人物のなかで、一四歳の彼だけが責任を全うしようとした。事件をそこまでたどったとき、監督はこの少年が愛おしくてたまらなくなったと言う。

「僕は心の中で彼をしっかりと抱きしめるためにこの映画を作ることを決意した」

是枝のこの決意は実現までに長い歳月を必要とし、いつか事件当時の母親の年齢を超えていた。その間にシナリオは何度も練り直され、家族の過ごした日常のディテールがフィクションによって積み重ねられた。

＊

動いていたはずの映像のいくつかが、写真のように記憶に残る。映画の初めにトラックから荷物が運びだされ、トランクから現れる小さな妹と弟。追いだされないように、母と長男、明との二人暮らしと偽っての入居なのだ。引っ越したばかりの食卓。嬉々として母親のまわりに群がり、新しい家でのルールを説明される子どもたち。約束は「いくつあるの？」とあどけない声で訊くいちばん幼い五歳の妹、ゆき。大声で騒ぐことや部屋から出ることを禁じられても、ひょうきんではじけるような笑いをふりまく七歳の弟、茂。母は子どもに甘えるほどに幼いが、その笑顔はいつもやさしい。

母が出て行ってしまっても、子どもたちは約束を守る。一三歳のときからこの家族を守る責任を負った明。買い物をし、食事をつくり、家計簿もつける彼の意志的な眼の光。禁じられたベランダのサンダルに伸びる茂の小さな足。誕生日に駅で母親を待ちわびるゆきの悲しみと一粒のアポロチョコ。一一歳にして立場をわきまえ、兄を支える長女、京子。帰らない母のマニキュアを塗った赤い爪先。あきらめた夢の名残のおもちゃのピアノ。

久しぶりに母親から送金のあった日、四人そろってコンビニで好きなものを買い、公園で遊ぶ幸福なシークエンス。花の種を取り、ベランダでカップ麺《めん》の容器に植える兄妹。やがて、電気も水道も止められ、暗く散らかった部屋と汗と泥に汚れ破れかけたシャツ。だが親切なおとなもいる。万引きを疑われた明を救ってくれたコンビニのお姉さんや、売れ残りの弁当を裏口からくれるお兄さん。友だちのいない明を少年野球の試合に加えてくれた監督。いじめにあっていた少女とのほのかな交流。この映画には社会への厳しい視線とともに、いたるところで人間的な温もりがあふれている。

＊

この作品は、知られているように今年のカンヌ国際映画祭で感動を呼び、少年を演じた柳楽《やぎら》優弥に史上最年少の最優秀男優賞が贈られた。映画はたしかに彼の存在と演技によって強く訴える力をもった。だが同時に、出演したすべての子どもたちが、何の作為も感じさせない自然さで、子どもだけの世界を生き生きと表現している。それは台本を渡さずその場その場で口移しにセリフを伝え、即興の演技を引き出した是枝監督の手腕とともに、彼の子どもたちへの愛情の成果だろう。母、けい子を演じたＹＯＵもこの事件の真実に迫る無邪気なリアルさで好演している。コンビニのお姉さんを演じたタテタカコが歌う「宝石」という挿入歌も胸にしみる。

＊

この映画は、一人ひとりに宛てた私信のように、観るものにさまざまな想いを喚起する。私のなかによみがえったのは「不幸だけど、幸福です」と語った薬害エイズ裁判の川田龍平の言葉だった。この映画に描かれた子どもたちもまた、不幸でありながら幸福でもあったのではないだろうか。誰かを守るために責任を与えられて強く生きた少年と、心寄せあって自力で暮らした幼い弟妹。

いっぽう、私たちのまわりの一見恵まれて幸福に生きながら、誰からも頼られることなく浮遊する現代の多くの子どもたち。子どもの幸福と不幸についてのパラドックスにも胸が痛む。

映画であれ文学であれ、子どもを媒介とした作品はしばしば私たちに人間や世界への想像力や認識の深化を迫る。

「不幸だけど、幸福です」 一九八〇年代、血友病患者に投与された非加熱製剤で多数のＨＩＶ感染者やエイズ患者が生みだされ、約四〇〇人が死亡したといわれる。製薬会社と厚生省（当時）を相手どった裁判に原告として加わった当時一九歳の川田龍平が多くの人に支えられての充実を表した言無力な子どもから見たこの世界。映しだされているのは、見慣れた都会の風景である。夕暮れの商店街、行き交う人びと。アパートにつづく路地と長い石の階段。雨上がりの公園。コンビニや駐車場。夕闇の空港。学校の校庭。そこから何を紡ぎ出すことができるのか、映画は観容に問いかける。

（『教育』二〇〇四年一二月号）

葉。『龍平の現在』（川田龍平／三省堂／一九九六年）参照。

チェ・ゲバラの青春日記

『モーターサイクル・ダイアリーズ』

エルネスト・チェ・ゲバラ。遠い日の憧れに、胸の疼く名前である。彼の若い日の南米縦断の旅を描いた映画は、私にとってはどうしても観たい映画だった。

この映画の原作である、ゲバラ自身が残した『チェ・ゲバラ　モーターサイクル南米旅行日記』は古くから私の本棚にある。その本の表紙に使われている写真は、あの厳しい表情で彼方を見つめる革命家の顔ではない。自宅のバルコニーに寝そべるあどけなさを残した青年の顔である。だが視線はやはり遠く空を見つめている。彼は、終生遠くを見つめていたのだろう。私たちがゲバラに憧れつづけるのは、些末《さまつ》な日常に追われつづけてもなお、消えずに残る自分自身の理想を求めるかすかな灯のためだろう。

＊

この映画は、長年この企画を温めつづけ、製作総指揮を担当したロバート・レッドフォードの情熱から始まっている。彼はなぜゲバラを描きたかったのか。「興味をもったのは何が若い医学生を〝革命家ゲバラ〟に変身させたのかということだった。二三歳の

『チェ・ゲバラ モーターサイクル南米旅行日記』
エルネスト・チェ・ゲバラ／棚橋加奈江訳／現代企画室／一九九七年

ロバート・レッドフォード
バーブラ・ストライサンドと共演した映画『追憶』（監督：シドニー・ポラック／一九七三年アメリカ）は、失恋と再生を描い

ときの南米縦断バイク旅行で、貧しく虐げられた人々を助けた経験が彼の方向を決めた〝種〟だったと思う。それを描きたかった。ブッシュ政権のこの国と世界への対処は危険きわまりない。二三歳のゲバラが世界で何が起きているかに突然目を開いたように、アメリカの若者にも直面する危機に目覚めるようにうながしたい」

人権・教育・医療などに関心が深く、新進の脚本家や監督の育成に努めてきたレッドフォードの期待に自ら応えて、プエルトリコの劇作家ホセ・リベーラは「ラテンアメリカへの純粋な恋文として」この日記を脚本に仕上げた。名作『セントラル・ステーション』で知られるブラジルの映画監督ウォルター・サレスは、この映画のために三度にわたって南米大陸縦断の旅を敢行し、その旅の途中で実際に感じたことを盛り込み、映画にドキュメンタリーな要素を加え、二人の主人公の行動と感受性に現代に通じるリアリティーを吹き込んでいる。

英米合作映画でありながら、中南米の俳優のみを起用し全編スペイン語で撮影する、というのもレッドフォードの条件だった。主役を振られたメキシコの人気俳優ガエル・ガルシア・ベルナルは、その純粋さを宿した瞳で、強さよりも不器用で心優しい、率直で繊細な青年ゲバラを好演している。

＊

「これは偉業の物語ではない。同じ大志と夢をもった二つの人生が、しばし併走した物

て、主題歌（アカデミー賞作曲賞・歌曲賞）とともに、忘れがたい名作。

ブッシュ政権
ジョージ・W・ブッシュ政権（二〇〇一～二〇〇九年）は、九・一一同時多発テロ事件を契機に国内では「愛国者法（反テロ法）」を制定して大統領権限を強化し、アフガニスタンに侵攻、さらに大量破壊兵器を隠し持っているという疑惑を理由に、イラク戦争に踏みきった。疑惑が事実でなかったことは戦後に判明。

『セントラル・ステーション』
監督：ウォルター・サレス／一九九八年ブラジル

語である」。一九五二年にゲバラが日記の冒頭に書いた言葉が消えると、旅支度をする二人の映像から、映画が始まる。

　裕福な医者の家庭に育ったゲバラ。心配し、旅立ちに反対する両親。カフェで地図を広げ、冒険に夢を馳《は》せる二人が点描され、若さにまかせた無謀な計画が紹介される。四か月で八〇〇〇キロを走る行き当たりばったりの旅。移動手段は〝怪力号《ポデローサ》〟と名付けた中古バイク、ノートン５００。運転手はアルベルト・グラナード、二九歳の〝放浪化学者〟だ。

　彼らの旅は、アルゼンチンのブエノスアイレスから始まる。主人公が、のちに世界に知られた革命家であることを知らなくても、青春期の躍動感あふれる生き生きとしたロード・ムービーが、そこから動きだす。

　大量の荷物をぶら下げた大型バイクの轟音《ごうおん》、後ろに乗ったゲバラは羽ばたく鳥のように両手を広げ、どこまでもつづく南米の大草原を突っ走る。バックに流れる弾むようなラテン音楽のリズムに乗せて、前半は乾いた夏の太陽のように明るく、ユーモラスで無鉄砲な旅の楽しさに満ちている。

「一日に九回転倒しても、未来への希望で胸が高鳴った。行く先々でもっと自由で、もっとさわやかな、冒険精神に満ちた空気が吸えるような気がした。遥かな国々、英雄的行為、美しい女性たちの姿が僕たちのとてつもない想像のなかで、ぐるぐると渦を巻いていた」。ゲバラの日記が、映像となって自分の体験のように観客にも伝わる。

＊

意味ある旅は、自分の世界を外に向かって広げる。どれだけの視野で考え、どんな世界を自分のなかにもつかが、人の生き方を決める。後半、壊れたバイクを捨て、徒歩とヒッチハイクの旅に変えてから、彼らの南米大陸は姿を変える。灼熱《しゃくねつ》と極寒の砂漠、荒涼とした鉱山、マチュピチュ遺跡の偉容、アマゾンの源流、そしてそこに生きるさまざまな人びととの交流。貧困や病気に苦しみながら静かに死を待つ老婆、差別と迫害のなかで職を探すチリ銅山の共産党員夫婦、アンデスの誇り高いインディオたち。疾走するバイクからは見えなかった現実が彼らに迫る。若さの無力や医学の限界にも突き当たる。若きゲバラは自ら喘息《ぜんそく》に苦しみ、ハンセン病を専攻する医学生でもあった。旅の終わりはペルーのハンセン病棟。規則を無視して手袋をせず、患者たちと触れあう二人。施設の人びとが開いてくれた誕生パーティーの感激と、感謝をこめたゲバラのスピーチ、その夜の思いがけない彼の行動に、彼の誠実と激情があふれる。

そして彼らは確信する。「ラテンアメリカを、不安定なまがいもの国家に分割するなんて嘘っぱちだ、と。メキシコからマゼラン海峡まで、僕たちはみなメスチーソというひとつの人種に属してい

監督：ウォルター・サレス／脚本：ホセ・リベーラ／原作：エルネスト・チェ・ゲバラ、アルベルト・グラナード／配給：日本ヘラルド映画／2004年イギリス・アメリカ／2時間7分

て、民族的にいっても目につくような特徴を互いに共有しているではないか」。汗と埃《ほこり》にまみれた二人の旅に、国境を越える自由の風が吹く。

＊

ラストに、チリの鉱山労働者、クスコの少年、サン・パブロのハンセン病患者など、二人が旅で出会ったさまざまな人びとの顔がモノクローム写真で流れてゆく。それが最後にカラーに変わり、日焼けした老人の顔がアップで画面に現れる。旅立つ飛行機を見つめる柔和な顔。しわとしみを刻んではいるが、いまもハバナに暮らす、八〇歳を超えた現在のアルベルトだった。ゲバラとの約束を守り、革命後のキューバに住みつき、医大をつくり、キューバの医療発展に生涯を尽くしたという字幕が無音で流れる。

ふいに涙がこみあげた。若い日の理想と友情に忠実であること、老いてなお失われることのないみずみずしい精神。ファーストシーンの南米の大草原をバイクで疾走する若きゲバラとアルベルトの姿がもう一度暗闇をよぎり、ゴーリキーの「あらゆる醜さにもかかわらず、人間は美しい」という言葉が懐かしくよみがえった。

＊

欲望と利害によって多くが動く現代社会、しかし、人間と社会が未来に向かって動くとき、ちがう力があるのではないかと、二人の旅は遠くから私たちに呼びかける。

（『教育』二〇〇五年二月号）

あらゆる醜さにもかかわらず、人間は美しい　大学時代のノートに記されていた言葉。確か『どん底』だったと思う。

「イムジン河」が流れていた時代

『パッチギ！』

歌でよみがえる時代の記憶を、人は誰ももっていることだろう。音楽は時間を呼び戻す魔法の杖《つえ》だ。映画『パッチギ！』の全編に流れる「イムジン河」に揺り戻される記憶が、私にもあった。この歌が初めてラジオから流れた頃、私は高校生だった。この歌は発売中止になったことで有名だが、大学に入っても学生集会やデモのスクラムのなかで、地域の公園やサークルの合宿で、私たちは何度もこの歌を歌った。

この映画は、「イムジン河」という歌に引き寄せられた男たちが紡いだ一九六八年という時代へのオマージュであり、朝鮮半島に寄せる熱い連帯のメッセージであり、怒りを忘れた現代日本への鮮烈な「パッチギ」（頭突き）でもある。

＊

きっかけは映画の二年前に作詞家の松山猛が出版した『少年Mのイムジン河』と題する小さな本である。この本は、私の世代にはどこか懐かしい匂いを放ち、当時私も書店で目に留め愛読書の一冊としていた。

「イムジン河」

作詞：朴世永／作曲：高宗漢／日本語詞：松山猛
イムジン河は朝鮮半島北緯三八度線を流れている。分断の現実を生きなければならない韓国・北朝鮮の人びとに思いを寄せ「誰が祖国を二つに分けてしまったの」と若い頃、私は授業でも生徒たちに歌った。年を経て韓国を旅し、板門店からイムジン河を眺めた。歌のようにその河は水清く滔々《とうとう》と流れていた。

北朝鮮の愛国的歌曲であったという「イムジン河」に、日本語で歌詞をつけ、平和を願うフォークソングとして世に出したのが、当時一八歳だった著者であることを、私はこの本で初めて知った。この本には著者が自分で描いた挿し絵が添えられており、文章も水彩画のように淡くやわらかで、子どもの頃の近所の「在日」の人びととの交流や、朝鮮戦争・ベトナム戦争などを背景に子ども心の平和への願い、「イムジン河」との数奇な出会いと再会が描かれている。

この本に触発され、映画化を思い立ったのが、シネカノン代表の李《リ》鳳宇《ボンウ》である。松山より一世代年下だが、同じく京都に生まれ育ち、朝鮮高校・朝鮮大学を卒業している彼は、かつてきょうだいのように育った「在日」の人たちの懸命に生きた証しを映画に撮りたいと切望する。『シュリ』や『ＪＳＡ』を配給し、『誰も知らない』をプロデュースしたことで知られる彼にとっても、「イムジン河」は人生の特別な一曲だった。

李がこの映画の企画をもちかけたのが、『のど自慢』『ゲロッパ！』などでコンビを組んだ井筒和幸監督だった。井筒もまた、朝鮮半島と日本人の歴史を見据えて生きてきた「イムジン河」世代の一人だった。

「在日が持っている物語と、日本人の物語、その両方を上手に映画で語りたい」「自分の人生をどう生きるかは確かに勝手だが、何かを知ることでさらに逞《たくま》しくもなり、優しくもなれるのが人間だ」という井筒は、日朝の歴史を知らない若い観客にも焦点を当

『少年Mのイムジン河』
松山猛／木楽舎／二〇〇二年

『シュリ』
二六ページ参照

『ＪＳＡ』
二六ページ参照

『誰も知らない』
四四ページ参照

『のど自慢』
監督：井筒和幸／一九九九年日本

『ゲロッパ！』
監督：井筒和幸／二〇〇三年日本

て、映画を感傷に落とさず、パワーみなぎる喧嘩《けんか》アクション満載の痛快娯楽映画に仕上げてみせた。

そして映画の音楽担当は「イムジン河」に命を与えた〈ザ・フォーク・クルセダーズ〉の加藤和彦が、自ら引き受けた。

*

歴史にも青春期があるとしたら、戦後二〇年を過ぎた頃の一九六〇年代末はそれにあたるのかもしれない。怒りや哀しみ、失望や希望、憧憬や拒否が混沌と渦を巻いていた時代だった。映画の舞台である京都では、「在日」と日本人の軋轢《あつれき》が、朝鮮高校と地元の不良高校生との激しい対立となって火花を散らしていた。

映画に出てくるエピソードには李鳳宇の体験が多く含まれている。チマ・チョゴリの女学生を侮蔑した日本の修学旅行生に大群で逆襲する冒頭の「銀閣寺バス転覆事件」は、実際にあった伝説の大乱闘であり、友人の葬式の場面でお棺が家に入らず、入り口を壊すシーンは彼の兄が一八歳で亡くなったときの実話で、どうしても映像にしたかったものだという。

差別への怒りを、炸裂《さくれつ》する暴力ではね返す朝鮮高校の番長、アンソン（高岡蒼佑《そうすけ》）。清純可憐なその妹、キョンジャ（沢尻エリカ）。彼女に一目で恋に落ちる、軟弱だが心優しい日本の高校生康介（塩谷瞬）。彼らを囲むそれぞれの恋と友情と家族の愛。三十数年前

〈ザ・フォーク・クルセダーズ〉

加藤和彦、北山修、はしだのりひこの三人で、一九六七年にプロデビュー。

の話とはいえ、青春期特有の性の悩みも、おとなとの確執も、笑いをこめて映画は描き、当時の世相もふんだんに盛り込まれている。

＊

たしかに映画は過剰なまでの暴力にあふれており、人物設定は一歩はずせば陳腐になりかねない構成でもある。それでも、作品がピュアな輝きをもち、感情移入せずにはいられない力をもつのはなぜだろうか。

パッチギという朝鮮語には、「突破する・乗り越える」という意味もあるという。映画のテーマはそこにあったのだろう。それぞれに何かを乗り越えようともがく若者たちのエネルギー、それが時には無軌道なほどの暴走ではあっても、痛むような共感が観る者に走る。アンソンの親友の死をめぐっては、自虐史観などという戯言《ざれごと》を吹き飛ばす日朝の重い過去が日本の観客に迫る。

自己主張が強く個性あふれるこの時代の青春群像を、日本の若手俳優たちも溌剌と演じている。

そして何よりこの映画に魅力を与えているのはやはり「イムジン河」という曲の力だろう。康介が初めてこの曲を聴く、朝鮮高校の音楽室。吹奏楽部でフルートを吹くキョンジャの横顔の美しさ。彼女のフルートにあわせ康介が覚えたばかりのギターと朝鮮語で歌う円山《まるやま》公園での幸福なセッション。ラジオの「勝ち抜きフォーク合戦」で放送禁止

監督：井筒和幸／脚本：羽原大介、井筒和幸／原案：松山猛／配給：シネカノン／2004年日本／1時間59分

の圧力を振りきって康介にこの歌を歌わせるディレクター。胸に迫る「イムジン河」のメロディーが流れるなか、重奏するエピソードが合流し、鴨川《かもがわ》での大乱闘へとなだれ込むクライマックスは『ウエスト・サイド物語』にも似て、映画ならではの興奮とカタルシスに満ちている。

『ウエスト・サイド物語』
一三ページ参照

＊

映画に描かれたあの頃にはあって、「いま」という時代が失いつつあるものをあげるとすれば、それは争うことを恐れない心かもしれない。映画の少年たちのように、理不尽さや許せないものへのたぎるような怒りを共有し、勝ち負けを超えて闘うことを厭わない人びとが、たしかに大勢あの時代にはいた。

イムジン河はいまも朝鮮半島を南北に分けて流れつづけている。飛び行く水鳥に自由の使者を見たこの歌を、誰が恐れたのだろう。

この歌にはあらゆる「分かたれたもの」への抵抗と希望がある。分かたれているのは、過ぎ去った時代と現代であり、日本と朝鮮半島であるのかもしれない。アジアの「イマジン」として、この歌はこれからも歌い継がれていくだろう。国境や人種、宗教や貧富に隔てられることのない世界を夢見たジョン・レノンたちの「夢の続き」を、私たちも追いつづけたいと願う。

（『教育』二〇〇五年四月号）

失意の日の、人生の寄り道

『サイドウェイ』

「人生の半ばを過ぎても、僕は何一つ達成していない」「僕は窓の手すりについた垢《あか》のようなものだ」。主人公マイルスの内面の声は、私にも聞き覚えのあるものだった。たいていの人に訪れる失意の日々や、無力感を、人はどのように回復していくのだろう。劣等感にさいなまれ、自尊心が危機に陥ったとき、人はどんなふうに自分を支えるのだろうか。

小さな自信を手探りで求めながら、人はみんな自分を励まして生きているのだろう。私もそうであるように……。

＊

『サイドウェイ』はアメリカ映画にしては小さく地味な作品である。だが、「サイドウェイは現在の映画界に輝く希望の光だ。観るものの心を鋭く突き刺す」（『ニューヨーク・タイムズ』紙）「人生にさまよい、絶望しかけている大人たちに希望をもたせてくれる、繊細で力強い映画」（『ハリウッド・リポーター』誌）など、全米のジャーナリズムに高く評価され、多くのアメリカ人を惹きつけて昨年度アカデミー賞の作品賞と監督賞にノミネートされ、脚色賞を受賞した。

日本人の私が観ると、いささか下品で粗野な感もあるが、中年男たちの苦悩を描きながら湿っぽくはならずに、乾いたユーモアに満ちているところがアメリカ人の気質であり、舞台となっているカリフォルニアの空気なのだろう。

四〇を過ぎ、国語教師をつづけながら小説家をめざすマイルス（ポール・ジアマッティ）は、書き上げたばかりの長編小説も出版の見込みが立たず、離婚を経験して女性からも遠ざかり、後半の人生に明るい兆しは見えない。彼の大学時代からの友人、ジャック（トーマス・ヘイデン・チャーチ）もかつての二枚目テレビタレントの面影はなく、人生の下り坂にさしかかり、わずかなＣＭの語りで生計を立てている。この二人の主人公が他人事には思えない親しみと共感を観客にもたらす。

若い日々に抱いた夢や希望もいつか歳月の波に洗われ、卑小な自分への嫌悪と愛着を抱えてその先を生きなければならないことを自覚したとき、現実を受け入れることは誰にとっても難しい。そんな二人の一週間の〝人生の寄り道〟を映画は描く。

＊

監督・脚本：アレクサンダー・ペイン／脚本：ジム・テイラー／原作：レックス・ピケット／配給：20世紀フォックス映画／2004年アメリカ／２時間10分

長い独身生活に見切りをつけ、一週間後に結婚式を控えたジャックの最後の羽を伸ばしてやろうと、マイルスはワイナリーをめぐる旅に誘いだす。マイルスのたった一つの趣味がワインであるからだ。情けないエピソードが連続する映画なのに、軽快な明るさと洒落《しゃれ》たトーンを画面に与えているのはワインの香りと、カリフォルニアの葡萄《ぶどう》畑の陽光と、全編に流れるオリジナルスコアのジャズサウンドである。人生の成功とは何なのか、本当の幸福とは何なのか、中年を過ぎた私たちが密かにくり返す内面の問いかけを道連れに、自分が自分であることの意味を求めて、二人の旅ははじまる。

　監督アレクサンダー・ペインの腕はたしかに並ではない。「喜劇とは現実の人生にある痛みを笑いにすることだ」と彼は言う。観客は、色男で女に目がないジャックの旅先での次々の失態に噴きだし、マイルスの別れた妻への切ない追慕と子どものような自棄や見栄を笑う。それぞれにリアリティーのある人物造形と、かすかにセピアがかった古い写真を思わせる映像の美しさ。あえて大スターを拒否し、資金集めに苦労しても映画会社の干渉を避け、平凡な人物の普通の人生を温かく描くことにペインはこだわる。それは金に飽かしたハリウッドを主流とするアメリカ映画界への反骨でもあり、彼のスピリットでもある。そして、こうした作品に賛辞を惜しまない人びとが大勢いるアメリカという国を、ひとくくりにすることは誤りだとこの映画を観ても思う。

＊

俳優のうまさもあるが、登場する四人の男女がそれぞれに少年少女をうちに秘めたおとなたちであるということにも魅力がある。

失意の日に、私たちを救うのは自分のなかの少年かもしれない。利害を超えた同性の友人との友情、異性への憧れ、好きなものへのこだわり、あきらめない心、それらはみんな少年の日に私たちが抱きしめていた宝物である。

この旅でマイルスと心通わせるマヤ（バージニア・マドセン）の熟成したワインにも似た美しさも心に残る。彼女もまた、ワインを深く愛し、マイルスと同じように離婚を経験している。「私は、ワインを通じて一年を感じ、作った人を思い、そして人生を考えるの。どんなワインも、日ごとに熟成して、どんどん味が複雑になるのよ。そしてピークを過ぎ、ゆっくり下り坂になってゆく。でも、そんな〝旬〟を過ぎたワインの味わいも捨てがたいわ」

心惹かれる異性からの受容と小さな励ましこそ、人を再起させるもっとも大きな力であることをたいていのおとなは経験していることだろう。彼女は、マイルスの小説にも興味を示してくれる。旅の途中に出版社から断られた原稿のままの厚い束を、マイルスは期待と懐疑をこめて彼女に手渡す。

旅を終えると、ジャックの結婚式。最後の火遊びに懲りて、すっかり年貢を納めたジャックの新しい門出を祝う会場で、マイルスは別れた妻に出会う。知的で静かな優しい雰囲気をまとった女性である。彼女は再婚した相手を紹介し、妊娠していることを幸福な微笑みでマイルスに告げる。ときに人を襲う、取り返しようのない喪失感。

再び希望を見失った彼に、マヤからのメッセージが届く。

「この作品は大好きよ。あきらめずに書きつづけてね。きっとよ」。誰からも見捨てられた彼の長い作品を、彼女は読み通してくれたのだ。マヤの言葉を胸のなかにリフレインさせながら、雨の道路を車は疾走する。走るように階段を上り、息を切らせて彼女の部屋のドアをノックするマイルス。

そこから何が始まるのか。だが、映画はその先を語ることなく暗闇に消える。

*

「おまえは畢竟《ひっきょう》何をしに世の中に生まれてきたのだ」という漱石の言葉は、いまも私たちを脅やかす。自分が何者であるのかにさまよい、自信がもてず、内部の声に怯えているのは青年だけではない。小さな心の傷の連続が、生きるということなのかもしれない。

そんなとき、親しい友人と小さな「寄り道」を私もしたいと思う。

（『教育』二〇〇五年六月号）

漱石の言葉
『道草』夏目漱石／新潮文庫／一九五一年　より

音楽教師のささやかな栄光

『コーラス』

映画はいっときの娯楽ではあるが、ときに人の人生を動かすこともある。振り返ると、私にもそんな映画が何本かあった。自分が何をしたいのかわからず、職業選択に悩み、汚れ疲れた学生だった頃、教育現場への道に強く背中を押したのは『どぶ川学級』という映画だった。いまは記憶の断片にすぎないが、怒っている、笑っている、走っている、夕陽のなかで歌っている中学生のみずみずしい表情とともに、満席のホールの通路にうずくまったまま涙していた自分を思い出す。

自分なりの理想を秘めて教師になりながら、甘くない現実と自分の非力に苦しみ、辞めようと悩んでいた五年目の春、私を救ってくれたのは『分校日記　イーハトーブの赤い屋根』という映画だった。僻地《へきち》の学校の子どもたちと教師夫婦の交流を描いた小さな作品だったのに、そこでも私を打ったのは子どもという存在への愛しさと教師という職業の温かさだった。

沖縄のろう学校の高校生がハンディを越えて甲子園をめざしながら、最後まで練習試

『どぶ川学級』
監督：橘祐典／一九七二年日本
原作は、須長茂夫という無名の青年が東京下町の争議中の労働組合から依頼されてはじめた無料塾での小さな教育実践を綴ったノンフィクション。学生だった私は自主上映を追いかけてこの映画を四度観た。

『分校日記　イーハトーブの赤い屋根』
監督：熊谷勲／一九七八

合でさえ大差で負けつづける『遥かなる甲子園』という映画に心よみがえった日もあった。敗北のなかに息づく高校生たちの感動を見つめながら、こみあげたのは教育という仕事も「遥かなる」道のりでよいのではないか、という思いだった。何かまだ自分にできることがあるのではないかと、映画が励ましてくれた。

年日本

『遥かなる甲子園』
監督：大澤豊／一九九〇年日本

＊

年を経たいまでも、子どもと教師を描いた映画には、つい足を運んでしまう。

フランス映画『コーラス』は、過ぎ去った子ども時代や教師として生きたさまざまな体験を思い出させてくれる美しい映画だった。戦後間もない一九四九年、舞台となっているのは、「池の底」と名付けられた全寮制の寄宿学校。戦争孤児や両親の貧困が原因で預けられた生徒だけでなく、それぞれの家庭や学級で手に負えなくなった子どもも含まれる底辺の学校である。主人公は幾多の挫折をくり返して、この学校に舎監として赴任した初老の音楽教師マチュー。小太りで風采はあがらず、威厳も気迫ももたない教師を、「フランスでもっとも愛されている俳優」ジェラール・ジュニョが好演している。

物語の幕は、老人となった教え子が、音楽家として大成したかつての仲間をコンサート後のホテルに訪ね、五〇年ぶりの再会を喜び、マチュー先生の古い日記を手渡すところから開けられる。

この映画の魅力は、まず情景と情感の描き方のうまさにある。暗い気分で学園に到着した朝の、深い霧のなかの森。閉ざされた門扉の前で来るはずのない父を待ちつづけるもっとも幼い孤児、ペピノの切ないまなざし。学園の磨かれた廊下や階段の冷たい感触。校長への畏怖と軽蔑が交錯する職員の視線。怯えと反発、淋しさと甘えを隠した子どもたちのさまざまな表情。子ども時代の小さな喜びも哀しみも、光と影のカメラワークが鮮やかに描く。教師にも、子どもにも、親たちにも、あらゆる人生にドラマはある。だが演出は意図的なほどに控えめである。

「子ども時代の思い出は、後に大きな意味をもつようになります。無意味なことは一つもありません」。製作を担当し、老指揮者を演じるジャック・ペランの言葉は、彼の甥であり監督・脚本・音楽をまかされたクリストフ・バラティエに深く受け止められている。脚本には両親の離婚で幼くして親元を離れて育ち、一人の音楽教師との出会いで再生した監督自身の体験が色濃く投影されている。

*

私にとって、映画は楽しみであるとともに〝学び〟でもある。いつの時代も悪童はおとなを怒らせることを面白い遊びとする。いたずらを仕掛け、心優しい用務員マクサスに大怪我をさせてしまう冒頭の事件で、校長は連帯責任として密告を勧め厳罰で子どもたちを追いつめる。だが不幸を背負った子どもに体罰や独房の「反省室」

監督・脚本：クリストフ・バラティエ／配給：日本ヘラルド映画／2004年フランス・スイス／1時間37分

が効果を生むとは考えないマチューが、密かに見つけた犯人に課した罰は心をこめてマクサスを看病することだった。マクサスもうすうす誰の仕業か知りながら、その看病に感謝することで子どもの心を溶かす。

マチューにも、何をするかわからない子どもへの恐怖はあり、大物問題児への誤った虐待には口をはさめず、荷担してしまう。それは私にもある後悔の経験であり、「本当に強い指導とは子どもの心に届く指導ではないのか」と語った友人の言葉をあらためて痛みをもって思い出す。

マチューは子どもに「なめられる」ことを恐れず、どんな言動にも本質的な悪意は見ない。黒板に彼をからかう落書きを見つけたときには、その絵をほめた上でその子の似顔絵を上手に描いて逆襲し、下手な替え歌の悪口を聞きつけても、怒らずにその音程を正してもう一度歌わせる。そんな大らかな教師に子どもたちは少しずつ心を開く。

＊

この映画のもう一つのテーマであり、観客の心を洗うのは音楽の美しさである。音楽教師マチューにできることは子どもたちとともに歌う楽しさと喜びを味わうことであり、それは彼にとって見失っていた夢を取り返すことでもあった。曲折を経て、暗く冷たかった寄宿舎の校舎にのびやかな子どもたちの歌声が響く。なかでも歪んだ反抗心で手こずらされていたモランジュの声の美しさと音楽の才能は思いがけない発見だった。

その屈折した心の変化を繊細に演じ、天上のボーイソプラノで絶唱するジャン＝パティスト・モニエは三〇〇〇人の候補者から選ばれたという。合唱をとおして、同僚たちが誤解を解き、本心を開いて共同していくエピソードや、モランジュの美しい母へのマチューの儚《はかな》い恋心も、さりげないタッチで映画を彩る。

だが、短い幸福も思いがけない事件で一変し、マチューは校長の怒りを買って解雇される。生徒との別れも禁じられて学校を去るマチューに、高い窓から子どもたちのコーラスと紙飛行機のメッセージが舞う。

終章で幼い孤児だったペピノがなぜ、マチューの日記を持っているかが明らかになる。「先生は名声も地位も金も何も求めなかった。ただ彼は音楽を子どもたちに教えつづけた。死ぬまでね。小さいが現実的な夢に生きて、多くの人を幸せにしたんだ」

教師の幸福も栄光も、ここにあるのだろう。

＊

『コーラス』は昨年フランスで公開されると同時に空前のヒットとなり、フランス人の七人に一人、八七〇万人が観たという。劇的な感動は抑制され、派手な要素は何一つなく、ハッピーエンドでさえもない映画に、これほどのフランス人が共感したという事実は驚きだった。多くの人びとがこうした作品に教育への期待を抱くとすれば、それは遥かな希望かもしれない。

教師という職業は、子どもの心や少年の日々を何度も生き直すことであり、かかわったたくさんの子どもたちの人生のなかに生きることでもあることを、忘れないでおきたいと思う。

（『教育』二〇〇五年八月号）

つらさを引き受ける愛

『Dear フランキー』

映画に限らず、すぐれた文化は私たちの〝目〟を耕してくれる。この夏、上野の西洋美術館でフェルメールの「窓辺で手紙を読む女」を見た。窓からの静かな光が若い女性の孤独と秘められた憧れを照らす。手紙を読むという行為に含まれる内心の強い緊張や震えが四〇〇年の時を超えて見る者に伝わる。はるばるドレスデンから運ばれてきた一枚の絵が、見過ごしてしまうなにげない日常の一瞬を「画家の目」で美しく見直させてくれる。そこで私たちが得ているのは生きることの〝味わい〟かもしれない。同じことを、イギリス映画『Dear フランキー』を観て考えていた。

＊

毎年、教室には何人もの母子家庭の子どもがいる。両親の離婚を受け止めて生きていかなければならない子どもも増えている。親にはそれぞれの事情があり、子どもは選ぶことができない家庭でさまざまな思いを抱えて生活している。教師でありながら、普段、十分な奥行で見ていなかった子どもの世界を、この映画は深く開いてくれる。

映画を観ながら、既視感のようによみがえる言葉があった。「愛というものが心あたたまるおだやかさを思わせると同時に、誰かのために自らつらさを引きうけて生きることでもあることを、私たちはいつどんなふうにして胸にきざんできたのだろうか」。W・フロロフの『愛について』の書評に若い日の片岡洋子が書いたこの言葉を私は長く心に留めてきた。この物語もまた、両親の離婚とおとなの愛の苦悩を背負って成長していく少年の姿を描いて、私たちの胸を打つ。

＊

主人公の九歳の少年フランキーが難聴で声が出せないために、言葉の少ない映画でありながら、あふれるように「思い」がこみあげてくる。

映画の冒頭、そのフランキーは引っ越しの準備をしている。大切な船を段ボール箱に入れて自分の名前を書く。カメラはそのまなざしとしぐさで少年の思いを語りかける。「親愛なるパパへ。また引っ越しだよ。ママは今度こそ最後だと言う。おばあちゃんはまた引っ越しするなら死ぬって。今度住む町は海辺なんだ。世界の端だよ」

彼は船乗りだと聞かされているまだ見ぬ父に手紙を送る。

家族はなぜ切迫した空気をはらんで移動をつづけているのか、なぜ少年の耳には障害があるのか、謎はやがて明らかになる。少年の母、リジーは離婚したDVの夫から逃げつづけ、フランキーの難聴も彼の暴力に起因しているのだ。リジーは脆《もろ》さはあるが芯が

『愛について』
ワジム・フロロフ／木村浩、新田道雄訳／岩波書店／一九七三年

片岡洋子
千葉大学教育学部名誉教授。『教育』誌現編集長。荒れた中学生を相手に苦闘していた若い日に触れたこの一文が胸に刺さり、生徒への対応を変えることができた。研究会で直接会うことができたあと、長く親交をつづけてきた敬愛する教育研究者。原発事故で追われた福島県双葉郡富岡《とみおか》町《まち》出身、千葉大附属小学校長も務めた。

強く、観客の目からも共感できる女性である。彼女は息子のために嘘をつく。「パパはずっと世界中を航海しているから会えないのよ」と。その父になりすまして、彼女は手紙を息子に送りつづける。だがそれは彼女自身のための嘘でもあった。声を失った息子から唯一聞ける〝声〟として返事を待ち焦がれていたのだ。人の世には真実より価値のある「優しい嘘」がある。それでも嘘はいつか破綻する。彼女の創作した船名と同じ船が、家族の住む港町に入港することになったからだ。そのことを学校の友人に知られ、父親がフランキーに会いに来るかどうかが賭けの対象にされてしまう。

物語はここから緊張と波乱を迎える。リジーは悩みながら、一日だけの父親役を引きうけてくれる船員を探す。化粧をし、夜の酒場で客引きと間違えられ、屈辱に耐える彼女を救い、男を紹介してくれたのは親しくなった近所の店のマリーだった。無骨で寡黙な正体のしれない男が、この「仕事」を引きうける。

初めて会う「父」にとまどうフランキーに、男は欲しがっていた熱帯魚の図鑑をおみやげとして手渡す。「だって手紙に書いてただろ」と言う言葉に文通していた〝パパ〟が重なり、駆け寄って抱きつくフランキー。彼がどんなに父親を求めていたかを無言で示すシーンに胸がつまる。フランキーの弾む心が画面いっぱいに広が

監督：ショーナ・オーバック／脚本：アンドレア・ギブ／配給：ワイズポリシー、シネカノン／2004年イギリス／1時間42分

り、父と子の短い一日がそうして始まる。海辺での石投げ。駆けっこ。一緒に食べるアイスクリーム。うまく水切りができないフランキーに平たい石がうまく飛ぶんだと、男が拾ってくれた小さな石。フランキーはそれを投げずにそっとポケットにしのばせる。もう会えないかもしれない父の思い出の形見として……。

＊

この映画に常に漂っているのは、切なさの感情である。子どもの幸せを必死に願う母、見知らぬ男を父と慕う少年、見守る祖母や優しい隣人たち。「仕事」だったはずの男も、その情のなかで心を動かしていく。

男は約束よりもう一日長く、「父」となって母子に港の船を案内する。その夜、疲れたフランキーを寝かしつけて別れる際に、ドアの前で長く見つめあい、そっと唇を交わしあう二人。近年観た映画のなかでももっとも美しいラブシーンの一つだった。

この映画の製作・監督・脚本・撮影など主要な作り手はすべて女性である。彼女たちの繊細でありながら力強く、端正でていねいな仕上げによって、観客は映画の世界に包まれる。嘘をテーマとしながら、演じる俳優たちの偽りのない自然な存在感も清々しい。転校をくり返し、いじめられることも多いフランキーに優しく接してくれる同級生の女の子との交流、瀕死《ひんし》となっていた元の夫とリジーの屈折した愛憎、祖母や義姉の肉親に込める思い、交錯する愛がどれも切ない。

最後に見知らぬ男の正体と、この映画に隠されていたもっと大きく温かい嘘が明らかになる。それは思いがけずリジーと観客の胸に迫り、涙があふれる。

守っていたはずの子どもに、母は守られていた。子どもの幸福が親の幸福であるだけではない。親の幸せこそが子どもの幸せでもあるのだ。

＊

映画のなかのスコットランドの風景や海風の香りが、訪ねたこともないのにどこか懐かしい。撮影を担当したのはまだ若い女性監督だが、彼女は写真家志望だったという。色彩や構図が写真的で、美しい。フランキーが一人で海を見下ろす丘がいつまでも印象に残る。子どもの頃、私も瀬戸内の海辺で育ち、小高い山に登って一人で海を見るのが好きだった。淋しいとき、ちょっとつらいことがあったとき、そこから見える海の広がりは子ども心のどんな悩みも小さくし、希望に変えてくれた。

それがたとえ架空の物語であっても、そこに住む誰かの記憶で、街は特別の街になる。この夏、スコットランドの小さな港町は私にとって特別の場所になった。

あの青緑に澄んだ海を、あの丘の上から、少年の心でいつか眺めてみたいと思う。

（『教育』二〇〇五年一〇月号）

戦場に見捨てられた子どもたち

『亀も空を飛ぶ』

映画館の暗闇に入ることは、タイムスリップに似ている。移動するのは時間ではなく、空間であることもある。いずれにしても私たちは映画という魔法で異次元の世界に投げ込まれる。

『亀も空を飛ぶ』というイラク・イラン合作映画が始まったとき、岩波ホールの座席で私を襲ったのは急速度で現代日本の日常を離脱していく感覚だった。

＊

荒涼とした西アジアの砂塵《さじん》と岩山の遠景に「トルコ国境に接するイラク、クルディスタン地方」という字幕が打たれる。うつむきがちに歩く貧しい身なりの少女が青い靴を脱ぎ、断崖に立つ。乾いた強い風が、少女の髪をなびかせる。歩いてきた道を振り返り彼方を見つめる少女の厳しい表情がクローズアップされたとき、観客はこの映画を観るためのある種の覚悟を迫られる。

そして、少女は空を飛ぶ。子どもでありながら、思い詰めた強く哀しいまなざしをも

岩波ホール

岩波ホールは「私の大学」だった。あまり日のあたらない国々や人びとの生活や文化に眼を開かせ、生き方を考えさせてくれた。この連載にあたっても多くの作品で助力をいただき感謝に堪えない。コロナ禍での観客激減で二〇二二年七月に閉館とのニュースに驚き落胆したが、いつか再開できる日のためにホールは残すと聞き期待をつないでいる。

つこの少女は、なぜ風のなかに身を投げたのか。何もわからないまま、哀愁を帯びた中東の音楽をバックに、アラビア語のクレジットタイトルが流れはじめる。

＊

これは、日本から遠く離れた国で、世界から見捨てられたように生きる子どもたちの物語である。二〇〇三年の春。イラン・イラク戦争、湾岸戦争の荒廃が回復しないままに、ふたたび新たな戦争が始まろうとしているイラク北部の小さな村。たくさんのテントが点在し、一本だけの道路に砂煙をあげて車が行き交う。あちこちから立ち上る煙の向こうから、丘に向かって手を振る少年が登場する。少年はサテライトと呼ばれ、戦争孤児たちを率いて利発な才覚でニュースを求める村々に衛星放送の中古パラボラアンテナを設置して小金を稼いでいるのだ。

映画が描くのは、まず、生き抜く子どもたちである。手足の欠けた子どもが何人もいるが、彼らは自分たちを傷つけた地雷さえも稼ぎに換える。サテライトは仲間に地域を割り振り、危険な地雷を注意深く掘りだして国連の出先機関に買ってもらうのだ。地雷除去を依頼する地主との交渉から、その値段の駆け引きまで彼は一手に取り仕切る。子どもの掘りだす地雷が一〇〇倍近い値段で国連に売られていることを突き止め、自分たちの利益を守るために食い下がる

監督：バフマン・ゴバディ／脚本：バフマン・ゴバディ／配給：オフィスサンマルサン／2004年イラク・イラン／1時間37分

サテライトはみんなから慕われ、尊敬されている。弟分のパショーも片足が不自由だが松葉杖を使いながら驚くほどの素早さで歩き、走り、サテライトを助ける。彼らは生まれたときから戦争とともに暮らし、おとなの助けを借りず、そのことを特に不幸とも思わず、賑やかなほどにパワフルな日々を生きている。私たちの想像も及ばない苦難をユーモアで彩り、乗り越えていく。子どもたちの笑顔の背景に映るこの地方の抜けるような青空が、苦いほどに切ない。

*

同時に映画が描くのは、哀しみの子どもたちである。冒頭の少女アグリンは目の見えない幼児を背負い、両腕のない兄と三人だけの家族で村にたどり着いたクルド人難民である。アンテナを張るサテライトにアグリンが「ロープを分けて」と声をかけたときから、彼は一目で彼女に強く惹かれる。映画は彼の報われなかった小さな恋の物語でもある。村人たちと渡りあうおとなびたサテライトの、少女への接近が純で子どもらしく微笑ましい。

だが、アグリンは彼の好意を寄せつけず、笑顔を見せることもなく瞳は深い暗さをたたえつづける。アグリンの兄のヘンゴウも意志的な顔つきで人を寄せつけない。口先だけを使って器用に地雷を掘りだし、喧嘩も強く、予知能力をもつという評判もある。彼らの弟らしき盲目の幼児リガーが痛ましい。アグリンはいつもリガーを背負いながら、なぜか邪険にあつかい憎しみの表情さえも見せる。不可解な理由は、彼女が石油をかぶって焼身自殺をしようとする夜明けに明らかになる。家族が住んでいた村がイラク兵に襲われたとき、数人の兵士が両親を殺害した上に彼女を暴行し、その後に生まれた子がリガーだったのだ。幼くして望まぬ母になるしかなかったアグリンをいたわり、リガーをも守ろうとするヘンゴウの強い優しさに観客はかろうじて救われる。しかし、アグリンの揺れる心もていねいに描かれている。わが身に火をつけようとした瞬間に現れるリガーの幻影と悲鳴、金魚が目の薬になるときいて欲しいとつぶやきサテライトが泉に飛び込むエピソード、地雷群の荒野にリガーを置き去りにしたのに、サテライトが大怪我をしながら命を賭けて救いだしたあとの安堵と落胆、わが子への憎しみと愛の葛藤、親を奪われ、子どもでいることさえも奪われた怒りと哀しみ。悲惨で残酷な現代世界の一面を凝集するように綴られる映画に、私たちは言葉を失う。

＊

『亀も空を飛ぶ』という不思議なタイトルの意味について、まだ三〇代半ばのクルド人監督バフマン・ゴバディは答えている。

「亀は甲羅を脱ぐことができません。クルディスタンに暮らす人びともまた、自分の宿命を背負いながら生きています。戦乱のつづくこの土地で多くの人びとは家財道具を背負いながら、幾つもの山を越え、移動を繰り返してきました。この映画では子どもをいつも背負っているアグリンが登場します。ヘンゴウもまた両腕がないという宿命を背負って生きています。実際、彼の泳ぐ姿は亀のそれと似ています。彼らを救うのはアグリンのように空を飛んでしまうことなのかもしれません」

彼はイラク戦争開戦六週間後のブッシュ米大統領の「勝利宣言」のあと、イラクの惨状をつぶさに見てまわり、この映画の製作を決意したという。

「私は特に障害者になった子どもたちの姿に打ちのめされました。戦争に異議を唱える映画が作りたくなりました。それで私は再びイラクに渡り、子どもたちと親しく接しながら生活しました。その後で、私は彼らが経験したことを映画に再構成することに挑んだのです」。映画に登場する盲目の無邪気な赤ん坊、手足を失っても溌剌とした少年たち、笑わない美しい少女、すべてが現地の子どもたちによって演じられている。児童映画祭での初上映に出演した子どもたちを呼んだ監督は、映画を観ずに子どもたちを見ていたという。彼らは初めて自分たちの出演している映画を観て、泣きながら笑っていたという。そしてその笑顔は「世界でいちばん美しい表情だった」と。

*

映画のラストはヘンゴウの予言どおり、村の上空を覆う圧倒的な臨場感で米軍の侵攻が描かれている。私たちはあのニュースをどこで、どのように見ていたのだろうか。

（『教育』二〇〇五年一二月号）

いまを照らす遠い日の光源

『ＡＬＷＡＹＳ 三丁目の夕日』

映画はときに、失われた過去を幻のようによみがえらせてくれる。この映画は、遠い日の美しい夕陽を光源に現代を照らし、私たちに幸福とは何だったのかを問いかけてくる。

＊

昭和三三（一九五八）年の春。風のように路地を駆け抜ける半ズボンの子どもたち。すれ違う都電。通りの向こうに建設中の東京タワーが見える。タイトルが流れ過ぎると、蒸気機関車が鉄橋を渡る。車内で東北訛《なま》りで騒ぐ少年少女たちの群れ。そのなかの頬の赤い勝ち気そうな六子《むつこ》。窓外を眺める横顔から、集団就職で上京する一五歳の少女の都会への憧れと不安が痛いように伝わる。

物語は、この六子が就職する自動車修理工場「鈴木オート」の家族と、近所の「夕日町三丁目」の人びとをめぐって展開する。この映画の成功は、完璧なまでの懐かしさの復元にあるのではなく、あの頃の空気をもって夕日町の住民が織りなし、観客に届けてくれる心の温もりにあり、演じた俳優たちの役にはまった巧さにある。そして映画のなかの彼らは、それぞれに、あの頃私たちのまわりにいた誰かに似ていた。

＊

堤真一演じる鈴木オートの社長則文は叩《たた》き上げで町工場を経営し、初めは六子にも厳しい。短気ですぐに怒鳴り、勘違いで彼女を追い出そうとするが、過ちに気づくとたどたどしく心底謝り、工場の夢を語る愛すべき男である。そして彼の妻トモエ役の薬師丸ひろ子が、この映画を暖色のトーンに染めている。子どもへのいっぱいの愛情、夫の仕事と生活を支える手際のよさ、六子への細やかな心配りなどかつての日本の母の典型を慎ましく演じて観客にやすらぎを与えてくれる。六子役の堀北真希もいい。想像と違う貧しい町工場を見たときの失望、東北の娘らしい内気と強情、転がるような笑顔、最後にあふれだす涙には観客も思わずもらい泣きしてしまう。

鈴木オートの向かいで茶川《ちゃがわ》駄菓子店を経営する「文学」こと竜之介役の吉岡秀隆も秀逸だ。芥川賞候補にもなったプライドを捨てきれず、近所の子どもたちにも馬鹿にされながら、人知れず少年雑誌に冒険小説の原稿を書いて生活をしのぐ屈折した青年をコミカルに演じきっている。彼の暮らしにさざ波を立てるのが近所に開店した飲み屋の若い

監督：山崎貴／脚本：山崎貴、古沢良太／原作：西岸良平／配給：東宝／2005年日本／2時間13分

おかみヒロミだが、彼女を演じた小雪もこれまでにない魅力に富んでいる。蓮《はす》っ葉《ぱ》だが情に厚く、潤いのある美しさに惹かれ、竜之介は頼まれるままに彼女のかつてのダンサー仲間が捨てた子どもを預かるはめになる。子役もみなうまい。鈴木家の一平も生き生きと子どもらしいし、竜之介に引き取られる淳之介は初めは泣きも笑いもせずに内面を隠し、やがて切ないほどに子どもの表情を取り戻していく。その変貌はこの映画の一つの芯にもなっている。戦災で妻子を失いながらみんなに慕われる町医者役の三浦友和、同じように身一つで焼け出され煙草屋を営むロック好きの婆さん役のもたいまさこなどベテラン俳優が脇を彩り、戦争の傷跡もさりげなく挿入されて時代をたしかに描いている。

*

テレビや冷蔵庫が初めてわが家に入った日を、ある年代から上の人びとはいまも忘れず、鮮やかに覚えていることだろう。ものはなくても希望があり、活気にあふれていたあの時代を、CGも多用しながら細部にわたって映画は見事に再現している。原作はシリーズの総発行部数が一四〇〇万部を記録するという西岸《さいがん》良平のコミック『三丁目の夕日』。脚本を書いた古沢良太と監督も兼ねる山崎貴はともに昭和三〇年代を知らない若い世代だという。原作が連作漫画の短編集であるために、映画の前半はさまざまなエピソードをつないだ展開でやや半端な印象もあるが、終盤には思いがけないほどにこみあ

『三丁目の夕日』
西岸良平／小学館／一九七四年～。二〇二二年五月現在、六九巻まで出ている。

げる感動が劇場を包む。そこであふれたものは郷愁ばかりではない。

幸福は不幸のなかにあるのかもしれない。茶川もヒロミも、六子も淳之介も恵まれた境遇になく、だからこそ言葉と裏腹に心の陰影が濃く、人の優しさに深く反応する。

淳之介を預かってくれたお礼に、茶川駄菓子店を訪ねたヒロミがカレーを作り、三人で家族のように食事をするうれしく優しい時間。三人で一緒に暮らそうというヒロミの冗談のような誘いに茶川が惑い、宝石店で指輪を買おうとしてもお金がなく、箱だけ買ってヒロミを店に訪ねるシークエンス。ヒロミは泣きそうになりながら微笑み、つっけんどんに左手を出す。「つけて」「その……いつか買ってくれる指輪をつけてよ」竜之介が指輪を取り出すふりをして、ヒロミの薬指につける。想像の指輪を光にかざし、「…きれい」とつぶやくヒロミ。微笑みあう二人。この映画のもっとも美しい場面にも、幸福の本質が描かれている。

邪険に扱っていた淳之介にも、生活をともにするなかで竜之介の情が移る。町医者にサンタ役を頼んで、淳之介の欲しがっていた万年筆をプレゼントにするクリスマスの夜。安物の万年筆も、宝石のように輝いた時代。

六子にも、鈴木夫妻から青森行きの往復切符がクリスマスに贈られる。「帰りたくない」と喜ばない六子に、トモエが初めて見せる故郷の母からの手紙の束。「子どもの顔が見たくない親なんていているはずないでしょう」。里心がつくからと、厳しく突き放して

『学校』
監督：山田洋次／一九九

いた母の愛情。読みながら手紙に落ちていく涙の粒。走る列車と見送るオート三輪、父のもとから逃げだして帰ってきた淳之介、ゆえあって遠く町を離れながら戻ってきたヒロミ、すべてを包んで世界を赤く染める大きな夕陽。

＊

山田洋次の映画『学校』で、夜間中学の生徒たちが幸福とは何かを考えあう授業があった。その問いは長く私のなかで宿題のように残っていた。そして、いまは思う。幸福は〝時間〟や〝思い〟として存在していると。何かを所有することでもなく、誰かと比べることでもなく。そして幸福は人との関係のなかに深く存在しているのだろう。映画が時を超えて照らしているのは、失われつつある日本人の幸福観かもしれない。

映画が終わると、劇場のなかは目を赤くはらした人びとでいっぱいだった。映画館で見ず知らずの人びとがともに笑い、泣き、感動を共有して温かい時間を過ごすことはあの時代にはありふれた光景だった。この作品は、あの頃の素朴な幸福と自分のなかの善良な心を呼び戻す魔法だったのだろうか。

映画館を出ると、あわただしい暮れの新宿の街をたくさんの人が行き交う。「こよひ逢う人みなうつくしき」と詠んだ与謝野晶子の歌が余韻のように浮かんだ。

（『教育』二〇〇六年二月号）

三年日本『学校』はその後、高等養護学校を舞台にした『学校Ⅱ』、自閉症の息子をもつシングルマザーと職業訓練校を描いた『学校Ⅲ』、不登校の中学三年生が屋久島の縄文杉をめざして一人旅に出る『十五才　学校Ⅳ』が製作された。四作目は中学三年生を担任していたので、クラスみんなで日曜日に日比谷《ひびや》の映画館に観に行った懐かしい思い出がある。

「こよい逢う人〜」「清水へ祇園をよぎる桜月夜こよひ逢う人みなうつくしき」。与謝野晶子『みだれ髪』より。

悔しさと沈黙から立ち上がる

『スタンドアップ』

数ある人の感情のなかで、いま、この国を、さらには世界をもきしませるように広く覆っているのは〝悔しさ〟ではないだろうか。

不当であること、理不尽であること、人間としての尊厳さえ損なうほどの屈辱に深く傷を負った人びとの声にならない叫びが、耳鳴りのようにこの映画の向こうからは聞こえてくる。

*

悔しさの感情には、さまざまな出口がある。あきらめ、復讐、より弱い者への転嫁、自傷や自殺……それらは日々の新聞記事のなかにあふれているだけではなく、学校の職員室や教室にも低く渦を巻いている。

だが、この映画の主人公はたった一人でもう一つの出口に向かう。スタンドアップ、それがどれほどの困難と勇気を必要とするのか、「立ち上がる」という行為がはらむ軋轢と葛藤をできるだけリアルに、ていねいに描いている。そこから生まれる波乱のドラマは、虚構ではなく、一九九〇年代アメリカの実話に取材されている。

映画の原題は『North Country』。静かで叙情的な響きさえ漂う題名は、この映画を成功させた二人の女性、監督のニキ・カーロと主演のシャーリーズ・セロンの清冽な美しさにふさわしい。

*

ファーストシーンは、上空から雪の残るアメリカ北部ミネソタ州の鉱山町が映しだされる。母に甘える時期を過ぎた中学生くらいの少年と、幼い少女を連れた若い母親ジョージーが運転する車は彼女の実家のある故郷に向かっていた。一〇代でシングルマザーとなり、暴力夫から逃れ、父親の違う二人の子どもを連れて出戻ってきた娘に、周囲の視線は冷たい。「ふしだらな女」というレッテルを貼られた彼女は、自分の父親からさえも蔑まれ、母は夫とやり直す辛抱を説くばかり。だが、彼女は殴られつづける生活に戻る気はなかった。生まれた土地で、自分の力で二人の子どもを養って生きていきたかった。そのために選んだ仕事は、新たな法律によって女性にも門戸が開かれた収入のよい鉱山労働だった。

しかし、そこから彼女の尋常でない苦難の道がはじまっていく。不況のなか、男の職場を奪う敵として、少数の女性労働者はさまざ

監督：ニキ・カーロ／脚本：マイケル・サイツマン／原作：クララ・ビンガーム、ローラ・リーディー・ガンスラー／配給：ワーナー・ブラザース映画／2005年アメリカ映画／2時間4分

まな嫌がらせを受け、それはすさまじいまでの性的迫害へとエスカレートしていく。仕事中に煙草をねだられ、胸ポケットに手を入れられる女性、トイレへのわずかの休憩を我慢させられ失禁する女性、性的な落書きや悪戯は日常茶飯の職場だった。主人公も卑《ひ》猥《わい》な言葉を浴びせられ、簡易トイレに入れば箱ごと大勢に揺さぶられ汚物まみれにされる。そしてある日、彼女は屈辱的な暴行を受ける。

周囲の女性労働者が、生活のために耐え忍ぶなか、彼女の我慢は限界を超えた。家族をふくめ誰一人味方をしてくれるもののないまま、たった一人で、裁判を起こす。

私なんか、と何度も思った。
お前なんか、と何度も言われた。
それでも、立ち上がってみようと思った。

映画の短いコピーが、ここにきて胸に迫る。

＊

法廷シーンを織り込んで、彼女の過去がしだいに明らかにされていく。この映画が豊かな奥行をもつのは、世界最初のセクハラ裁判を描いたことだけにあるのではなく、アメリカ人の家族と愛情をめぐる確執と情感が深く宿されているからである。

ジョージーの父親は、昔気質《かたぎ》の鉱山労働者である。妻が作った弁当をたずさえて現場に出て、汚れた服を持って家に帰り、厳しい労働に寡黙に耐えて家族を支えてきた。聖域のような職場に、出戻りの「あばずれ」と指さされる娘が闖入《ちんにゅう》してくることは、彼にとって耐え難い出来事だった。母親が娘を思って援助したとき、「俺の働いた金をドブに捨てるのか」と怒りを放つシーンに彼の思いが噴きだす。そのとき、母親は「家事はタダだと思っているの」と従順だった妻の本音を初めてあふれさせる。

いっぽう自分の父親さえわからず、母親のジョージーを疎ましく思う思春期の息子は、母の風聞ゆえに仲間からも差別を受け、アイスホッケーの試合ではパスさえもらうことができない。どこの国であれ少年は傷つきやすい。非行に走るかもしれない息子を力ずくで家に連れ帰るジョージーの激情にも、初めて自分の給料で子どもたちをレストランに連れて行く幸せな一夜にも、母として痛ましいまでの家族を守る情感が疼く。

＊

裁判は、会社側の狡猾《こうかつ》な作戦で、ジョージーの過去を暴き、彼女の人身攻撃に転じる。だがそこで明らかになるのは、想像を超えるジョージーの隠された不幸だった。彼女の受けた数々の性的迫害は高校時代からはじまっていたのだ。そして、それを聞いて飛びだした息子を追って、彼女は初めて真実を告げる。「本当はあなたを産みたくなかった。あなたを産んだら悪夢を覚えていなければならない。でもあなたがおなかで動いた瞬間、この子は汚らしいものではなくて、私だけの赤ちゃんだと思った。ママはあなたのためならどんなことでもする」と。

弱い人間が、どんなときに強くなれるのか、実生活にさまざまな悔しさを抱える私たちにとって、ジョージーは他人ではない。組合の職場集会でも、彼女は孤立無援だった。男たちの罵声と女たちの沈黙が彼女を絶句させる。このとき、思いがけないもう一人の人間が初めて立ち上がる。裁判は、そこから動きはじめる。

＊

立ち上がることができずに、私たちは現実の前でしばしばうずくまる。どれだけ多くの人びとが、歴史のなかで悔しさを胸に沈黙してきたことだろう。映画は闘争を呼びかけるアジテーションではない。だが、普通に働き、子どもを育てて暮らしたいと願った一人の女性の震えるような一歩が、セクシャルハラスメントを許さない世界の流れを生みだしたことを、この映画は小さな記念碑のように伝えている。それは人類の光の粒のように観客には見える。私たちにできることは、その輝きを汚さないことだろう。裁判は一九九八年に結審している。わずか数年前の出来事である。

＊

ミネソタのどこまでもつづく広い空と、雪で覆われた丘陵の絵画のような構図、薄暗い鉱山のなかの黒い鉱石と真っ白な雪、ジョージーのまわりにいた人びとのさまざまな表情が目に残る。

過酷な現実を描いた映画なのに、余韻の感動は流れていたボブ・ディランの歌のように「時代は動く」という予感だったのかもしれない。


（『教育』二〇〇六年四月号）


「時代は動く」

「The Times They Are A-Changin」作詞・作曲：ボブ・ディラン。

六〇年前に「風に吹かれて」で「どれだけの砲弾を発射すれば、武器を永久に廃絶する気になるのか」「為政者たちは、いつになったら人びとに自由を与えるのか」と今日のロシアによるウクライナ侵攻にも重なるいくつもの問いを出し、「友よ、答えは風に吹かれている」と歌ったボブ・ディラン。この曲では「いまの敗者は、後の勝者だ」「いまの一番手が、後には最後尾になるだろう。時代は変わっているのだから」と歌い、うずくまる人びとを励ました。

学歴エリートの挫折と再生

『県庁の星』

　ありえたかもしれない別の人生を、誰も考えることがあるのだろうか。自分の選ばなかった職業を、フィクションであれ覗《のぞ》いてみたい気持ちが私にもある。桜が咲き、学校の一年が終わった春休みの一日、地方都市を舞台に青年公務員の挫折と再生を描く『県庁の星』を観た。

　子どもたちの「学びからの逃走」だけでなく、青年たちの「労働からの逃走」も社会問題とされるなかで、映画は思いがけず働くということ、仕事に就くということの意味を面白く考え直させてくれた。

＊

「現場か、会議室か？」、仕事をめぐってそれぞれの存在意義を激しく問いかけたのは織田裕二が主演した『踊る大捜査線』だった。彼が久しぶりにスクリーンに復帰したこの作品にも同じモチーフが流れ、さらに「官」と「民」の対抗軸が織り込まれて多層にドラマは展開する。だが、どちらが善くて正しいのかという判定ではなく、いささか戯画化されながらもそこに生きる人びとの価値観や葛藤がリアルに描かれ錯綜《さくそう》するところにこの映画の魅力はあった。

織田の演じる主人公、野村聡は「学生時代はテストのたびに一番で、県庁にもトップで入庁した」ことを誇りにエリート街道をひた走る青年として登場する。そびえ立つ県庁舎の高層ラウンジから地上の街並みや行き交う人びとを見下ろし、「政治は人の上に人を作り、人の下に人を作る」とうそぶく。役人は「書類作れてナンボ」と言い、その速さとうまさにはライバルの同僚も舌を巻く。彼の晴れ舞台は、自ら企画した二〇〇億円をかける特別養護老人複合施設「ケアタウンリゾート・ルネサンス」の県議会でのプレゼンテーションだった。自信に満ちた端正な野心家は、この巨大プロジェクトにからむ地元建設会社社長に取り入り、その令嬢（紺野まひる）との婚約にもこぎつけている。「箱もの行政」を批判する市民団体への対策に苦慮する県議会議長（石坂浩二）には「中身に民間意識に留意したアイディアを盛り込めば、県民も納得するでしょう」と進言、半年間の民間人事交流研修がスタートする。二万九〇〇〇人の県職員から選ばれた七人には野村も含まれており、帰庁後のステップアップが約束された彼は開かれた未来に得意満面だった。

だが、彼の順風満帆の出世シナリオはここからほころびはじめる。

＊

『踊る大捜査線』
監督：本広克行／一九九八年日本
シリーズで『踊る大捜査線 THE MOVIE 2 レインボーブリッジを封鎖せよ！』（二〇〇三年）、『踊る大捜査線 THE MOVIE 3 ヤツらを解放せよ！』（二〇一〇年）、『踊る大捜査線 THE FINAL 新たなる希望』（二〇一二年）が次々と公開され大ヒットした。社会には地を這《は》うように現場で働く人びとがいる。「事件は会議室で起きているんじゃない、現場で起きているんだ！」という青島刑事の台詞は苦闘する教師たちをも励ました。

野村の民間配属先は、ここで何を学べというのかと苛立つほどに傾いた三流スーパー「満天堂」だった。しかも、彼の教育係に指名されたのは裏店長とあだ名される年下のパート従業員、二宮あき（柴咲コウ）。高級スーツで身を固め、人を見下した「お役人」と、高校中退でオシャレもせず、地味な売り場で経験だけを頼りに働く「店員さん」。価値観も性格も水と油ほどに違う二人がこうして出会い、バトルをくり広げることになる。「接客マニュアルはありますか？　組織図を見せてください」「そんなものなくてもまわっていきますから、民間は！」「こんなことで僕のキャリアに傷をつけるわけにはいかないんだ」「結局自分が大事って話？　あんたの将来なんか知るか！」

スーパーで買い物をする人びとの生活も考えず、役人根性丸出しで下手な対応しかできない野村を現場側から叩く柴咲の演技が小気味よい。お荷物でしかない「県庁さん」を、店は客から「隠す」対策に出て、お総菜の調理場へ配属を移す。ここでもコストを下げるやりくりを目撃して不正を告発する野村は、得意の分厚い文書まで作成して「改善」を試みる。調理現場での外国人労働者たちの反応や嘆きもリアルで面白い。

その頃、県庁では新たな事態が進行していた。マスコミの批判で人事交流研修は見捨てられ、野村抜きでプロジェクトは発進していたのだ。出世の階段を外された彼に、婚約破棄の知らせが追い打ちをかける。

人生は自分の意図したとおりには進まない。数限りない分岐があり、いくつもの屈折がある。予期せぬ変転が人を襲い、思いがけない方向へ人を運ぶ。

プライド高く傲慢な表情から、情けない男に転落していく織田の演技も光る。この映画を良質にしているのは、青年の再起をていねいに見つめる視線にある。現代日本を生き抜くもっとも重要なメンタリティは逆境のなかでこそ何かを学び、自分を前に進ませる人間的な力だろう。彼を成長させたものは、かつて見下していたスーパーの同僚たちであり、離れていった婚約者や対立していたあきだった。印象的なセリフやシーンがいくつかある。

野村が邪険に扱った呆《ほう》けたような年老いた客の話を笑顔で親切に聞き取ったあとのあきの言葉。「県庁さん、人を喜ばせたいって思ったことないんでしょ？」

降りしきる雨のなかで翻意を迫る野村への婚約者の最後の言葉。

「あなたは私のことなんか一度も見てなかった。私はあなたの出世なんか興味はないの。あなたの喜ぶ顔が見たかっただけよ……」

施設予定地の断崖で絶望にのたうつ野村のうめき。「何だったんだ？　僕が見ていたものは……もう、誰も僕を必要としていない」

仕事はどこか恋愛に似ている。対象と自分をどれだけ深く見てい

監督・脚本：西谷弘／脚本：佐藤信介／原作：桂望実／配給：東宝／2006年日本／2時間11分

るかが問われ、困難こそが情熱をかきたてる。誰かに必要とされること、人とともにある喜び、自分の存在が意味をもって確かめられること。私たちが密かに仕事や恋愛に求めていたのはそれだったのかもしれない。

＊

終盤、野村は生まれ変わったようにスーパーでの仕事に懸けはじめる。いつしかあきとの心の通いあいも生まれる。そして消防署と保健所の抜き打ち検査不合格で迎えた閉店の危機を、互いのもつ力を寄せあって乗りきっていく。それは異質な環境と能力が触発しあった共同だった。周囲から浮き上がっていた「県庁さん」が、みんなに受け入れられる日がやってくる。満天堂を去る日、夕闇のスーパーに深々と礼をしたあとの野村の歪んだような表情を一瞬カメラがとらえている。それは彼のたった一人の卒業式のように見えた。県庁に帰った野村は以前とはまったく異質の奮闘をはじめるが、さっぱり役所は変わらない。再会し、微笑みあって別れる二人。

＊

軽くコミカルな風味でありながら「社会派」の系譜を現代に受け継ぎ、動きそうもない現実を描きながらシニカルにもならず、最後はささやかだが希望の風が吹き、映画は幕を閉じる。それは春の微風に似ていた。

（『教育』二〇〇六年六月号）

日本とアジアの農業賛歌

『恋するトマト』

今年も、また夏がめぐってきた。幼い頃、私は毎夏、讃岐《さぬき》平野の東端にある従兄の農家を訪ね、井戸に冷やした西瓜やトマトをごちそうになり、麦藁《むぎわら》帽子でトンボを追った。照りつける陽射しと入道雲、遠い山脈、青々とした水田を渡る風と光、それは多くの日本人にとって夏の原風景だろう。

年の離れた従兄は年老いたいま、後継者もなく農業を営み、一人で暮らしている。少年時代に満蒙《まんもう》開拓団の一員として大陸に渡り、辛酸をなめた体験を語ることもなく。私は久しくこの従兄を忘れ、都会で暮らしてきた。映画を観ながら、よみがえってきたのは遠い夏の日の故郷の記憶と、日に焼けしわを刻んだ従兄の淋しい笑顔だった。

＊

いつの時代にも、誰かが作らなければならない映画があるのかもしれない。一三年をかけて企画をあたため、自ら脚本を書き主演した大地康雄の、日本の農家に寄せる思いがこの作品を生みだした。

「何か社会性のある重要なテーマを抱え、なおそれが娯楽として楽しめ、次世代にも残る映画」に出演したいと彼は願いつづけてきた。だが、そうした条件を備えた作品は少ない。彼は十数年前、茨城の農村を取材する仕事で、農家の独身長男の苦悩に触れる。幾度も酒を酌み交わすうちに、彼らの重い口が開き、農業を継いだものの人並みの暮らしができず、自分の職業に誇りも希望ももてない彼らの心の叫びに絶句する。

「食べ物を作るという人間にとって一番大切で尊い仕事をしている人たちが、なぜ人生に失望して生きていかなければならないのか。彼らには生きていく上でもっとも大切な人間の底力があり、口下手だが純粋で素朴で優しさにあふれ、男から見てもすごく魅力的なのだ。人生を真面目に生きている人たちの深い悲しみと絶望、まさに私が演じてみたい人物がそこにいた。そしてこの人たちの応援歌になるような人間賛歌の映画を作ってみたいと思ったのである」

大地康雄という俳優について、深くは知らなかった。映画の宣伝に使われた彼の写真がある。頭にタオルを巻き、日に焼けた日本の農夫の肖像である。野太く、深い包容力を感じさせる働く男の笑顔である。

映画を観たいと思った。一枚の写真が人を映画館に運ぶこともある。

監督：南部英夫／脚本：大地康雄／原作：小檜山博／配給：ゼアリズエンタープライズ／2005年日本／2時間6分

＊

舞台は筑波山《つくばさん》を望む、霞ヶ浦《かすみがうら》周辺に広がる美しい田園地帯。大地の演じる主人公、野田正男は四五歳を過ぎてはいるが、親孝行で気の優しい、純朴な独身男である。

大地は自分が丹念に取材してつかんだ日本の農家の厳しい現実を、ただ悲壮に描きはせず、そのおかしみや哀しみをていねいに描く。初めに、年老いた両親とともに西瓜の出荷作業に追われる場面がある。家族は食事を作る余裕もなく、夕食にコンビニ弁当をかきこむ。それは実際に彼が目にした光景であり、食べ物を作る人びとがなぜこんな冷たい弁当を食べなければならないのかという憤りが無言で伝わるシーンである。

四〇、五〇になっても嫁の来手がないという現実は、農家の男たちにとって過酷な境遇である。お見合いで二十数回も振られつづけると自分を否定されるようで生きることすらイヤになるという。映画ではそうした男たちの不器用な努力がコミカルに描かれる。農協の主催する「出会いふれあいダンスパーティー」では、正男は女性の気を引こうと涙ぐましいまでの練習の末に女装してタンゴを踊る。そうして心優しい都会の女性、景子（富田靖子）との交際が始まる。風にそよぐ稲、レンコン畑、のどかな牛の表情、小川のザリガニ、二人のデートの背景に点描される日本の農村の美しさに、正男の女性への切ない憧れが重なる。婚約まで進みながら、「やはり私には農家は無理です」という手紙で彼の夢は無惨に破れる。見かねた農業仲間の勇作（藤岡弘）の紹介で、フ

藤岡弘
現在の芸名は「藤岡弘、」。

ィリピンパブで働くリバティ（ルビー・モレノ）を紹介され、彼女に急かされるように二人は結婚することになる。

＊

舞台はここからフィリピンに飛ぶ。そこで正男を待っていたのは結婚詐欺というつらすぎる現実だった。農協に借金して持参した結納金をだまし取られ、リバティは消える。生きる気力をなくした正男は浮浪者のようにマニラの街をさまよう。そんな正男を助けてくれたのはフィリピン女性を日本に送り込むブローカー中田（清水紘治）だった。故郷に帰れず彼のもとで働きはじめた正男は、心もすさみ、やくざ体質に変貌していく。

そんなある日、正男は仕事で通りかかったラグーナの村の風景に驚く。大きな湖のまわりに広がる農村地帯が彼の故郷にそっくりだったのだ。黄金色に輝く稲穂、稲刈りに励む人びと、そのなかに何度かレストランで見かけたことのある女性、クリスティナがいた。彼女の父親が病気で働けないことを知った正男は、稲の収穫を手伝いはじめる。土に触れることで、正男の農民の血が騒ぐ。

フィリピンの自然が美しい。焼けつく陽射しのなかの青い山々、しぶきを上げるスコールとみずみずしい田園、水鳥や水牛。そして失われた日本に似た純朴な人びと。映画はアジアの連帯を描くように展開する。手さばきのよい稲刈りで信頼を得た正男は、クリスティナの家族との親交を深める。そして芽ばえる二人の恋。彼女は農業をとおして正男に敬意を抱き、彼女の温かな評価に応えて、正男は彼自身を取り返してゆく。だが、物語は平坦ではない。長女である彼女には家族を養う責任があり、病父の若い主治医からの求婚にも惑い、年の差もある外国人との結婚には家族もためらう。やくざから足を洗う困難も正男を襲う。深い失意を抱いて帰郷した傷心の正男に、再び日本農業の重い現実が迫り、希望は見えない。

それでも、映画はハッピーエンドである。大地はそう終わりたいからこそ、脚本を逆算したという。ラブストーリーの魅力は、クリスティナを演じたアリス・ディクソンの清楚で豊饒《ほうじょう》な美しさに支えられていた。

最後に夕暮れの茨城の農道にバスが着き、大きな鞄《かばん》を持った若い女性が降り立つところをカメラが遠景から映しだす。そのまま静かに映画はエンドタイトルを流しだす。観客は潤んだ目でそのラストシーンを見つめ、彼らの幸福を願わずにいられない。

＊

『恋するトマト』とは正男のクリスティナへの愛の表現が、彼の誇りとしての農作業であり、日本産のトマト作りであったことに由来している。彼女もまた、同じ価値を共有して想いを受け入れる。それは、愛というものの本来の姿として気高く胸を打つ。

人が生きることは、自分が自分であることの証しを残すことにあるかもしれない。

（『教育』二〇〇六年八月号）

戦争と瓦礫のなかの女たち

『ガーダ　パレスチナの詩』

日本の子どもたちに楽しい夏休みが始まっていた七月末、レバノン南部カナの子どもたちは恐ろしい惨劇に見舞われていた。イスラエルの誘導型爆弾はわずか数秒で三七人の子どもを殺し、そのうち一五人は障害をもつ子どもたちだったという。

世界では子どもの虐殺が日常になっている。私が最初にそれを見たのはベトナム戦争だった。あどけない表情のまま黒く焼け焦げた幼い死体、吹き飛ばされて失われた半分の頭蓋。高校生だった私は言葉を失い、「こんなことが許されていいのか」という憤りが全身を貫いた。若い日の私にあった感受性や想像力が、いま、どれだけ残されているだろう。

恐ろしい惨劇
二〇〇六年七月に、レバノンのシーア派武装組織がイスラエルを攻撃したことに端を発し、イスラエル軍がレバノンに侵攻。

＊

この記録映画を撮った古居みずえは、私と同世代のフォトジャーナリストである。彼女は一六年前、初めて出版した『インティファーダの女たち』に「パレスチナと私」というまえがきを寄せている。その小さな文章は、同時代を生きてきた私を打った。

『インティファーダの女たち――パレスチナ被占領地を行く』
古居みずえ／彩流社／一九九〇年

地方都市で中学までの優等生が進学校の競争のなかで傷つき、社会に反発しつつ、大学では過激な学生運動に違和感をもち何もできなかった古居。それでもパレスチナなど苦難のなかから立ち上がる世界の人びとに共感を覚える学生だった。だが、彼女は平凡な会社員として三七歳までを過ごしていた。

多くの人に、それぞれの人生のターニングポイントはある。彼女は手足が動かなくなるという突然の大病でそれを迎えた。絶望の淵に立ったとき、それまで自分が懸けるものをもたず、真剣に人生に向きあってこなかったことに涙した。奇跡のように病が回復したとき、「失うものは何もない、やり直せる」と思うと、何かを表現したいと痛切に願った。写真学校に通いはじめて、パレスチナの子どもたちを撮った写真展に出会う。汚れた子どもの顔が輝いて見えた。難民という厳しい状況のなかでどうして笑っているのか不思議に思った。カメラを手にして二年後、彼女はパレスチナに旅立つ。

*

作品は一二年に及ぶ現地取材で撮りためた五〇〇時間分のビデオテープから編集されている。短期間の冒険的な撮影ではない。砲弾の飛び交う危険なシーンも含まれてはいるが、描かれているのはパレスチナの人びとのありふれた日常である。日本のマスコミから流れるパレスチナ像はしばし

監督：古居みずえ／配給：バイオタイド／2005年日本／1時間46分

ば暴力的で自爆攻撃にあけくれているように見える。平和を望み、情の深い温かなパレスチナの人たちの姿が重ならない。彼女は「弱くて小さいけれど、笑顔を忘れず現実と闘いつづける人びとの強さに触れてほしい」と願う。そのために、古居はガーダという若い女性の生き方を軸に据えて、彼女の家に住みつき、内側から人びとの生活と素顔を綴る。

ガーダは、古居がパレスチナに渡ったとき、英語のできる通訳として紹介された女性である。当時二三歳だったガーダは、ガザ地区の難民キャンプに住み、地元の小学校に勤めていた。彼女は自分の婚約パーティーに古居を誘う。映画は冒頭、ガーダの結婚や披露宴をめぐって親族たちが意見を交わし、紛糾するところから始まっている。ガーダは、男性中心の形式にしばられた結婚を拒み、自ら夫に選んだナセルと式も挙げずにエジプトに新婚旅行に出かける。対立や葛藤はあっても親密なイスラム圏の家族に古居のカメラがさりげなく回る。それまで外国人の目にさらされたことがほとんどない女たちの居間や台所の扉が開かれ、寝室の内部でさえ写し取られている。

そこでは男たちも客間の威厳を脱ぎ捨てて女たちと一緒に笑い、ふざけ、甘えたり怯えたりする姿を見せる。ガーダが最初の子どもを出産する場面も画面に収められている。難産の末に生まれた赤ん坊を看護婦はスポンジに洗剤をつけ水道の水で頭からごしごしと洗う。それは厳しい環境で生き抜くための儀式のように見えた。

＊

だが、そうした日常のなかに虐殺や戦争が迫る。第二次インティファーダ（民衆蜂起）が始まったのだ。圧倒的なイスラエルの軍事力に対し、彼らの武器は石である。ガーダの親戚の一三歳のカラムが射殺される。病院に駆けつけたカラムの祖母は「カラムはいつも僕は殉教者となっておばあちゃんを天国に連れて行ってやる、と言っていた」と泣き崩れる。カラムにつづいてガーダの従兄弟もイスラエル兵に撃たれる。

あいつぐ身近な人たちの死は、ガーダの心にも強い変化を与える。彼女は祖母の年代の占領の原体験を、聞き書きで残す仕事に自分の存在意義を見つけて動きだす。

ガーダの新しい旅に古居が同行することで、映画は二人の共同の作品に発展する。ガーダによみがえる、祖母から聞いた幼い頃の故郷の話や懐かしい歌。彼女は記憶を追って、パレスチナの大地を聞き歩く。生地を占領され何もかも奪われた労苦の跡を刻む老いた貧しい人びと。彼らが語るパレスチナの歴史と伝統、苦難と抵抗は叙事詩のように観客に伝えられる。馬車の荷台で夫婦が掛けあいで歌う民謡、鎌をもつおばあさんが涙で歌う望郷の歌、昔の恋の歌。銃弾が響くなかでも冗談を言いあって作る料理。難民になって六〇年がたち、やっと造った家も壊され、果樹も根こそぎにされた一〇〇歳近い老女が、倒された樹からたわわになったオレンジをもいでガーダに手渡す。最後の収穫を惜しむことなく与える慈愛。占領され破壊されつづけても、奪うことのできないものがフィルムに満ちている。

＊

古居はこの映画に先立って『パレスチナ――瓦礫の中の女たち』という写真集を出版した。そのなかにガーダの一枚のポートレートがある。モスクの薄暗い壁の前で白いヒジャブ（スカーフ）を巻いた横顔と祈りにかざした手をほのかな光が照らしている。写真は沈黙しているが、小さく開いた口元と真剣なまなざしが何かを訴えているように見える。

『パレスチナ――瓦礫の中の女たち』
古居みずえ／岩波書店／二〇〇四年

「友人であり、一四年間をともにしたジャーナリスト、みずえに感謝しています。これらの年月をとおして私は彼女からたくさんのことを学びました。私たちは幸せなときも悲しいときもともにし、一緒に笑い、泣きました。銃撃や危険な状況下でも一緒に働きました。抑圧された人びとの嘘偽りのないメッセージを伝える彼女の仕事と献身に賛辞を贈ります」（ガーダ・アギール）

映画の最後に、ガーダの二人の子どもが登場する。あのときの赤ちゃんが一〇歳の少女になっている。はにかむ笑顔が可愛い。耳に残る祖母たちの歌声と幼い子どもたち、希望は、空にも大地にも描くことができる。

（『教育』二〇〇六年一〇月号）

降りられない舞台に挑む

『フラガール』

人生には降りられない舞台がある。
まちのため、家族のため、友のため、
そして自分の人生のために、少女たちは
フラダンスに挑む。

ダンスのレッスンを受ける真剣なまなざしの少女たちの横顔に添えられた映画パンフのコピーである。人びとはいま、「幸福な結末」をもつ物語を渇いたように求めているのかもしれない。この映画を上映している劇場はどこも人であふれ、インターネットの映画サイトは軒並み高い評価と感動を記した感想で満ちている。

私たちの多くは「うまくいかない現実」を生きている。リアルな映画も必要だが、私たちは〝夢〟を見たいのかもしれない。自分の人生と重ねて、どこか胸を熱くする要素をこの映画ははらんでいる。人びとがそれぞれに抱えるつらさを共有し、波乱を超え、みんなの共同と連帯で何ごとかが達成されていく夢物語に、多くの観客が集まるのは時代の反映にちがいない。予定調和ではあるが、逆境を超えて人間も現実も変革されうるということを映画は描く。見方によっては気恥ずかしいほどの類型と通俗に満ちたストーリー展開が、それでも力をもって観客に迫るのは、映画が事実をもとにした物語であるからだろう。

*

舞台は昭和四〇（一九六五）年の福島県いわき市。かつて「黒いダイヤ」と呼ばれた石炭は、石油に取って代わられ、このまちを支える炭鉱は閉山の危機に瀕していた。現代なら、会社は非情に従業員を解雇するところだが、常磐《じょうばん》炭鉱は鉱夫の雇用をわずかでも守ろうと努力する。それがヤマの地熱と温泉を利用しての「常磐ハワイアンセンター」（現スパリゾートハワイアンズ）という健康ランド建設だった。だが、現地の労働者は一〇〇年もつづいた炭鉱を閉じての突拍子もない計画に反対、担当部長吉本（岸辺一徳《いっとく》）は苦境に陥る。一癖あるがアロハシャツを真面目に着こなした善良なこの部長の奮闘は画面にいくつもの笑いとリアリティーをもたらす。なかでも彼が東京から招いた元ＳＫＤ（松竹歌劇団）のフラダンス教師平山まどか（松雪泰子）がやる気のない呑んだくれで、ダンサーなど東京からプロを呼べばいいと炭鉱娘たちを侮蔑し

未来をあきらめない
フラガール
北国を常夏の楽園へ。40年の時を越え語られる奇蹟の実話。

監督：李相日／脚本：李相日、羽原大介／配給：シネカノン／2006年日本／２時間

たとき、怒りを爆発させて福島弁の長ゼリフを一気にまくしたてるシーンには思わず拍手を送りたくなる。彼は一見馬鹿げた企画を保身のためではなく、炭鉱町の再起のために本気なのである。だから彼はそれでも「ヤマ助けてくんちぇ」と彼女に平謝りで懇願するのである。

それにしても、田舎の素人娘たちが本物のフラダンスをマスターすることは並大抵ではない。「ストリップさせるために無理して高校行かせたわけでねえ」と怒る親たち、「おれケツ振れねえ」と逃げていく娘たちのなかで、たった四人がチャンスに賭けようと踏み残る。

＊

さびれゆく炭鉱とそこに生きる人びとの苦難や希望を描いた映画は、世界中で数多く作られてきた。イギリス映画『ブラス！』や『フル・モンティ』、アメリカ映画『遠い空の向こうに』を記憶に残す人も多いだろう。この映画もその系譜に連なっている。

フラガールは〝教師と生徒〟の物語としても面白い。ダンス教師の秘められた栄光と自負、挫折と自棄。未来の見えない炭鉱の娘たちにも、屈辱も自尊もある。

ドラマの場面転換に使われる〝窓〟からの視線が印象に残る。ガラスの向こうから人は思いを込めて見つめ、そして見つめられる。

窓を隔てて見た光景が、思いがけない変転を人の関係にもたらし、人生を動かす。

『ブラス！』
監督：マーク・ハーマン／一九九六年イギリス

『フル・モンティ』
監督：ピーター・カッタネオ／一九九七年イギリス

『遠い空の向こうに』
監督：ジョー・ジョンストン／一九九九年アメリカ

レッスン場の窓から練習生たちが覗く、まどかの息をのむほどのすばらしいダンスシーン。それはカメラをとおして観客の視線と重なり、フラダンスという踊りの迫真の美しさと魅力への開眼となる。逆光のなかに背筋を伸ばし、美しく立つダンス教師。誰も見ていないはずの練習場で、失われた誇りを自分のために取り戻すかのように、一人、彼女は舞う。静かに、激しく、妖しく。魅せられた娘たちはそこから夢に挑む。

フラの振りには意味があり、手話の要素を含んでいるという。落盤事故のあと、追われるように町を去っていく教師に向かって教えられた愛の表現を無音のダンスで送る教え子たち。列車の窓をとおして、思いは交錯し、言葉よりも深く伝えられていく。

＊

ヒロイン谷川紀美子を演じた蒼井《あおい》優がいい。あの時代の東北地方の素朴な少女の風貌を残しながら、ダンスの成長が家族との葛藤を交えて鮮やかに立ち上がってゆく。

映画は〝強い女性〟の物語でもある。「オレの人生オレのもんだ」と叫んで家を出て練習場で寝泊まりする紀美子。彼女の母親役、富司純子《すみこ》も意に沿わない道に進む娘との対立と和解を、筋の通った炭鉱女らしく凛として演じている。

ダンサー志願に反対のあまり娘を殴り髪を切ってしまった父親に怒鳴り込み、銭湯の男湯に服を着たまま飛び込んでいくダンス教師も激情の女性である。実在する彼女のモデル、カレイナニ早川は幼い頃からバレエを習い、ハワイに渡ってポリネシア民族舞踊を学んだあと、常磐でダンス講師となり、三二年間ハワイアンセンターの構成・演出・振り付けを手がけ、現在も常磐音楽舞踊学院の最高顧問を務めているという。

＊

一九六六年一月、ついにハワイアンセンターは、開幕に至る。「炭鉱人の、炭鉱人による、炭鉱人のための」というスローガンどおり、フラガールはもとより、ホテルのフロント係も植物係も、施設は全員が元炭鉱人たちで構成されていた。元炭鉱夫のバンドマンたちも指の皮がむけるほどの猛特訓に耐え、接客係も標準語と笑顔が板に付いた。そして、いよいよオープンの日、リズミカルな音楽が鳴り響くなか、満杯の客が詰め寄せたドーム中央のステージに、満面の笑みをたたえたフラガールたちが登場する。圧倒的な迫力でくり広げられる華やかなタヒチアンダンス。そのみずみずしい踊りを観客は霞んだ目で見つめるほかない。今年二月、「スパリゾートハワイアンズ」は開業以来ののべ入場者数が五〇〇〇万人を突破したという。

＊

最後にローリングタイトルが流れだす前に踊り子たちの集合写真が写しだされる。四〇年前のその笑顔は、「人を動かすことができるのは命令と処罰、競争と利益誘導しかない」という人間観で教育現場までが覆われつつある時代の流れに、異議を投げ返しているように私には見えた。

（『教育』二〇〇六年一二月号）

無邪気な村に降りかかる戦争

『トンマッコルへようこそ』

私たちは、そうありたい理想と、こうでしかない現実とのせめぎあいを生きている。日々の教育の仕事にも困難は絶えず、私たちは人のもつ醜さと美しさの狭間で揺れながら生き、働きつづけるほかない宿命を負っているのかもしれない。それでも私たちは現実に絶望できず、理想を探りつづける。

理想と現実のもっとも大きな対立は平和と戦争であり、この映画は、〝子どものように純粋な〟という意味をこめた「トンマッコル」という架空の村を舞台に韓国人の理想と現実、戦争と平和を描く。

＊

映画の背景は、朝鮮戦争である。薄い緑を溶かした墨絵のようなタイトルバックにつづいて「一九五〇年九月」と字幕が打たれ、米軍が仁川《インチョン》に上陸し、朝鮮人民軍一掃のため無差別爆撃で多くの民間人も犠牲になったという史実がテロップで伝えられる。

ファーストシーンは髪に花を挿したあどけない表情の少女ヨイルが草原で空を見上げ

ている。手を振る彼女の上空から急速度で戦闘機が落下する。トンマッコル村への最初の「お客さま」、アメリカ海軍大尉スミスの不時着である。つづいて画面は急展開で、敗走をつづける三人の人民軍兵士と、部隊から脱走した二人の韓国軍兵士の道行きに移る。六人の兵士はそれぞれの事情でトンマッコルの村へとたどり着く。

米軍と韓国軍と人民軍、交戦する三者がのどかな秘境の村で出会うという設定はありえない寓話だが、兵士たちの人物像はそれぞれにリアリティーをもち、切迫している。人民軍の将校リ・スファは戦闘の妨げとなる負傷兵の射殺を命じられるが実行できず、敵に急襲され下士官と少年兵とともに逃亡。韓国軍のピョ・ヒョンチョル少尉は敵軍の侵攻を防ぐためたくさんの避難民が渡っている鉄橋を命令とはいえ爆破したことに苦しみ、自殺を図ろうとしたところを脱走中の衛生兵に助けられる。戦時にあっても人間性を捨てきれなかった兵士たちが、それでも戦争という現実をどう生きていくのかという問いをはらんで物語は進行する。

＊

かつて「戦争を知らない子供たち」というフォークソングが流行したことがある。私たちはたしかに戦争が終わって生まれ、実際の戦争を知らない。だが、さまざまなメディアで〝戦争〟を知ってはいる。この映画の斬新さはファンタジーの手法で本当に戦争を知らない村人たちと、激しい戦場をくぐり抜けた兵士たちを出会わせたことである。

「戦争を知らない子供たち」
作詞：北山修、作詞：杉田二郎作曲
ベトナム戦争只中の一九七〇年に〈全日本アマチュア・フォーク・シンガーズ〉が発売、翌年〈ジローズ〉の歌唱でヒット。その後、中学校の合唱コンクールでもよく自由曲に選ばれ、長く歌い継がれている。

それはどこの国の戦争映画にも多い激しい戦闘場面や悲劇的な結末を避け、ユーモアに満ちた異色の展開をもたらす。

村人は銃を突きつけられてもそれが長い棒にしか見えず、おかしな挨拶だといぶかり、ヘルメットは洗面器をかぶっているとしか思えない。村長や女たちはお客が来たと喜び食事の用意をはじめる。「手を上げろ」と迫られても「片手？　どっちの手？」などと質問し兵士たちは「なめているのか！」と怒りだす。同じ国で戦っていることが理解できず、「攻めてきたのは日本？　中国？」と聞き返し、説明されても「あの鼻の大きい男はどっち側？」「じゃあ二対一よ、卑怯《ひきょう》ね」と頭をひねる。

さらにこの寓話の狂言廻しを務める少し知的障害のある少女ヨイルの、汚れのない純真さが映画を引き立てる。彼女はいっさいの悪意をもたず、好奇心にあふれている。土砂降りとなった雨のなか、銃を構えたまま睨《にら》みあう兵士たちを不思議そうに眺め、花を持った手と布で少年兵の顔をぬぐってやる。緊張のなかでも恥じらう少年兵。その隙にヨイルは彼の持つ手榴《しゅりゅうだん》弾からピンを指輪にしたくて引き抜いてしまう。暴発した手榴弾が村の食料庫を爆破し、貯蔵されていたトウモロコシがポップコーンとなって雪のように人びとの上に降り注ぐ。幻想のような光景と目を輝かせ跳びはねるヨイルの表情は村人と兵士たちをなごませる。そして、少年兵のヨイルへの淡い恋心と言葉を介さない二人の交流は観客の心も温かく洗う。

＊

朝鮮半島はいまも休戦中で分断されたままである。北にも南にも兵役があり、戦争は過去だけではない現実の危機と恐怖である。この作品に八〇〇万もの観客が詰めかけたという隣国、韓国の人びとはどんな思いでこの映画を観たのだろう。

映像は美しい。緑なす田畑と草原の輝き、青い空と逆光の花々、蝶の群舞。村の境界に立つ不思議な笑顔の石像たち。久石譲の音楽も情感豊かで耳に快い。それらは戦争で憎みあい対立することの不自然をきわだたせ、ゆっくりと和解と共同に向かう三国の兵士たちの背景を彩る。

反目しながらも爆破で失われた食料を回復するために軍服を脱ぎ畑仕事に出かける六人。イノシシ狩りでの初めての共同作戦。肉食をしない村人に隠れて、埋めたイノシシを掘り返し焼いて食べはじめると思わず頬がゆるみ、互いに笑みをこぼしてしまう。やがて草そりやフットボールに興じる「客人」たちをうれしく見守る村人たち。歌い踊る祭りの夜。映画は中盤、童話のように優しい。

だが、トンマッコルにも危機が迫る。米軍が墜落機の捜索のために落下傘部隊を送り込んできたときから、状況は一変する。特殊部隊の侵入で村は激しい暴力にさらされ、村人たちの無垢《むく》の象徴であ

監督・脚本：パク・クァンヒョン／脚本：チャン・ジン、キム・ジュン／配給：日活／2005年韓国／2時間12分

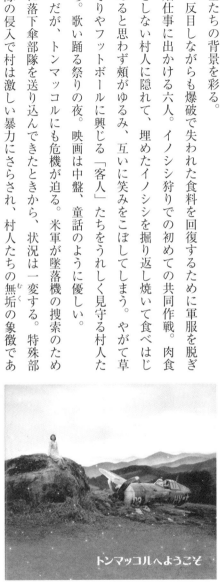

ったヨイルが殺されたことから、六人は最終的に結束する。
平和を望みながら、武力による攻撃の危険にさらされるとき、人はどうすればいいのか。この問いは、韓国の人びとにはとりわけ痛切な課題にちがいない。かつて敵対した六人の兵士たちも、村を守るために悩みぬき、一つの作戦を決行する。突然夜空を覆う圧倒的な爆撃機と降り注ぐ爆弾。トンマッコルへの連合軍の総攻撃の幕は最後に切って落とされる。

*

映画は寓話をつらぬきながら、シリアスである。それは声高な「愛国心」や国防論が、忍び寄る津波のように平和と憲法九条を脅《おびや》かす今日の日本とも無関係ではない。世界に厳しい現実があるとしても、平和的なあらゆる手段で紛争を解決しようとする理想を私たちは掲げつづけたい。だがそれがどれほどの険しさと深い検討や努力を必要とする課題であるかも映画は示している。
戦闘機が去ったトンマッコルに、雪が降り積もっていた。朝の光のなかに蝶が舞い上がる。見終わって心に残るのは、平和の根底にある生きる歓びと人への想いである。髪に花を飾り、風のように走っていたヨイルのうれしそうな笑顔。村祭りの夜に「みんな幸せそうだ。これが生《ライフ》だね」とつぶやいたスミスの声が耳に残る。

(『教育』二〇〇七年二月号)

落ちこぼれ家族の進撃

『リトル・ミス・サンシャイン』

笑ってしまうことで、価値が逆転することがある。八方ふさがりの暗闇のなかで、時に、思いがけない笑いが人を救う。

現代アメリカの「欠陥家族」を描いたロードムービーを観ながら、脈絡もなく思い出していたのは車寅次郎とその懐かしい家族の面影だった。『男はつらいよ』はなぜあれほど多くの日本人に愛されつづけたのだろう。寅はいまで言う「負け組」にちがいない。彼には財産も定職もなく、独り身の放浪者である。それでも彼の愛すべき愚直さと常識はずれの論理、身のほど知らずの一途な恋に思わず笑いがあふれる。笑いのなかからこぼれていたのは私たちがとらわれた「価値」の奥に密かに隠していた本音や憧れだったのかもしれない。

寅の恋は実らないが、観客はマドンナ女優の優しさと美しさに胸がときめく。寅の恋した女性たちはどこか不幸の影をもちながら、それでも寅と出会うことで幸福へ帰っていく予感を残し、私たちはともに安らぐ。そして彼には常に諍《いさか》いながらも心通う家族が

『男はつらいよ』
山田洋次監督作品。渥美清主演で一九六九年の第一作から、一九九五年の第四八作まで二六年間つづいた国民的シリーズ。私と同じようにお盆とお正月の楽しみとして心待ちにしていた人は多かったはず。日本を代表する女優が次々と寅のマドンナとして出演したが、妹さくら（倍賞《ばいしょう》千恵子）こそが真の聖母だったといまも思う。

ある。風に吹かれて、また新たな旅と恋に向かう寅の後ろ姿に、私たちはいつも励まされてきた。

＊

『リトル・ミス・サンシャイン』もまた、愛すべき落ちこぼれ家族が、笑いのなかから幸福とは何かを問いかけ、現代の世相に逆襲するハートフルな映画である。

スクリーンに登場するのは、いささか誇張された問題を抱えながらも、ありふれたアメリカの家族である。父親のリチャードは人生の勝者になることが幸福の秘訣《ひけつ》と固く信じ込み、自分で開発した「成功への九ステップ理論」を書籍化する契約を結ぼうと必死になっている。妻のシェリルは働きながら家族を支えているが、煙草がやめられず家事は手抜きで夕食はテイクアウトのフライドチキンばかり。長男ドウェーンは空軍に入隊してパイロットになることを夢見る一五歳。部屋にこもって肉体鍛錬を怠らず、ニーチェを愛読して「沈黙の誓い」を立て家族とは筆談しかしない。妹のオリーブは小太りの眼鏡っ子にもかかわらず美少女コンテストをめざし、ミスコンのビデオ研究に余念がない。そしてこのフーヴァー一家と同居する祖父《グランパ》は、ヘロイン吸引がやめられず老人ホームを追いだされ、ポルノを愛好し、過激な言動で家族をかきまわす不良老人である。そこへ自称「アメリカ最高のプルースト学者」でゲイの叔父フランクが「失恋」自殺未遂のあげく、この家族に引き取られる。

どうにもバラバラで不穏な家族に一つの朗報がもたらされる。オリーヴがミスコン「リトル・ミス・サンシャイン」のくり上げ合格者となり、カリフォルニアで開催される決勝出場資格を得たというのだ。狂喜乱舞するオリーヴの夢をかなえようと、映画はここから家族の波乱多難な旅物語に展開する。

＊

青空の下、乾いた大地を黄色いおんぼろミニバスが走る。一家に飛行機代を捻出する余裕はなく、自殺傾向のある叔父や危険な祖父を一人残すこともできず、家族全員を詰めこんで車はアメリカ大陸を横断する。

家族同様ポンコツな車はたちまちギアを壊し、皆で押さないとエンジンがかからない。途中で置いてけぼりを食って行方不明になるオリーヴ、色弱が発覚してパイロットの夢を断たれ絶望に沈む兄、自殺未遂の原因となった元「恋人」とライバル学者に恥ずかしい場面を目撃される叔父の屈辱、そしてグランパは放言三昧のあげくにヘロイン中毒で突然死。次々と降りかかる苦難とコンテストに間に合わないスリルを乗せて、黄色いバスはひた走る。弾むように軽快なテンポ、家族の情景や車窓からの景色を映す新鮮なカメラワーク。ハラハラしたり笑っているうちに観客はこのヘンな家族に「わが家」のような愛着

監督：ジョナサン・デイトン、ヴァレリー・ファリス／脚本：マイケル・アーント／配給：カルチャヴィル／2006年アメリカ／1時間42分

を感じはじめる。

誰もが痛みを抱えるフーヴァー家。家族とは近すぎて鬱陶しく、傷つけあいながらもどこかで受けとめあい、支えあって生きる存在なのだろう。映画は家族の再生をテーマにしながらも、ありがちな成功物語ではない。観客の予想は最後まで裏切られる。

息を引き取った祖父の死亡手続きをしていてはコンテストに間に合わない。家族は一致団結、遺体を病院の窓から運びだす。滑りこんだコンテスト会場は家族にとってまったく場違いで醜悪な気色だった。母親は辞退を勧め、兄はこんな大会に妹を出場させることを怒りだす。それでもオリーヴはステージに立ち「おじいちゃんにささげます」と踊りだす。グランパが孫に振り付け、特訓したダンスは家族にとっても映画の観客にとっても意表をつき、笑いと涙が同時にこみあげるものだった。

物語が終わっても、家族の抱える問題は何一つ進展がなく希望は薄い。それでも観客が明るい気分で席を立てるのは現実の見え方が変わったからだろう。「競いあって勝つこと、美しいこと」を超える幸福、映画が笑いに包んで差しだす体温のようなその温かさは、どこか山田洋次作品の手ざわりに似ていた。

＊

映画を観ながら、いつも教師の目で観ている自分に気づく。いつの時代でも、生きがたい思いを抱えて生きている子どもたちを励ます力が教師には求められる。人はどんなとき、どんなふうに励まされるのだろう。『男はつらいよ』がそうであったように、この映画も随所に人を励ますシーンがある。

コンテストの前夜、「負け組」になって父親の愛情や信頼を失うことを恐れるオリーヴが「おじいちゃん、わたし、きれい？」と聞く。祖父は孫娘に答える。「おまえは外見も心も美しい」「負け犬というのは負けるのが恐くて挑戦さえしなかった奴のことだ」。愛情を乗せた言葉だけが人を励ます。そして、本当につらいとき、人を励ますのは言葉ではないのかもしれないとも思う。パイロットになれないことが発覚して自棄《やけ》になって車を飛び出し草むらにうずくまる兄を誰がどう慰めたらいいのだろう。見つめていた小さな妹は黙って駆けより、そっと兄の肩を抱き顔を寄せる。

言葉にならない〝思い〟が人を支える。人は自分で生きていく。人生は誰にも代わってもらえない。それでも、どんなときにも自分の側に立ち、信頼し、味方してくれる人さえいれば、人は苦難を乗り越えることができる。

再び家族はおんぼろの黄色いバスに乗って、カリフォルニアの青い空の下を走る。夕張《ゆうばり》の青空に旗めいていた満艦飾の黄色いハンカチのように、それは幸せの色だった。

（『教育』二〇〇七年四月号）

満艦飾の黄色いハンカチ
『幸福《しあわせ》の黄色いハンカチ』（監督：山田洋次／一九七七年日本）のラストシーンより。

暗黒から聴こえる声

『善き人のためのソナタ』

暗く重いテーマをもちながら、観る者の心の奥に届く映画である。映画を見終わって、売店に置かれていた『ブレヒト詩集』を買った。ブレヒトを読むのは学生時代以来だったが、あの頃抱いていたある感情がよみがえった。

『ブレヒト詩集』
長谷川四郎訳／みすず書房／一九九八年（新装版）

暗黒の時代にも
人は歌えるだろうか
人はやはり歌うだろう
歌うだろう　時代の暗黒を

歌わずにいられなかった歌が、この映画にも描かれている。一九八四年の東ドイツ、暗黒は秘密警察・諜報《ちようほう》機関シュタージ（国家保安省）の下での息詰まる恐怖と閉塞感であり、歌われる旋律は人間の哀しみと誇りのように低く響く。映画の原題はドイツ語で

『向こう側の生活』『他者の人生』を意味するという。

＊

画面に映しだされるベルリンの街角は人影が少なく、建物は画一的で、風景は寒色に包まれている。主要な登場人物は三人。

シュタージの優秀な上級職員ビースラー、人気劇作家ドライマンと、その恋人で舞台女優のクリスタ。ビースラーは体制を疑わず、諜報員養成機関での講義も受け持ち、盗聴や尋問に卓越した技量を示すベテランである。ある夜、ドライマンの舞台を観たシュタージの大臣が主演女優のクリスタに目を奪われ、部下の文化部長をとおしてビースラーに二人の監視と反体制的言動の証拠をつかむよう命じるところから、三人の運命が交錯する。

成功すれば出世が約束されたビースラーは二人が同棲するアパートに忍び込み、手際よく盗聴の機器とラインを張りめぐらし、隣人を脅して黙認させ、屋根裏に監視室を作り上げる。彼はこの秘密の盗聴室で二人の部屋のあらゆる音をヘッドホンをとおしてひたすら聴きつづけ、記録をとる。

ドライマンの誕生日に多くの友人や文化関係者が二人の部屋に集まる。そこに国家によって職業活動を禁止されていた演出家イェル

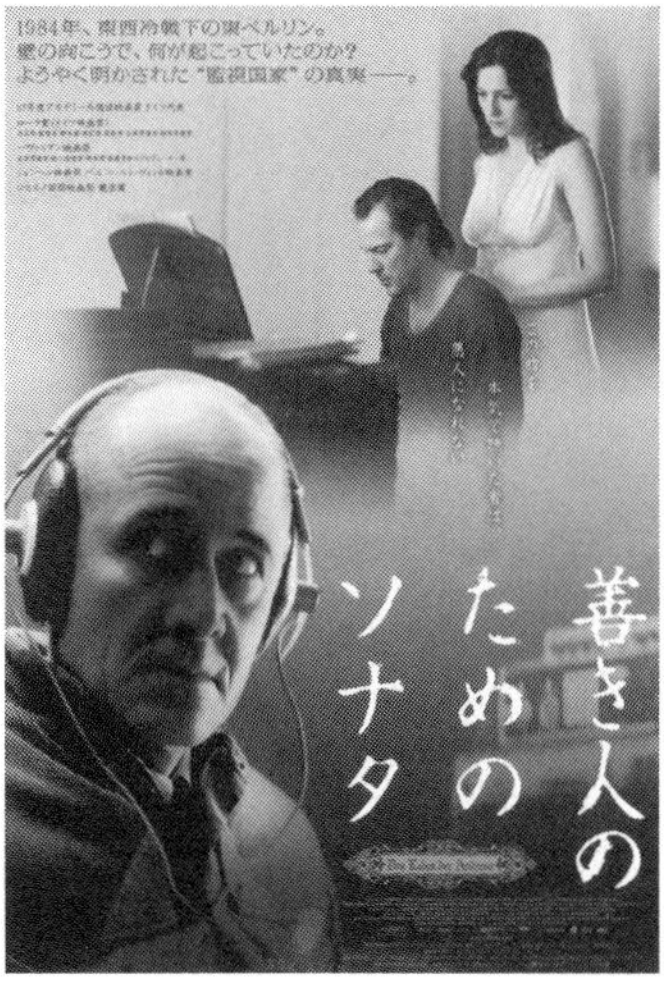

監督・脚本：フロリアン・ヘンケル・フォン・ドナースマルク／配給：アルバトロス・フィルム／2006年ドイツ／2時間18分

スカも訪れ、ドライマンに「善き人のためのソナタ」の楽譜を贈る。早朝まで続いたパーティーのあと、ドライマンとクリスタは優しく愛しあう。ヴィースラーはその一部始終を音で目撃し、コードネームで詳細な報告書を作成する。

三人の人物像がすぐれた俳優たちによって、リアルに造形されている。なかでもビースラーを演じたウルリッヒ・ミューエが卓越している。彼は、旧東ドイツで天才舞台俳優と呼ばれながらシュタージに監視されつづけた実体験をもち、秘密警察幹部にふさわしい冷徹と寡黙、組織への忠誠と私生活の孤独、そして微妙に移ろう心情の変遷と静かに湧き上がる激情をほとんど台詞なしで表現し尽くしている。

*

映画はいまはなきＤＤＲ（東ドイツ）の国家体制の残酷さを容赦なく描く。

批判精神と才能にあふれ饒舌で闊達《かったつ》なドライマンと、美しく魅惑的な女優クリスタに危機が迫る。大臣はその権力でクリスタを脅し、卑劣に関係をもつ。監視に気づかず、ドライマンは敬愛していた演出家イェルスカの自殺を契機に、ＤＤＲが公表しない東独の恐ろしいまでに高い自殺率を西ドイツのメディアに報道させる。大臣の誘いから逃げたクリスタは薬物の不正購入を理由に逮捕・連行され、ビースラーからアパートに隠された秘密のタイプライターの所在の密告を迫られる。

三人の心の揺れは、観客にも共振を起こす。敵か味方か、裏切るのか裏切らないののか、密告するのかしないのか、映画は中盤から人間の心理を克明に追う葛藤劇として緊密なサスペンスの様相を見せる。

そして映画はビースラーに芽ばえた自分の仕事と体制への疑念を追う。それは皮肉にも、盗聴を続ける二人の会話から香る自由な愛と芸術や美への憧憬、美しいクリスタへのほのかな好意から芽吹いていく。イェルスカの死んだ日、ドライマンは初めて彼がくれた「善き人のためのソナタ」をピアノで弾く。哀切なメロディーが屋根裏のレシーバーをとおしてビースラーに届き、その高貴な音楽が「権力の正義」しか知らなかった彼の心の氷を溶かしはじめる。

＊

この映画は特殊な時代と国家を舞台とした異邦の物語でありながら、観る者にさまざまな記憶と感情を呼び覚ます。無意味で有害な作業に求められる詳細な真面目さ、過剰な秩序が窒息させていく人間的な自由、地位の高さに比例しない人間の品性、それらは程度の差こそあれ、私たちの日常や経験のなかに存在しているからだ。

ビースラーが二人の密かな擁護者となる静かな抵抗の伏線は、権力をふるう上司たちの腐臭にあったのかもしれない。

そして悲劇はクリスタに訪れる。彼女は華やかな舞台に立つ人気女優でありながら、最初からどこか怯えの表情を隠している。大臣に言い寄られてからは、恋人にも本心を見せることができず、ついにはその弱さから彼を裏切り、タイプライターの隠し場所を密告してしまう。ビースラーに密かに守られていたことを知らない彼女は、疾走するトラックに身を投げる。

ベルリンの壁はその二年後に崩壊する。

この控えめな作品がアカデミー賞外国語映画賞を受賞するほどに広く世界各国で評判を呼んだのは、時代と社会に翻弄される人の心の〝弱さ〟と奪うことのできない〝誇り〟への共感であったにちがいない。

そして慎ましいほどに小さく用意されたラストの救いが、観客の胸を打つ。

＊

監督・脚本は三三歳のフロリアン・ヘンケル・フォン・ドナースマルク。彼はこの映画を撮った動機を東ベルリンとＤＤＲに関する子ども時代の記憶だと語っている。その印象は母親を含めたおとなたちの怯える姿であり、その目に見えない傷痕を追跡して、四年の歳月をかけ歴史文書だけでなく過去の息吹を残す場所を訪ね、当時のシュタージ職員や収容所で過ごした人びとからも取材を重ねている。それは「過去に目を閉ざすこと」を許さない若者の、未来への伝言でもある。

ブレヒトにも、「あとから生まれる人々に」という作品がある。「木々についての会話が、ほとんど犯罪に類する」時代に、いつか人と人が広い心で手を差し伸べあう希望

「過去に目を閉ざすこと」
一九八五年、ドイツ連邦議会でヴァイツゼッカー大統領が述べた「過去に目を閉ざす者は、現在にも盲目となる」という演説より。

「あとから生まれる人々に」

を、彼は呼びかける。
映画でビースラーが二人の書斎から盗みだしたのが一冊のブレヒト詩集だったことは、私の記憶に残るだろう。

（『教育』二〇〇七年六月号）

ブレヒト、一九三八年の作品。野村修訳。「なんという時代――いまは／木々についての会話が、／ほとんど犯罪に類する、／なぜなら、それは無数の／非行についいて沈黙している！」『しかしきみたち、いつの日かついに／ひととひとが手を差し伸べあうときに／思え、ぼくたちを／ひろいこころで。」

遠い記憶のなかの異性

『秒速5センチメートル』

センシティブに一人の少年の子どもからおとなへの旅を描いたアニメーション映画である。誰にも、あるときふと「忘れもの」を取りに帰るように、戻りたくなる子どもだった日の記憶があるのだろうか。

子どもには、無数の〝初めて〟がある。そこにある不安と憧れが子どもの時間を長く濃密に感じさせるのだろう。

おとなになれば時は速い。現代の多忙で生きづらい生活のなかに、ふと忍び込む空虚感。それでも私たちは誰もがそれぞれに物語をもっている。

現実の人生を、自分自身が受け入れるために、人は物語を必要としているのだろう。映画のスクリーンのなかの幻影の人物にさえ、私たちは自分の過去を重ねることがある。小説や映画の小さな断片に、触発される記憶があり、いまが問い直され、自分の物語が編み直される。人は自分がたしかに存在したことの証しを求めて物語の世界を訪ねるのかもしれない。

＊

第一話『桜花抄』

親の転勤で引っ越しばかりの家庭に育った小学生の遠野貴樹《たかき》と篠原明里《あかり》。転校生で引っ込み思案で図書室が好きな似たもの同士の二人に、ほのかな感情が芽ばえていく。同じ中学に上がることを約束しながら、小学校の卒業と同時に明里は北関東の街へ引っ越すことになり、ままならない苛立ちをぶつけてしまう貴樹。しこりを残して離ればなれになった二人に時だけが過ぎてゆく。

一年が過ぎた早春の日、貴樹は明里に会いに行く。約束の日、何度も何度も確かめた時刻表と乗り換えルートにそって、初めての旅に出る。だが、ちらほらと舞いはじめた雪はいつしか大雪となり、電車は暗闇の田園で動けなくなる。待ちあわせた時間は遥かに過ぎて、どうしようもない焦りと不安が募る。明里に帰っていてほしいという願いと、待っていてほしいという期待が電車の窓外に降りしきる雪に交錯する。

第一話は村上春樹の『国境の南、太陽の西』を思い出させる。図書館が好きな孤独な少年少女の出会い。感情の震えを引き起こす、遠い記憶のなかの異性。「それは一二歳の少女のただの小さくて温かい手だった。でもその五本の指と手のひらのなかにはそのときの僕が知りたかったものごとや、知らなくてはならなかったものごとがまるでサンプルケースみたいに全部ぎっしりと詰めこまれていた」

村上春樹の『国境の南、太陽の西』
講談社／一九九二年
子どもだった自分を引きずりながら誰もがおとなになっていく。どこかに置き忘れていた「甘い思い出と苦い傷」（川本三郎）の物語として、この映画が重なる。

貴樹もまた、握った明里の手のやわらかさに目眩《めまい》がするような震えを感じる。「貴樹くんは……この先もきっと大丈夫だと思う」。別れ際の言葉を、貴樹は生涯の贈り物として生きていくことだろう。

＊

第二話『コスモナウト』

貴樹は高校生になっている。中学二年からの転校先、種子《たねが》島《しま》での夏。彼に想いを寄せる澄田花苗《かなえ》の視点から描かれている。

「彼がいる場所にくると、胸の奥が、少し、苦しくなる」。弓道部で弓を引く貴樹に、ほかの男の子とは違うまっすぐなものを感じて、授業中も、放課後も、視界の隅っこでいつも彼を探していた。「遠野君は優しいけれど、とても優しくて隣を歩いてくれるけれど、遠野君は私ではないずっと遠くを見ている」。若い日に、願うことの多くはかなわない。ずっとつづけてきたサーフィンも思いどおりに立てない。進路も定まらない。乗りこなしたい波、乗り越えたい現在。揺れる思いの向こうに、突然、ＮＡＳＤＡ（宇宙開発事業団）のロケットが飛んでゆく。気が遠くなるような彼方をめざして、真摯なまでの人間の努力の結晶のように。

＊

第三話『秒速5センチメートル』

監督・脚本・原作／新海誠／配給：コミックス・ウェーブ／2007年日本／1時間3分

社会人になった貴樹の現在。子どもの頃よりくすんで見える東京にいる。オフィスビルで多忙に働きながら、知らず知らずに世界は遠ざかり、削られて弾力を失っていく自分自身に耐えきれず、会社を辞める。

明里は結婚を控え、荷物を片づけるために北関東の実家にいる。そこで見つけた子どもの頃の宝物箱、出せなかった貴樹に宛てた手紙。

いっぽう退職した貴樹に、また桜の季節が訪れる。春霞の高層ビルの傍ら、ゆっくりと舞う桜の花びらの下を電車が走る。警報が鳴りはじめた踏切の向こうから、一人の女性が歩いて来る。

*

この作品も、数多い「愛という言葉を口にできなかった二人」の物語である。そしてまた、愛が成就しなかったありふれた映画でもある。だが、実現しなかった想いこそ、人の記憶に色褪《いろあ》せることなく残る。

六〇分あまりの、この小さなアニメーションも、観る者を遠い過去に引き戻し、幾分かの感傷に包んでしまわれているそれぞれの苦く甘美な記憶を呼び起こす。

映画はたしかに最後までセンチメンタリズムの地平を離れない。短く、淡く、さりげない作品である。舞い落ちる雪や桜の花びらのように儚い物語である。それでもそこには微かな痛みとともに、心地よい陽だまりのような温もりがある。

「愛という言葉を〜」
『「愛」という言葉を口にできなかった二人のために』沢木耕太郎／幻冬舎／二〇〇七年

そして、この作品が多くの観客を惹きつけているもう一つの理由は実写以上の風景の美しさにあることだろう。

ランドセルを背負った二人の学校からの帰り道、雑木林には満開の桜が咲き、空気は暖かく光があふれ、アスファルトの道路は花びらに覆われて薄紅に染まっている。「秒速五センチメートル」とは桜の花びらが落下する速度だという。世界に散らばる知識のかけらを図書館から拾い集めて語りあう、ファーストシーンの幼い二人の会話が映画の題になっている。

空も美しい。繊細な雲の重なり、夏の透明な光の粒、きらめく青い空、風のように草原を走る陽光、世界を紅に染める夕陽。上空から描かれる霞んだ東京の遠景。俯瞰《ふかん》した風景は常に人の位置を小さく見せる。どんなに切実な苦悩も、世界の広がりの前には思いがけない体積に縮小されていく。

原作・脚本・作画も兼ねた三三歳の新鋭監督、新海誠《しんかい》は「我々の日常には波瀾《はらん》に満ちたドラマも突然の天啓もほとんどありませんが、それでも結局のところ、世界は生き続けるに足る滋味や美しさをそこに湛《たた》えています。風景は、つらいとき、苦しいとき、一番身近な〝救い〟になってくれると思います。俯瞰で引いてみれば、人は美しい風景に包まれて生きていて、大きな世界とつながっている。同じようにつらい状況にいる方が観て、少しでも救いになったらいいなと思います」と語っている。

その思いは、少なくとも私にはストレートに届き、映画館を出ると空や街の風景はどこか色合いを変えて広がっていた。

（『教育』二〇〇七年八月号）

未熟さの放つ魅力

『フリーダム・ライターズ』

日本の学校教育はいま、〝未熟さのもつ魅力〟を見失っていないだろうか。

『二十四の瞳』をはじめ若い教師を描いた映画には、技量や経験の不足を超えてただひたむきな情熱と愛情で子どもたちと向きあい、そこから生まれる思いがけない成長や交流の感動を描いた作品が少なくない。

困難に立ちすくみながらも、目の前の子どもの背負う生活を真剣に受けとめる感受性と、若さのもつ手探りの試みが子どもを変え、教師を成長させることがある。

それは教育という営みの不思議さであり、物語の世界だけでなく実際の学校現場でも無数に生まれてきた出来事だろう。

今夏、教科研大会の「教師の危機と希望」分科会に参加した。そこでは軋轢のなか新任二か月で自殺した東京の女性教師の事例が報告され、若い教師たちの痛ましいまでの受難が浮かび上がった。若さに、羽ばたく自由を与えず、絶望に至るほど責め立てる学校が全国に増えつづけている。

『二十四の瞳』
監督：木下惠介／一九五四年日本
私の故郷・香川県の小豆《しょうど》島《しま》を舞台に、戦前から戦後にかけての女教師と一二人の子どもたちの交流を描く。壺井《つぼい》栄の小説を原作とし、映画は廃墟のなかで戦争の悲惨な記憶を浄化する希望の物語として、多くの観客に忘れられない記憶を残した。一九五四年度キネマ旬報ベストワン。

未熟であることが魅力に転じ、新たな教育の可能性を拓くこともあるという希望を私たちは探りつづけたい。

＊

『フリーダム・ライターズ』は、エリン・グルーウェルという実在のアメリカの若い女性教師の教育実践と、彼女の教えた生徒たちの日記を原作とした映画である。

舞台は一九九四年のロサンゼルス郊外ロングビーチの公立高校。エリンは最初の授業の日、早く学校に来て誰もいない教室の黒板にチョークで自分の名前を書く。どんな生徒たちが自分を待つのか、その震えるような初心は、教師なら誰でも共感できる。だが始業ベルとともに彼女の教室に入ってきたのは、教師への敬意や期待などまったくもたない生徒たちだった。

ロス暴動直後の街は麻薬と暴力があふれ、激しい人種の対立が続いていた。そして教室は社会の縮図だった。白人のほか、アフリカ系黒人、ラテン系ヒスパニック、アジア系黄色人などグループごとに分かれ、勝手に座り、睨みあい、バッグにはナイフか銃を潜ませている。

こうした現実を前に、教師は何ができるだろう。ベテランの教師たちは「あの子たちに知的興味をもたせるなんて無理」「一年もすればドロップアウトしていくから待てばいい」と言う。力のない新米女性教師には自分を蔑み、授業中にも派手な喧嘩をはじめ

教科研
教育科学研究会。「科学と教育の結合」と「生活と教育の結合」をめざし、教職員、研究者、保護者、学生などが子どもの現実から教育のあり方について考えあい、実践・研究しあう団体。一九三七年に結成、戦中の中断ののち一九五二年に再建。機関誌は月刊『教育』（旬報社）。この本は、この雑誌で連載されたものをまとめている。

る荒れた生徒たちを収めることもできない。ある日、教室にアフリカ系生徒を中傷する唇を誇張した絵が回覧され、嘲笑に沸く。激怒したエリンは「第二次世界大戦のホロコーストはこうした差別からはじまった」と説明するが、彼らはホロコーストという言葉さえ聞いたことがなかった。

彼女はここから方針を変える。彼らの日常はすぐに銃口を向けあうほどの憎悪と人種対立に包まれながら、人権も歴史も知らないままに放置されている。この生徒たちに必要なものは視野を広げ、世の中を知り、自分自身を客観視する力ではないのか。問題解決の糸口として、エリンは彼らの差別意識をえぐり出し、歴史や世界の現実と向きあいながら人生を正面から見つめさせることに転じていく。

そこで彼女が選んだのは彼らに「書かせる」ことだった。私費で全員に配られた日記帳。だが、どうすれば彼らに銃の替わりにペンを持たせることができるのか。

目の前の高校生への熱意が教育の方法を編みだしていく。教室を二分する線を引き、質問をくりだしてゲームで遊ぶように生徒の現実を引き出す。「いままで友だちを銃で亡くしたことがある者は」「実際に銃で撃たれたことがある者は」という問いに生徒のほとんどが「YES」の側に立つ。生徒たちの素顔を見ながら、小さな差別が大きな殺《さつ》戮《りく》を生んだホロコーストの事実を話し、彼女は自費で買った『アンネの日記』を全員に与える。新品の本を初めて手にした生徒も少なくない。

『アンネの日記』
アンネ・フランク／深町眞理子訳／文春文庫／二〇〇三年（増補新訂版）など

自分の知る世界よりもっと過酷で厳しい世界を彼らは知る。読み進めながらアンネが自分自身と重なり、その行く末を気にして「どうなるの、どうして」とエリンに詰め寄る女生徒が愛おしい。エリンは放課後二つのアルバイトをしてまでお金を稼ぎ、生徒をホロコースト博物館に連れて行く。

勉強どころではなかったクラスで、日記帳が集まりはじめる。そこには難民としての悲惨な体験、少年院での記憶、父親からの虐待、路上での生活、「一六歳で葬儀屋より多くの死体を見た」「銃を突きつけられると体が震える」など生々しい本音が綴られ、映像は彼らの生活の現場と教室を往復する。

*

夏休みが明け、全員が何とか二年生に進級することができたとき、エリンは教室でパーティーを開き彼らの「変化」のために乾杯する。その日初めて、目立たなかった少年が自分の日記をみんなの前で朗読する。

「家もお金もないのに、なぜ学校へ？　古い服を着て靴はボロボロ、散髪もしていない、笑われると思った。でも、教室に入ったらいままでのつらいことが全部、小さなことに思えた。ここが僕の家……」

監督・脚本：リチャード・ラグラヴェネーズ／原作：エリン・グルーウェル／配給：UIP ／ 2007年アメリカ／2時間3分

教室が一つになった瞬間だった。

やがて二〇三教室の生徒たちはアンネの家族をかくまったミープ・ヒースに手紙を書き、学校に招く。学ぶことが行動を呼び、自分を変え、世界を広げ、希望を育てる。

*

映画はたしかにアメリカ的サクセスストーリーとしてまとめられ、子どもたちの心の屈折や変化が十分に描かれていないのは残念だが、原作の本にはくわしく生徒たちの日記が収録されている。そこには当初のエリンへの反発も正直に書かれてあり、生徒の変革を描いた記録でありながら、教師の成長の軌跡も重ねられている。エリンの日記によればアメリカでも新任教師の半分近くがほんの数年で辞めていくという。彼らの意欲をほかならぬ生徒たちや職員室の同僚、管理職、保護者が打ち砕いていく。エリンも中傷に負けて退職を考えた時期もある。

だが、子どもの現実から誠実に学ぶことでエリンは教師になっていく。周囲から信頼されず、孤立し、自分自身への誇りさえ失って自棄になっているのは目の前の生徒たち自身でもあるからだ。映画でも描かれているが、最低の自己評価をつけた生徒に「ふざけるな」と目に涙をためて立ちつくすほどの怒りを見せたとき、その生徒は彼女自身でもあったのだろう。

どんな苦難も心から信じられる人がそばにいてくれれば乗り越えられるというシンプ

原作の本
『フリーダム・ライターズ』エリン・グルーウェルとフリーダム・ライターズ／田中奈津子訳／講談社／二〇〇七年

ルな真実と、教育の可能性への信頼が観る者の胸を打つ。

そして教科研大会でレポートした若い教師たちがエリンの面影に重なる。「子どもとともに生きていく」という小さな喜びと栄光を、彼らもまたつかみはじめていたから。

（『教育』二〇〇七年一〇月号）

「ビョーキな奴」アメリカ

『シッコ』

ドキュメンタリーというにはいささか異論があるかもしれないが、痛快なノンフィクション映画である。私はこの映画を二時間の魅力的な〝授業〟として、飽きることなく楽しく観た。次々と展開され、提起されているのは〝事実〟でありながら、そこには笑いがあり、涙を誘い、胸が熱くなり、そして大いに考えさせられた。「面白い授業」とは「興味深い授業」のことであるとあらためて思った。

監督のマイケル・ムーアは陽気で気さくな教師の顔に見える。人間とその世界に深く関心を寄せ、真実を読み解き、次世代に夢を託す仕事を教育と呼ぶなら、彼の創ってきた映画は私たちの仕事に近しい。

原題の『SiCKO』とはスラングで「ビョーキな奴」という意味らしい。アメリカでは医療問題がイラク問題に次ぐ国民の関心事だという。切り口は医療問題だが、映画は深く人の世のあり方に斬り込んでいく。えぐられているのは今日の日本でも「改革」の美名で進められている新自由主義政策の本質と行く末である。

魅力ある授業が子どもの関心に寄り添い、教師の学びの主題と内容への強い動機と広く豊かな教材研究、工夫された構成に支えられるように、映画は運ばれていく。

＊

導入は、驚くばかりの事例の提示である。ムーア監督が医療トラブルの体験談を一般市民から募集すると、一週間で二万五〇〇〇通のメールが届いたという。冒頭に出てくるのは、電動のこぎりで指を二本切断した大工さんだ。彼は医療保険に入っていなかったために手術の費用に目を剝く。接合するのに薬指なら一四〇万円、中指だと七二〇万円もかかるというのだ。彼は薬指しか元に戻すことができなかった。裂けた足の傷口を自分で布針で縫合する男性も登場する。心臓発作とがんを発病した老夫婦は、自宅を売って娘の家の地下室に引っ越す。医療費を払えなくなった患者が、パジャマ姿のまま夜間に病院の車でホームレス支援センター前の路上に捨てられる信じられないシーンもある。

どうしてこんなことになるのか、観客の疑問が次に解明される。アメリカは医療先進国とされているが、その恩恵を受けられるのは一握りの富裕層のみで、ＷＨＯ（世界保健機関）の調査では健康保険充実度は世界三七位だという。アメリカには公的な国民保険制度が存在しないために、国民は民間の保険会社に加入するほかなく、

ムーア先生、急患です。
マイケル・ムーア最新作
シッコ
SiCKO
sicko.gyao.jp
ビョーキなアメリカにメスを入れる、世直しリアル・エンターテインメント。

監督・脚本：マイケル・ムーア／配給：ギャガ・コミュニケーションズ、博報堂DYメディアパートナーズ／2007年アメリカ／2時間3分

保険料を払えない国民が四七〇〇万人もおり、金銭的な理由で治療を受けられずに死んでいく人が毎年一万八〇〇〇人もいるというのだ。それは「民営化された社会保障」の結末だった。

民間の保険会社はただ株主のためにのみ利益を追求する。派手な広告の裏で病気になっても極力保険をおろさない。事故にあい意識不明で病院に運ばれた女性は「救急車に乗る前に保険会社に通知しなかった」という理由で保険料が支払われず、二二歳の子宮がんの女性は「あなたの年齢でそのがんはありえない」と保険支給を拒否される。家族からの骨髄移植が決まりながら、保険会社が支払いを渋ったため手術を待つ間に命を落とした男性。妻は夫の写真を手に、涙を止めることができない。いっぽう、保険を払うほどの病気ではないという診断を多く出した医師には、保険会社から報奨金が出る。保険会社の意向で手術を断ったために患者を死なせた医師の告白も登場する。その背後には、保険会社から高額の政治献金を受け取る政治家たちの暗躍があり、彼らは「公的医療保険制度は社会主義への一歩である」と国民の恐怖を煽《あお》る。

学ぶとは世界に目を開くことでもある。ムーア監督は隣国カナダを訪ねる。指を五本切断した男性に、医者は全部の指を接合する。治療は無料。外国人であっても治療費はいらない。ヨーロッパはどうか。監督はイギリスに飛ぶ。ここでも国民の医療費は税金でまかなわれている。ムーアが医師や患者に治療費はいくらかかるかと問うと笑われる。支払い窓口は病院に来た患者に交通費を払い戻すためのものだったのだ。

フランスに渡ると、医療費が無料であるだけではなかった。腫瘍の手術で三か月休んだ労働者に三か月分の給料がそっくり支払われる。国から六五パーセント、企業から三五パーセントだという。普通のサラリーマンには二か月から二か月半の夏休みがあり、パートの労働者にも五週間の有給休暇があって実際に取れる。病休には国から家政婦が派遣されるシステムもあり、子どもの世話は一時間一二〇円。食事の支度も洗濯もしてくれる。

＊

ムーアはたしかにアメリカの最悪の部分と他国の最良の部分に光を当てたのかもしれない。だがムーアが比較したいのは国ではない。人はどのように政治のうちに暮らしているのか、どのような制度が国民を不幸にし、どのような思想が人びとを幸福にできるのか、その事実と可能性を示しているのだ。画面にはフランス市民によるデモ行進が映る。「アメリカでは民衆は政府を恐れているが、フランスでは政府が民衆を恐れている」と言う。

終章、ムーアは小船でキューバへ向かう。九・一一で倒壊したビルの被災者救出で自らの健康を犠牲にした人びとの治療をもアメリカ政府は見捨てていたのだ。アルカイダの容疑者も拘禁されているキューバ南部のグアンタナモ海軍米基地ではアメリカ唯一の無償治療が行われており、ムーアは彼らをそこへ運んだ。

だが米軍に無視されたムーアは、しかたなく「最悪の社会主義国」と宣伝されるキューバの病院に彼らを連れて行く。医者たちは「大丈夫ですよ」と笑顔と無償で彼らを治療する。しかも高度の設備と技術で。

キューバの医師数は、人口あたりでアメリカや日本より多い。予防医学が発達し、あちこちに診療所があり家庭巡回医もいる。途上国の貧しい病気の子どもを招いて治療も行っている。画面にチェ・ゲバラの娘、アレイダが現れる。医師として活躍する彼女はベネズエラに派遣されて貧しい地区の診療所で働き、「国は豊かになれば、その分人びとの面倒を見るべきだ」と語る。映画は何よりも人の表情で伝わるものがある。アレイダやキューバの医師たちのやわらかな目の光は印象に残る。

＊

すぐれた授業は教室と社会をつなぐ。映画も社会とつながる作品があるといい。

ムーアは、「我々はどんな人間なのか、それを探りつづけたい。観客が座席にとどまるだけではない映画を創りたかった」という。

私たちも、子どもたちに思考をうながす〝触発〟と、どう生きるかの〝問い〟に満ちた楽しく、興味深い授業を創りたい。


（『教育』二〇〇七年一二月号）

チェ・ゲバラ
キューバのゲリラ指導者。『モーターサイクル・ダイアリーズ』（五〇ページ）、『エルネスト』（三七六ページ）参照。

歌があれば生きていける

『ＯＮＣＥ　ダブリンの街角で』

　友人の小学校の音楽の先生に、教え子からの手紙を見せてもらったことがある。「私はこの世に歌というものがあってよかったと思いました」「私は先生からみんなと過ごす時間を大切にすることを、何かつらいことや悲しいことがあれば音楽を思い出せばいいことを学びました」。そこには、音楽を大切なものとして伝えてくれた先生への感謝と、生きる喜びや豊かさを開いてくれた音楽室の思い出があふれていた。澄んだピアノの響き、やわらかな先生の歌声、友だちと歌った懐かしいメロディー、窓から見えた校庭の風景。音楽は思いがけず私たちの胸によみがえり、人を苦しみから救うことがある。

　思えばいつも、歌は風のように流れていた。映画がしばしば音楽に支えられるように、人生もまた音楽に支えられる日がある。

　最後まで愛を口にできず、幸福な結末をもたないアイルランドの映画を観ながら、それでも歌は人の心の震えに触れ、こんなにも胸を打つということ、どんなときにも自分の感情と響きあう〝音楽〟をもつことができる人間の幸福について考えていた。

＊

ダブリンの街は暖色に描かれている。通りは賑やかで、人びとは善意である。一時間半の短編小説のような映画だが、小さな世界に人間の営みが慈しんで盛り込まれている。誰かが命を与えなければ、日常のなかに消えてしまいそうな、ＯＮＣＥ、ただ一度のささやかな男女の出会いと別れの物語である。

男女には名前さえ与えられていない。男は街角でギターを弾き、もう若くはないがプロへの道をあきらめていないストリート・ミュージシャン。女はやはり通りで花や雑誌を売っている、チェコからの移民の娘。男は昼は誰もが知るヒット曲を歌っているが、夜は心の内を叫ぶように自作の歌を歌う。誰も聴いてくれないそんな歌に、女が足を止め、一〇セントのチップをギターケースに投げ入れる。「素敵な歌ね」と。コインの少なさに皮肉を言われても、男に「この曲は誰を想って作ったの？」などと質問を浴びせる。男が掃除機の修理屋でもあることを知り、女は翌日、壊れた掃除機をゴロゴロ転がしながら現れる。そんな二人の共通の夢は音楽だった。女は故国でピアノを習っていて、いまでは、働いたあとに楽器屋に立ち寄りピアノを弾かせてもらうことが何よりの楽しみだったのだ。

ありふれた日常の自分の場所にも、特別な光が射すことがある。二人は帰り道、楽器屋で初めて音を重ねる。男の即興のギターに女のピアノが寄り添い、二人の歌声が初々しいほどに美しく繊細なハーモニーを広げる。それは魔法のような時間だった。
男女を演じているのは、アイルランドの人気バンド〈ザ・フレイムス〉のグレン・ハンサードと、チェコの新進シンガーソングライター、マルケタ・イルグロヴァ。二人とも俳優ではなく本物のミュージシャンである。映画に次々と流れる楽曲は二人が本作のために書き下ろしたという。そのちりばめられた歌が、二人のためらいも決意も、憧れも失意も、揺れる想いの細部まで自然にリアルに観客に届ける。

*

アイルランドは貧困から大量の移民を送りだす国だったが、九〇年代の急速な経済成長で逆に多くの移民を受け入れる国に変貌している。それでダブリンの街には多様な文化と貧富の差が混在している。映画に登場するのはその底辺で懸命に生きる人びとである。国にも「過去」があるように、男にも女にもONCE、「かつて」がある。男はロンドンで働いていた頃知りあい去っていった女性が忘れられず、作る歌のほとんどは彼女への想いを綴ったものであり、女は東欧から家族で渡ってきたものの生活は厳しく、夫は故国に去り、幼い娘と老いた母親を抱えて昼夜を労働に追われている。それでも二人は音楽をとおして心を触れあわせ、ほのかに惹かれあう。

監督・脚本：ジョン・カーニー／配給：ショウゲート／2006年アイルランド／1時間27分

映画はダブリンという街へのラブソングでもある。貧しい移民の女に売り物のピアノを弾かせてくれる小さな楽器店。男の作ったメロディーに詞を書いてほしいと頼まれた女が、歩きながらCDプレイヤーを聴き口ずさむ夜の街路。携帯ももてない二人が連絡を取りあう公衆電話。バスの中でも、歩道の上でも、部屋の中でも、歌は流れる。その歌からこぼれ落ちる孤独や渇望が街と人びとをつなぎ、それらのすべてがドキュメンタリーのようにハンドカメラの素朴な映像で収められている。

やがて二人はデビュー用のデモテープを作るために動きだす。誘われて参加する三人の心優しいストリートミュージシャン、資金のない二人のために融資相談に乗る陽気で音楽好きの銀行員、音楽を通じて温かい人間関係が広がっていく。スタジオのレコードエンジニアも初めは寄せ集めの素人バンドを馬鹿にしていたものの、彼らの音を聴いて驚き、真顔になる。音楽を創り出す現場の熱気とそこに生まれる心地よい興奮や連帯感が、魅力ある楽曲に乗せて爽やかに描かれ、映画は山場を迎える。

レコーディングは成功し、車のスピーカーで聴いてみようとみんなで浜辺まで出かける。時間から解き放たれて、子どものようにはしゃぐ彼らに終わりの時が近づく。

君を知らないけど／君がほしい／もっと君を知りたくて／言葉は素通りして／ぼくを戸惑わせる／ひと言も返せない／〔…〕／ゆっくりと君は目を伏せていく／もうぼくは戻

れない／憂うつが包み、ぼくを消そうとする／ぼくまで落ち込んでいく／君はたくさん傷つき／自分と闘ってきた／〔…〕／沈みそうな舟で家を目指そう／〔…〕君はきっとたどり着ける

「いっしょにロンドンで音楽をやろう」という男の誘いを、結局、女は受けることができない。振り返り、視線を合わせたまま微笑みながら彼らは別れる。「Falling Slowly」と名づけられた二人の歌が、出会った街角に流れる。

＊

昨春わずか二館ではじまったこの小さな作品は予想を超えて感動と共感を呼び、全米一四〇館での上映にまで拡大したという。映画は、男から女への思いがけないプレゼントで幕を閉じる。結ばれなかった二人の物語でありながら、観客は幸福感に包まれる。見終わって、人と人の出会いが〝贈り物〟であることに改めて気づく。「また生きていける」。二人と私たちが、音楽から贈られたのは形にならない自信と希望だったのかもしれない。

（『教育』二〇〇八年二月号）

「Falling Slowly」
ハンサードとイルグロヴァがつくり、歌った「Falling Slowly」は、第八〇回アカデミー賞歌曲賞を受賞。

自由と愛を求めた青春の墓標

『君の涙ドナウに流れ　ハンガリー1956』

若い日に、映画を観る楽しみはこれから出会うかもしれない未来への憧憬だった。年を経て、それは失われた過去への追憶に変わっている。自分や時代が失いつつあるものに心が疼く。

映画の原題は『自由、愛』。その二つは、まぎれもなく若い日の私たちの世代と時代が求めてやまない憧れだった。

映画には〝触発〟の機能があるのだろう。展開されている物語や情景に重なって、自分自身のドラマがよみがえり、自分のなかから喪われていた何かが灯をともす。

〝自由〟――その言葉はかつて眩《まぶ》しいほどの光彩を放つ理想だった。「自由の国に生まれた者には理解も及ぶまい。だが私たちは何度でもくり返し噛《か》みしめる。自由がすべてに勝る贈り物であることを」。映画のエンドクレジットに流れるハンガリーの詩人の言葉に、乾いてしまった傷跡が剝がれるような痛みを感じていた。

＊

ハンガリーの詩人の言葉
マライ・シャンドール（一九〇〇～一九八九）の「天使のうた」より。

一九五六年のハンガリー。自由を求める市民たちがソ連軍の戦車に蹂躙《じゅうりん》された激動の「ハンガリー動乱」と、その直後に行われたオリンピックで「メルボルンの流血戦」として伝説となったソ連とハンガリーの水球の試合を交錯させ、歴史に翻弄された短い青春の輝きを映画は描く。

主人公ヴィキは、ハンガリー動乱の象徴として造形されている。「恋と革命」にはいつの時代にも青年たちを駆り立てるバラの芳香がある。女子学生ヴィキも、祖国の民主化を求めて燃えさかる学生運動の渦中にいた。長い髪にベレー帽をかぶった彼女の遠くを見る横顔と強い瞳の光にどこか見覚えがあった。許せないものへの怒りと、理想を追う純粋なまなざし。それはかつて日本の大学のキャンパスでもいたるところで見たことのある美しい目の色だった。

偶然通りかかった集会で学生たちに呼びかけるヴィキに惹かれ、運命を変えていくハンガリーの学生水球選手カルチがもう一人の主人公である。ハンガリーはスポーツでは伝統的に水球競技の強豪で、オリンピックでも何度も優勝しており、彼は水球ナショナルチームのエースだった

映画は冒頭、オリンピックを前にモスクワで行われたソ連対ハンガリーの激烈な水球試合シーンで幕を開ける。不公正な審判のもと

監督：クリスティナ・ゴダ／脚本：ジョー・エスターハス、エーヴァ・ガールドシュ、ゲーザ・ベレメーニ、レーカ・ディヴィニ／配給：シネカノン／2006年ハンガリー／2時間

で卑劣な反則を次々に浴びロッカールームでソ連選手と喧嘩になるカルチ。彼は帰国後、秘密警察ＡＶＯの呼び出しを受ける。政治に関心がなかった彼を変えていく伏線は、狡猾な尋問と卑屈なソ連への姿勢、そこで垣間見た政治犯への拷問だった。

一〇月。ブダペストの通りではポーランドで立ち上がった民衆に呼応して市民のデモが渦を巻いていた。水球チームの合宿を捨ててヴィキを追い、国会議事堂へ向かうカルチが目にしたのは、政府が混乱を恐れて電気を切った突然の街の暗闇だった。ハンガリーの人びとにとってその夜には忘れられない連帯の記憶があるだろう。誰ともなく手にした新聞紙などに火をつけ、それは無数のたいまつのように広がり、夜空の星のようにキラキラと輝いて見えた。

＊

資料によればハンガリーではスターリン時代が終わる一九五三年までに警察の手で八五万人が裁判による判決なしに処罰され、約五〇〇人が処刑されたという。

優遇された特権的な生活を失いたくはなく、ただ軽い気持ちでヴィキに近づいたカルチも、銃撃で親友を失い、目を伏せることができない現実の前で苦悩する。いっぽう灼《や》けるほどの熱情で行動するヴィキには、両親を秘密警察に殺された過去があり、孤独と誰にも言えないもう一つの汚辱を胸に抱えていた。失うものをもたないヴィキと、家族やオリンピック出場の夢を捨てきれないカルチ。映画は二人の恋の行方と人の心のそれぞれの葛藤を描きながら、それを包む大きな社会状況を克明に重ねていく。

日増しに大規模になる市民の反政府行動に、ついにソ連軍が出動する。ヨーロッパでもっとも美しいといわれるブダペストの街並みが砲撃で破壊されていく。戦車が近づいてくる重低音、迫撃の轟音、人びとの悲鳴、路上に散乱する死体と流血。スクリーンに展開する歴史の現場に、観客はただ息を呑む。銃弾はヴィキの腕を貫通し、カルチは彼女を守るために初めて人を撃つ。

市街戦は激しく続いたが、政府は騒乱終結のために駐留ソ連軍の撤退とＡＶＯの廃止を決定する。市民の歓声のあとに、水球をあきらめて行動をともにしてきたカルチにヴィキはオリンピックチームへの復帰をすすめる。だが、メルボルンに向かう夜のバスから、カルチは信じられない光景を目にする。巨大なソ連軍の戦車の列が再び延々とブダペストに向かっていたのだ。

クライマックスで、二つの都市が交差する。メルボルンでは、カルチは母国の壊滅的な状況を知りながら、勝ち進み、宿命のソ連戦に向かっていく。ブダペストではヴィキは学生連盟本部の動揺を超えて闘いつづけることを選び、ＡＶＯに逮捕される。

再び会うことのなかった二人の最後の闘いは、壮絶で激しく観る者の胸を打つ。

＊

映画を見終わって、歴史と人生のいくつもの困難に思い至る。脅迫と甘言に屈せず顔を上げて処刑への廊下を歩いていたヴィキ。彼女の亡き母の形見を握りしめて、うつむいたまま表彰台に立っていたカルチ。

政治の季節を生きた青年たちはいつもどこか危うく痛ましく、物語はハンガリーの青春の墓標のように刻まれている。史実の評価や政治的な分析にはさらに冷静で多角的な検討が必要だろう。だが、無数の彼らの無垢なまでの自由への希求は、長く歴史の記憶にとどめたいと願う。

それから三〇年の時を経て、ソ連は崩壊し、東欧は民主化を遂げた。しかし、同時に映画のなかの彼らから、そして若かった私たち自身から問いかけられている気がしていた。私たちはいま、彼らが夢見た自由な世界に生きているのだろうか、手にしているものが自由と呼べるのだろうかと。

＊

映画は一九五六年、両親の計らいで一二歳で国境を越えて亡命し、ハリウッドを代表するプロデューサーとなったアンドリュー・G・ヴァイナが企画・製作し、彼に指名された新鋭女性監督クリスティナ・ゴダが演出、スタッフ・キャストともにハンガリー人の手で作られ、ハンガリー映画史上最高の観客動員を記録したという。

私も若い日に訪ねたことがある「ドナウの真珠」ブダペストの美しい街並みを、いつかもう一度歩いてみたいと思う。

（『教育』二〇〇八年四月号）

教室に残してきた忘れ物

『我が心のオルガン』

春は学校のはじまる季節。今年もたくさんの若い教師たちが、初めて教室で子どもたちの前に立ったことだろう。困難の多い現代の学校で、それでも若い教師たちが教育という仕事のなかにある温かい情感を味わい、子どもとともに学ぶ楽しさや生きる歓びに出会ってほしい。

春には優しい映画を観たい。波乱に富んだ大作ではなく、自分だけの小箱にそっとしまっておきたいような作品に出会いたい。『我が心のオルガン』は教師であることがつらくなったとき、ふと開いてみたくなるような慎ましく温かい学校の物語である。

＊

時代は一九六〇年代、舞台は韓国の山村。ソウルから大学を出たばかりの新任教師カン・スハが赴任する。大きな荷物を両手に村に着いた彼は小学校への道を通りかかった少女、ユン・ホンヨンに尋ねる。彼女は貧しさから遅れて学校に上がった過年の五年生だった。ホンヨンは生まれて初めて自分を「お嬢さん」と呼んでくれたカン先生に、淡い憧れを抱く。同じ日に、登校する子どもたちの歓声に囲まれて、もう一人の若い女性教師ヤン・ウニが赴任してくる。

学校を包む山村の四季が美しい。新緑に囲まれた校庭の朝礼。紹介される新任の先生たちを興味深く見つめる子どもたち。木造校舎に始業の鐘が響き、初めての教室に向かう先生たちに、子どもたちは廊下にロウを塗ったり、チョーク箱に小鳥を仕込んだり、古典的な悪戯《いたずら》で歓迎する。

職員室の人間模様も時代を超えて変わらない。当時の韓国は体罰が認められており、職員室では両手を上げて正座をさせられている子どもたちが出席簿で頭を叩かれている。

「子どもは叩かなきゃ悪くなる一方。平和に暮らしたければ最初が肝心」と説く先輩教師。「子どもたちを人間的に扱ってやれば力で抑える必要もなくなるのでは」と問うカン先生は鼻で笑われてしまう。だが子どもたちは彼を慕いはじめる。せめて手紙の書ける力を子どもたちにと日記指導をはじめ、いやがる子どもたちを彼は昔話で引きつける。オルガンでみんなで歌を歌い、雨漏りのする放課後の教室で日記に赤ペンを入れる。喧嘩の絶えなかった教室にやがてやわらかな時間が流れはじめる。

＊

監督：イ・ヨンジェ／脚本：イ・ヨンジェ、オ・ウニ、ソ・ビョンチェ、パン・ジャンホ／配給：タキコーポレーション／1999年韓国／１時間58分

この映画に劇的な要素はほとんどない。登場人物は誰も死ぬことなく、事故や病気もなく、とりたてて優れた教育実践が示されるわけでもない。村と学校のありふれて平凡な日常が淡々と綴られているだけである。それでも観客は描かれている学校の情景や一つひとつの小さなエピソードに思いがけない郷愁をかき立てられる。そこにあるのは、学校が学校であった頃の、懐かしい匂いだった。自分の過去はどんなにささやかでも自分にとってはドラマである。誰にも学校の思い出があり、教室に残してきた忘れもののような記憶があることだろう。友だちとの語らい、だるまストーブで温められる弁当、パンツ一つの身体検査、万国旗のはためく青空の下での運動会。

子どもの世界が、ありのままに活写されていることもこの映画の美点の一つである。ホンヨンにしても素直なよい子ではなく、特別な問題児でもなく、どこにでもいる子どもとしてリアルに描かれている。

どこの国であれ子どもたちは背中に生活を負って学校に来る。ホンヨンはお転婆で遊びたい盛りなのに幼い弟妹の子守りをさせられ、母親にはいつも怒られ、その腹いせに弟に意地悪をしてまた怒られる日々である。そんな彼女がカン先生に恋をする。運動会の借り物競走では「校長先生と走れ」と書いてあるのにカン先生の手を引いて走る。先生の一挙一動が気になって仕方がない。彼女の日記はカン先生への想いでいっぱいになる。だがカン先生は年上のウニ先生に惹かれていく。

ウニ先生が魅力的に描かれていることがこの映画の大きな支えである。彼女は『人間の壁』の香川京子を思わせる「白いブラウスの似合う女の先生」である。清楚で、ただ子どものそばに立ち、子どもの悲しみをわかってくれる先生である。

ある日、ウニ先生の教室から騒ぎ声が聞こえ、教師たちがあわてて廊下に顔を出す。彼女は教室で子どもたちといっしょに遊んでいたのだ。教頭に叱られても彼女は言う。「私は生徒たちに教えたかったんです。学校はとても楽しいところなんだと」。また、別の日、全校を挙げて雑巾がけの最中に彼女は外で楽しそうに子どもたちの散髪をしていた。「明日は教育委員会の視察ですよ」と怒る教頭に彼女は真顔で聞き返す。「床の視察ですか?」「床なら私が責任をもちます」と。

そしてホンヨンがウニ先生に嫉妬して、この映画に小さな波乱が巻き起こる。便所に落書きがされたり、大切なレコードが壊され、やがてホンヨンは不登校になる。カン先生は長い山道を自転車を押してユスラウメ畑にあるホンヨンの家を訪ねて行く。「先生は心配したんだぞ。淋しかったぞ」。子どもは先生が自分に関心を寄せてくれるだけでうれしい。

*

映画にささやかな華やぎを与えているのは音楽である。映画の冒頭、後ろ姿の女性がレコードに針を落とす。ジャケットにはコニー・フランシスの写真。静かに流れるバ

『人間の壁』
監督：山本薩夫／一九五九年日本
一九五七（昭和三二）年に実際にあった佐賀県教組の争議をもとにした石川達三の同名小説の映画化。
いつも子どもの側に立ち、ただ子どもを愛そうとした平凡な女性教師が自らの権利を守り、真剣に生きようとした先に「組合」があった時代の物語である。彼女はやがて宇野重吉演じる初老の同僚教師の実践にふれ、障害をもった子どもを見る深い目と教師としての誠実な生き方に惹かれていく。教育をめぐる政治の波のなかでの教師の成長の物語としても興味深

ラードをバックに村へ向かう鉄道が走る。

カン先生はオルガンを弾く。放課後、ハーモニカを吹いていたウニ先生を誘い、自作の曲を協奏した至福の時間。村には売っていないＬＰレコードを交換して聴きあう二人。だがカン先生の恋はほのかな片想いとして実ることなく消えていく。

終章、学芸会の日にクラスの子どもの火遊びから学校が火事になる。カン先生はバケツで水をかぶり火のなかに飛び込む。さまざまな失意から自信を失う彼を同僚が励ます。「人に教えるだけでなく、自分も学ぶことが大切です。それが教師なんです」

学び直すために学校を去る日にも、彼は月明かりの教室でオルガンを弾く。窓からの月光に照らされた一人ひとりの机にさわる。村を発つ日、彼を追う子どもたちの群れ。そして時は流れ、ファーストシーンに回帰する。思いがけない幸福な結末はエンドクレジットの写真のなかに隠されていた。

＊

カン先生を演じているのは、日本でも人気の高いイ・ビョンホン。若い教師の悩みや喜び、子どもへの温かい気持ちを気取りなく好演している。思えば教師とは愛し、愛されることを本質とした職業かもしれない。ときに傷つき苦しいことも多い職業ではあるが、子どものそばに立ちつづけることで何度でも再生できる教師でいたい。春の日の野の花のように。

（『教育』二〇〇八年六月号）

「白いブラウスの似合う女の先生」　『今ひとたびの戦後日本映画』川本三郎（岩波現代文庫／二〇〇七年）にある表現。

コニー・フランシス　アメリカの歌手（一九三八～）。「Vacation」などで知られる。昭和三〇年代の日本でもよくラジオから彼女のカバー曲が流れていた。私はいまも彼女のＬＰをときどき聴く。

死ぬまでにやっておきたいリスト

『最高の人生の見つけ方』

人はいつか死と出会う。ほかの誰かのものであった死が、いつか自分に訪れる。自分の死を受け入れなければならなくなったとき、人は何を考え、どうするだろう。原題は『The Bucket List』。棺桶に入るまでにやっておきたいことのリストを意味するようだ。重く、シリアスになりがちなテーマだが、死の悲しみをそこなわないままに、ユーモアに満ち、愉しんで作られている。監督・製作は、少年の日の友情をみずみずしく描いた『スタンド・バイ・ミー』で忘れがたい記憶を残すロブ・ライナー。主演は『ショーシャンクの空に』のモーガン・フリーマンと、『カッコーの巣の上で』のジャック・ニコルソン。老境に入ったアメリカを代表する監督と名優の組み合わせが、何よりの魅力だった。

*

フリーマンが演じるカーター・チェンバーズは家族のために大学を中退し、歴史学者になりたかった夢を捨て、四六年間自動車整備工として勤勉に働いてきた男である。彼

『スタンド・バイ・ミー』
監督：ロブ・ライナー／一九八六年アメリカ
一九五〇年代末のアメリカ、オレゴン州に住む四人の少年たちが織りなすひと夏の冒険物語。人生の岐路に初めて立ち、誰もが経験する友情や家族との軋轢、おとなへの階段など、いまも色褪せず観る者を惹きつける名作。

『ショーシャンクの空に』
監督：フランク・ダラボ

はいつもクイズ番組を聴きながら働いている。彼の満たされなかった夢が、博識な雑学として息づく時間なのだろう。

いっぽう、ニコルソン演じるエドワード・コールは「おれは金だけはたんまり持っている」と言うが孤独な男だ。四度の結婚とその失敗は彼を深く傷つけている。彼は金を稼ぐ方法は知っているが、時間をつくる方法を知らない豪腕実業家だった。

接点をもたない対照的な二人が、それぞれに余命六か月の末期がんと宣告され、相部屋の病室で出会う。大金持ちのエドワードがなぜ個室でないかというと、病院は彼の買収したもので、経営上例外なく一部屋二床制を押しつけた結果による。先に入院していたカーターに、エドワードの秘書が聞く。「何をしているのか」「生きるために闘ってるのさ」。死の床にあっても茶目っ気を失わないカーターの表情がいい。エドワードだけの豪勢な特別メニューの夕食をうらやましくも思わず、彼の病院の豆スープのまずさに皮肉を言う。「合わない異質な二人」がドラマをつくる。

カーターは学生時代の哲学の課題を思い出す。遥かな若い日の「バケットリスト」だ。いま病床で現実となり、書いては消し、丸めて捨てたそのメモを秘書が拾い、エドワードが見て笑ってしまう。彼の目にはいじらしく慎ましい項目ばかりだったからだ。「見ず知らずの人に親切にする」「荘厳な景色を見る」「マスタングで疾走する」「泣くほど笑う」……。エドワードが面白半分に付け加える。「スカイダイビングをする」「世界

ン／一九九四年アメリカ

『カッコーの巣の上で』
監督：ミロス・フォアマン／一九七五年アメリカ

一の美女にキスをする」「ライオン狩りをする」「刺青を入れる」。

冗談が本気になる。主治医の警告を無視して、気が滅入る病室を抜けだし、赤の他人だった二人は生涯最後の親友となり冒険の旅に出る。

＊

エドワードの財力で、リストは豪華絢爛《けんらん》に達成されていく。専用小型ジェット機で飛ぶアフリカ、タンザニアのセレンゲティ国立公園で野生動物を追い、エジプトのピラミッドに腰を下ろす。北極海のオーロラに目を奪われ、インドのタージマハールの優美な霊廟《れいびょう》にたたずむ。香港の最高級レストランから、いかがわしいタトゥーショップへ、そしてスカイダイビングも、レースカーでの痛快な疾走も、思い残すことなく実現する。

終末期の病人にしてはいささか元気すぎる二人の老人のはしゃぎぶりさえ気にしなければ、観客にとってもそれは楽しく夢のような冒険と遊びの世界である。

だが、「重要なのは、彼らがどこへ行き、何をするかではなく、この旅をとおして二人の間に何が起こるかだ」と監督は考えている。二人は、お互いの人生に欠けていたものをプレゼントしあう。味わい深いのは旅の途中の二人の関係と友情であり、物語は巧みな伏線とユーモアで彩られている。

宗教をもたず現実主義で生きてきたエドワードが、ピラミッドに腰かけながら「天国にはどうすれば入れるか」をカーターに尋ねるシーンがある。エジプトの神話では天国の入り口でこう聞かれるという。「自分の人生に歓びを見つけたか?」「あなたが生きてきたことで歓びをもたらされた人はいたか?」と。博学で思慮深いカーターも、自分にわがままであることとの解放感を思いがけず堪能しながら、スカイダイビングを恐れた自分が同様に人生のチャレンジを恐れていたことにも気づく。

だが、リストで達成が難しいのは、お金では買えない項目である。旅のあとの、家族との再会にも二人の人生のコントラストが描かれている。妻との人生に後悔を感じて旅立ったはずのカーターを待っていたのはたくさんの子や孫の笑顔と妻の涙だった。

エドワードは誰もいない豪邸に帰り、一人でテイクアウトのディナーをとる。たまらず呼んだ美女にも満たされず、思いきって疎遠になっていた娘と孫娘を訪ねる。

精神科医によれば、人が死を前に安らかでいられるかどうかは、それまでの自分自身を受け入れ、自分が下してきた選択を肯定できるかどうかにかかっているという。

「泣くほどの笑い」も、帰ってきた病室で思いがけず実現する。そして、最後に達成されるカーターのリストの「見知らぬ人」とエドワードのリストの「世界一の美女」が誰であるか、最後にそれが明らかになったとき、観客は胸熱く涙ぐむ。幸せな人生とは、つまるところ人とのかかわりのなかにもっとも温かく存在す

監督：ロブ・ライナー／脚本：ジャスティン・ザッカム／配給：ワーナー・ブラザース映画／2007年アメリカ／1時間37分

ること、そして、死とは、明るい闇のなかに自分が消えていくことなのだと、言葉なしに映画は伝える。

＊

この映画もまた観る者を触発する。自分なら、死の前に何をやりたいだろうと。

若い日に人生に抱いていた夢や願望をすべて実現できた人などまれなことだろう。たいていの人生は数えきれない挫折と失意で成り立っている。それでも、死を前に新しい何かをしてみたいと私はたぶん願わない。私が最期に望むとすれば、自分が人生で愛したものをもう一度だけ味わいたいということだろう。もう一度読みたい本や観たい映画、聴きたい音楽、眺めたい絵や仏像、会いたい人のリストを作りたい。

幸福は時間にあると思ってきた。何かを所有することでもなく、誰かと比べることでもなく、幸福として存在するのは、その〝時〟のことだと感じてきた。時が戻らないとしたら、私に幸福感を与えてくれたその場所にもう一度立ってみたいと願う。自分の人生の思い出をたどり、その思い出の地を巡礼したい。私と親しくしてくれた人びとに、もう一度感謝を伝えたい。そのことで私は自分の人生に意義を与え、明るい闇のなかに旅立つことができるだろう。

（『教育』二〇〇八年八月号）

人生で愛したもの
私のもっとも好きな美術館は安曇野碌山美術館、庭園は京都円通寺、仏像は秋篠寺の伎芸天。最後に聴きたい曲はモーツァルトピアノ協奏曲二〇番ニ短調。

思春期の揺らぎと友情

『きみの友だち』

「きみの友だち」。その言葉に誰でもいくつかの懐かしい顔が浮かぶことだろう。忘れていた古いアルバムや日記を読み返すように、しまってあった心の奥のかつての自分と友だちの面影が映画からよみがえり、時間が巻き戻される。描かれているのは、思春期の迷いと揺らぎのなかの、少年少女の群像である。そして映しだされているそれぞれの「きみ」が、自分自身のかけらであることに、観客は途中から気づく。

映画は重松清の同名の小説を原作としている。小説はヒロインの恵美を軸としながら、それぞれにつながりのある「友だち」を短編の主人公にした連作である。映画ではそのなかから印象的な五編が選ばれている。それは、小さなエピソードの連続でありながら、それぞれにどこか思春期の大切な芯に迫っていく。「どうして自分はこうなんだろう」と悩み、自分が自分でしかないことに苦しんだ、あの日々。その壊れもののようだった切ない感情。羨望も嫉妬も、劣等感も屈辱も、孤独も希望も、純な心も熱い思いもあの頃の痛みのままによみがえる。

同名の小説
『きみの友だち』重松清／新潮社／二〇〇八年

少年期が人生の習作であるように、映画の手触りはどこかぎこちなく、スケッチ画のように淡い。カメラはロングショットと長回しが多く、登場人物はつねにやや遠くから眺められ、原作者と同じように監督（廣木隆一）の視線は優しく慎ましい。撮影は山梨県の小都市でのオールロケーションで、自然光が美しく、朝も昼も、夕方も、時間はその光線の具合だけでわかる。くり返し映しだされる空と雲が、沈黙と余白の多い画面をやわらかに照らす。

＊

それぞれの理由で学校に通えなくなった子どもたちのためのフリースクールのざわめいた日常風景から映画は幕を開ける。

カメラを手に取材のために訪ねてきた駆け出しのジャーナリスト中原の応対に、現在二〇歳になる主人公の恵美が現れる。彼女は子どもたちから「もこちゃん先生」と呼ばれている。自分で撮った「もこもこ雲」の写真を壁に貼り、卒業するとき子どもたちに気に入った一枚をプレゼントしていたからだ。彼女は足が悪く杖をつき、どこか硬質な雰囲気をただよわせている。この学校をみんなに知らせたいという中原に、「私は〝みんな〟は信じない」と言いきる。

そして物語は彼女の小学時代の回想に遡《さかのぼ》る。四年生のとき、交通事故で足に障害をもってしまった恵美は、教室で孤立していた。「友だち」という言葉はときに小さな凶器となって子どもの心を傷つける。それは無言の同調圧力となって働き、しばしばいじめにも転化する。クラス対抗の縄跳び大会をきっかけに、もう一人腎臓に病気をもち学校を休みがちな由香がクラスの輪からはじかれる。縄を回す役を振られた二人は、児童公園の片隅で練習をはじめ、やがてかけがえのない絆《きずな》を結んでいく。

恵美と由香の出会いと別れをはさんで、かかわりのあった幾人かの「きみ」の物語が続く。親友がボーイフレンドに熱を上げ、自分から離れていった寂しさで心因性視力障害になる同級生のハナ。恵美の弟ブンとその親友モトは勉強もサッカーもよくできる人気者だ。いまやこの二人と遥かに差がつき見捨てられてしまった三好くんは、それでもブンの幼なじみで親友であるとまわりに吹聴する。彼の不用意な発言からブンが先輩に目を付けられ、河原に呼び出される。責任を感じて自転車を飛ばし、泣きながら自分の顔にパンチを浴びせて謝る三好くんを責めることなく、いっしょに河原に寝ころんで空を見上げる三人の中学生。

ブンの先輩の佐藤くんは、サッカー部で万年補欠。自宅のピアノ教室の生徒でもある同級生に切ない片思いを寄せているが、相手にもされず、今年のバレンタインデーにも一つもチョコをもらえない。屈折した劣等感や自己嫌悪を吐き出すように部活の後輩にいばりちらし、ブンに怪我までさせてしまう。惨めな思いを抱えて病院

監督：廣木隆一／脚本：斉藤ひろし／原作：重松清／配給：ビターズ・エンド／2008年日本／2時間5分

でブンの診察を心配そうに待つ彼に、恵美はブンにあげるはずだったチョコをそっと渡す。

映像は彼らの繊細な感情のさざめきを、遠くから見守るように温かい。

＊

現代の中学生も、友だちとのつながりを求め、友だちを失うことを恐れ、果てしのないメール交換や気遣いをくり広げている。だが、映画のなかの少女たちは異質である。恵美は、たくさんの友だちを求めはしない。まだ幼かった二人が、公園で空を見上げる印象的なショットがある。長い入院生活でたった一つ由香の友だちだった「もこもこ雲」を探していたのだ。中学になってまた由香が入院してしまったとき、親友を失って傷心のハナが恵美に問いかける。由香がいなくて寂しくはないのかと。「私は一緒にいなくても寂しくない相手のこと、友だちって思う」。恵美は友だちがこの世からいなくなるかもしれないという怯えに耐えている。だからこそ、「みんな」と無駄な時間を費やすより、濃密な二人の思い出を残したいと決めている。自分の弱さに気づき涙を浮かべるハナに、恵美は空を見上げて「あの雲を花井さんにあげる」と言う。光や影をともないながら、さまざまに形を変え、流れていく雲が、少女たちの心をつなぐ。

受験が終わるまで見舞いに来ないで、と由香の母に諭されていた恵美は、その入試の日にただ一人の親友を喪う。友情もまた愛だとしたら、喪失によって残された者にいっそうの愛の名残を刻む。一五歳の少女にとってさえもそうであることを、映画は静謐に伝えている。
エンドロールで、恵美の撮った写真として、登場人物だった「きみの友だち」が初めてのクローズアップでゆっくりと連写される。校庭の石段から涙をこらえて空を見上げていたハナ、公園のブランコで泣いていた三好くん、病院の廊下で顔を上げることができなかった佐藤くん。そして由香の一三歳の誕生日に病室で笑いあう恵美。由香の父親のカメラが収めた、たった一枚の二人の写真が最後に観客の胸を打つ。

＊

本来の友だちとは、まぎれもない無償の関係であり、心を許しあう関係をさすのだということを、映画は懐かしく私たちに思い出させてくれる。友だちは、たとえいなくなっても心のなかに存在する。それは、もう一人の「私」であり、最良の友人とは自分の外にいる自分の「良心」でもあるのだろう。苦しいときには「彼ならどう考えるだろう、どうするだろう」と内部から呼びかけてくれる存在を私は友人と呼ぶ。恵美にとって、由香がそうであったように、それは人生のもっとも豊かな贈り物にちがいない。

（『教育』二〇〇八年一〇月号）

犯罪の背後にある不幸

『12人の怒れる男』

たいていの犯罪の背景には何らかの不幸がある。刑事事件の審判を引き受けることは、他者の抱える、そしてしばしば社会に内包されるもっと大きな不幸と向きあう覚悟を必要とする。さらに、人を「裁く」ことで深く問われるのは、自分の価値観や生き方かもしれない。裁判員制度がはじまろうとするこの国で、私たちはいま、何を引き受けようとしているのだろうか。

*

一九五七年に製作された、シドニー・ルメット監督のアメリカ映画『十二人の怒れる男』で問われていたのは、真相と正義だった。被告は父親を刺殺したとされるヒスパニック系の少年。凶器のナイフは少年のもので、向かいのアパートから殺人現場を目撃したという証言もある。陪審員は年齢も職業もまちまちの十二人の男たち。有罪は免れない状況のなかで、ただ一人無罪を主張した男の提案はせめて一時間くらいは話しあおうというものだったが、議論のなかでしだいに矛盾した事実関係が明らかになり、白熱の

裁判員制度
司法制度が国民感覚とは異なることもあるとの批判から、国民参加でより身近な司法制度を築き司法への信頼を高めようと二〇〇九年から導入された。裁判員裁判で取り扱われる事件は重罪事件ばかりで被告人の人生を変えてしまう精神的ストレスも深く、くじで選ばれる裁判員には辞退者が増えつづけ二〇一九年には六七パーセントまで上昇している。

論争に発展する。一人の少年の死命を簡単に決めていいのかという主人公の正義感が、サスペンスフルなディスカッションドラマを動かし、観客を魅了する。

この歴史的な名作を、現代のロシアに舞台を移してリメイクしたのが本作である。日本では同名のタイトルになっているが、ロシアでの原題は『12』。監督はニキータ・ミハルコフ。私にとっては『黒い瞳』で忘れがたい監督である。それは抱きしめたいほどにチャーミングな映画だった。だが、本作は一転して無骨な手触りの、長編社会派劇である。『黒い瞳』がチェーホフの『犬を連れた奥さん』をモチーフにした軽妙な純愛の物語だったのに対し、本作はドストエフスキーを思わせるほどに重い。

骨格はアメリカ版を踏襲しながら、ミハルコフは半世紀を経た世界の変化を密室劇の奥にはらませ、冷戦後の民族紛争や激化する経済格差、世代間の不信など、より大きな社会性を事件の背後に潜ませている。

*

映画の冒頭、カメラは被告席でまどろむ少年を映しだす。彼がつかの間の夢に見る、母と過ごし幸せだった故郷での過去の情景にミハルコフらしい詩情が漂う。少年はチェチェンの出身で、ロシア軍将校だった養父を殺害した容疑で殺人罪に問われている。

検察は最高刑を求刑、有罪なら生涯刑務所に拘束される。三日間の審議が終了し、市民から選ばれた一二人の陪審員による評決で刑が確定する。彼らは改装中の陪審員室の

近年、森友学園や桜を見る会など権力中枢に近い疑惑ほど不起訴になる事件が相次いでいる。司法制度への信頼回復には真の司法権の独立が求められている。

『黒い瞳』
監督：ニキータ・ミハルコフ／一九八七年イタリア

『犬を連れた奥さん』
『かわいい女・犬を連れた奥さん』アントン・チェーホフ／小笠原豊樹訳／新潮文庫／一九七〇年など

代わりに学校の体育館に通され、全員一致の評決が出るまで幽閉されることになる。ロシア版には確固とした信念をもつ主人公は登場しない。ソ連崩壊後の市場経済に適応して成功した実業家、モラルを失って混乱する社会に怒りをためる男、古きロシアを懐かしむ愛国者、チェチェンからの移民、ユダヤ人など民族的にも階層的にも多様な人物が一二人に配されている。

目撃証言もあり、粗暴なチェチェンの少年が世話になった養父を惨殺したという図式で簡単に終わりかけた評決が、「手を上げるだけで終わっていいのか」と問う一人の不同意から逆転していく。一二人のそれぞれの生活、偏見、予断が議論のなかで渦を巻き、ロシアの現実が浮き彫りになる。

チェチェン戦争は現代ロシア最大の禁忌である。九四年以来すでに三〇万人が殺されたという。その無惨な映像が、戦火で家族を失った少年の悲しみの表情とともに、審議の途中で何度かフラッシュバックされる。

弁護士はなぜ無気力だったのか、謎は警察の誤認や組織犯罪の陰謀説にまで発展する。彼らは事件を吟味するなかで、次々と自分の過去や経験を語りだし、一人ひとりが結論への責任を自覚しはじめる。一二人がそれぞれの不幸を抱えているからこそ見えてくる真実に、観客も引きこまれていく。

監督：ニキータ・ミハルコフ／脚本：ニキータ・ミハルコフ、ウラディミル・モイセイェンコ、アレクサンドル・ノヴォトツキイ＝ヴラソフ／配給：ヘキサゴン・ピクチャーズ、アニープラネット／2007年ロシア／2時間40分

＊

『十二人の怒れる男』には日本でのもう一つのリメイク版がある。一九九一年に三谷幸喜・東京サンシャインボーイズ脚本、中原俊監督で映画化された『12人の優しい日本人』である。私には、この作品も印象深い。事件の設定は「別れた夫を口論の末、走ってくるトラックに突き飛ばして殺害した」という若い女性の殺人罪である。泥酔した前夫に襲いかかられたための正当防衛か否かが争点となる。社会性は低いが、面白いのはアメリカ版との文化の相違である。まさに論を討ちあうアメリカ型ディスカッションとは大きく趣がちがい、いかにも日本人らしい下手な議論が笑いをさそう。日本人の陪審員は厳しさより波風立てない穏やかさを求める。論理よりも印象が優先する。「被告人はそんなに悪い人には見えない」「あんな男は殺されて当然」という「フィーリング」で全員無罪に傾く。だが「いいんですか、こんなんで」と批判が出るとすぐに揺れ動く。駆け引き、だんまり、根回しという日本特有の会議テクニックも駆使される。それでも日本的優しさで議論は続き、寛容のうちに妥当な一致点が探りだされていく。自虐の笑いにくるんではいるが、映画は日本人の美質も描いている。経験を積めば、日本でも陪審制度は有効に働く予感が残される。

だが、施行間近の日本の裁判員制度には疑問も多い。「市民の声を司法に」という美名とは裏腹に、制度の是非にほとんど市民の意見は問われていないからだ。現代の多忙

『12人の優しい日本人』
監督：中原俊／一九九一年日本

な職場や生活を考慮されず強制的に召集された裁判員が、時間をかけ良心を懸けて論議を尽くすことができるのだろうか。

重罪の刑事裁判のみの「市民参加」にも疑問がある。権力に寄り添いすぎる行政裁判や憲法判断にこそ市民感覚を取り戻すべきだろう。この制度をどう考えるかの広範な国民的議論は、司法を市民の側に引き寄せる貴重な契機となるはずだ。同時に学校での政治的教養を向上させる授業の充実もこの課題の不可欠の要素ではないだろうか。

＊

教師もしばしば子どもの「罪」を裁く。

子どもの非行に悩んでいた若い日に、先輩教師から「盗みは愛情の請求書」と諭されたことがある。子どもの小さな罪もまた、どこか社会的な不幸や悲しみを宿している。そして、悪にはそれなりの魅力も理由もあり、子どもが犯す罪は自立への契機となる場合も少なくない。大切なことは子どもの心とその背景への洞察であり、問われるのは子どもを育てるおとなたちの人間的な対応だろう。

人を裁くことは難しい。真実は必ずしも表面には現れない。複雑な事実への親や教師の思いの深さ広さで、子どもは救われる。

教師は心のなかに、厳しく優しい「一二人の陪審員」をもつべきなのかもしれない。

（『教育』二〇〇八年一二月号）

いじめに迫る本気の言葉

『青い鳥』


「先生は……どもります。あんまり、上手に、しゃべれません。でも、本気で、しゃべります。だから、みんなも、本気で、聞いてください」

「本気の、言葉を、本気で、聞くのは、当たり前の、ことです」

「みんなは、それができなかったから……先生は、ここに、来ました」

中学二年生の教室で、阿部寛演じる吃音《きつおん》の村内先生は、何度も何度もつっかえながら、初めて出会った生徒たちに語りかける。

重松清の連作短編集『青い鳥』のなかから、中学校の「いじめ」をテーマにもつ表題作の映画化である。原作のある映画で、原作より魅力を放つ作品は少ない。だが、この映画はそのまれな例に加わっている。映像があるのに想像を迫り、静かで奥行が深い。

＊

高台から続く坂道をバスが走る。車内で地味なコートを着た男が文庫本に目を落とす。車窓の外に、ありふれた街並みが流れる。脇道から少年の自転車がバスを追い、閉

『青い鳥』

重松清／新潮社／二〇〇七年

店したコンビニに視線を投げる。登校指導に立つ教師や週番の生徒の間を、男と少年が通り抜けていく。校内には「Believe　私たちは変われる」「ベストフレンド運動」などの標語やポスターがいたるところに掲げられ、玄関には『青い鳥ＢＯＸ』と書かれた投書箱が設置されている。学校は前学期、一人の男子生徒が起こした自殺未遂事件に揺れ、再出発に動いている。男は事件のあったクラスの休職した担任に代わり、臨時教師として赴任してくる。どこか繊細な印象の少年、園部はそのクラスの学級委員のようだ。

画面には、常に張りつめた緊張感が漂っているが、中学校の日常は違和感なくリアルに描かれている。三学期がはじまった教室の空気も自然な賑わいである。そこへ登場した村内先生は、冒頭の挨拶のあと、「忘れるなんて、ひきょうだな」とつぶやき、事件を起こして転校した生徒の机を教室に戻すことを命じる。誰もいない座席に「野口君、おはよう」と声をかける村内先生にさざめいていた教室は凍りつき、やがて職員室や保護者の間にも波紋を広げる。

＊

生徒たちの反発から、校舎の裏に捨てられた机と椅子が、雨に打たれている。村内先生は、濡れながらそれをまた教室に戻す。

机には落書きがある。「コンビニエンスストアのＮＯＧＵＣＨＩ」。野口の家はコンビニを経営し、ひょうきん者の彼は、級友に要求されるままに店の商品を盗み、彼らに提供していたらしい。ヘラヘラと笑いをとり、言いなりの彼の苦しみを、誰もわかることなくエスカレートして事件は起こる。その顚末《てんまつ》を村内先生は学校から渡された新聞ファイルと、生徒全員に課し何度も書き直させたという一人五枚の反省文で知る。生徒会の発案ではじまった「青い鳥ＢＯＸ」には紙くずばかりだったが、ある日「誰かを嫌うこともいじめになるんですか？」という投書が入る。無視しようとする生活指導教師に、「教えてください」と園部が声をあげる。「みんなで嫌ったら、それもいじめだ」という答えは、彼の心に響かない。「一人で心のなかで思っているだけなら」と食い下がる園部に「心はすぐに態度に出る。一人はすぐに大勢になる」と教師は怒りだす。そのやりとりを村内先生が遮る。

「……いじめは、人を嫌うからいじめになるんじゃない。人数がたくさんいるから、いじめになるんじゃない。苦しめていることに、気づかずに……苦しんでる、声を聞こうとしないのが……いじめなんだ」。振り絞るような村内先生の言葉に、初めて園部は苦しげに笑っていた野口の声と表情を思い出す。

＊

この映画には静かな迫力が込められており、スリリングな心理劇としても展開されている。被害者不在のまま、いじめに加わった者

監督：中西健二／脚本：飯田健三郎、長谷川康夫／原作：重松清／配給：日活、アニープラネット／2008年日本／1時間45分

や傍観した者、教室のなかのグループの対立、学校や村内先生への反発や共感、職員室でも多様な立場と考えを交錯させている。主人公の村内先生は、昼休みにはいつも職員室を離れ、一人屋上から校庭を眺めている。彼の常に浮かべている微笑みの裏には、吃音ゆえの痛みのある過去があるにちがいなく、教師としても深い自責を抱える体験をもっていることが暗示されている。

それにしても、私たちは子どもたちの本気の問いを見過ごしてはいないだろうか。いじめの中心だった井上が国語の教科書で机を叩きつづけていたのは、彼の本気の問いだったのかもしれない。子どもはおとなの本気の対応を欲している。「自分のための言葉」を求めている。本気の言葉とは、考え抜いた「内心の声」のことだろう。だから村内先生の言葉は園部にまっすぐ届く。

教室を去る最後の授業で、村内先生は、反省文の書き直しを求める。誰かのためではなく、枚数制限もなく、自分自身の責任として忘れないために。応じた生徒も、黙って自習に励んだ生徒も、この教室での体験と、村内先生の記憶は残ることだろう。

＊

学校のあり方を疑い、教師であることに悩み、葛藤する若い女性教師・島崎を、伊藤歩がほとんど台詞も与えられずに好演している。私は彼女の立場でこの映画を観ていたのかもしれない。ラストシーンの校門で交わした別れの言葉に、こみあげるものがあった。彼女に、私は若い日の自分を重ねていた。

学校を去る村内先生を小走りに追いかけ、何かを言おうとして、言葉が出ない島崎先生。無言で見つめあう二人。村内先生は言葉を残さなければならない。かつて職員室で「人を教えるって、いったいどうすればいいんでしょう」という彼女の本気の問いに、彼は答えていなかったのだから。

「……島崎先生、……きっと、人に、何かを、教えることなど、簡単に、できることではありません。教師にできるのは、たぶん、生徒のそばにいてあげる、ことだけなのかもしれません」「もし、運が、よければ、何かを、伝えることが、できるかも、しれない……」「……お世話になりました」

バスが出る。最後部に座った村内先生はバッグから文庫本を取り出し、いつものように静かに読みはじめる。カメラはその本が石川啄木の『一握の砂』であることを拾い、バスは冬の鈍色《にびいろ》の淡い光のなかを、高台への坂道に向かってゆっくりと上っていく。

＊

新年が冬にはじまるというのはいい。寒さのなかで、春を待つ季節が希望に似ている。寒風に吹かれてこそ、太陽はうれしい。人の世に温室はないとすれば、子どもが育つためには「北風」も「太陽」も必要だと思う。誠実に作られた映画は、観る人に何かを残す。

『一握の砂』
『一握の砂・悲しき玩具』石川啄木／新潮文庫／一九五二年　など

私は、私の教えた生徒たちに、何を伝えることができただろう。また新しい年が明け、三学期の残された短い日々がはじまる。

（『教育』二〇〇九年二月号）

極限の逆境で歌い踊る子どもたち

『ウォー・ダンス　響け僕らの鼓動』

ときに、出会えたことに感謝したくなる映画がある。渋谷の小さな映画館で、見終わってしばらく席を立つことができなかった。息苦しいほどに心が痛む映画でありながら、胸が熱く、涙が止まらなかった。

耐え難くつらい現実から、人が再起できるとしたら、いったいそれはどんな力によるのだろうか。自殺者が毎年三万人を超えるこの国で、身近に心を病み、命を絶つ教師や子どももいる学校現場で、それは私にとって長い問いでありつづけている。

＊

猛暑の砂塵のなかから、大型トラックに鈴なりに乗った子どもたちが現れる。汚れた衣服で、どこか悲しみと鋭さを秘めた子どもたちの表情。陽炎《かげろう》のように揺れる画面に、大地の鼓動のような打楽器が響く。

舞台はアフリカ東部に位置するウガンダ共和国。ビクトリア湖に面し、一九六二年までイギリスの植民地だったこの国は、独立後から紛争が絶えず、いまもなお人びとは内

自殺者が毎年三万人～　一九九八年から二〇一一年まで日本の自殺者は三万人を超えていた（二〇一〇年以前は警察庁の統計、二〇一一年以後は厚生労働省の統計）。二〇一二年以降現在まで三万人を下回り減少傾向がつづいていたが、コロナ禍で二〇二〇年から再び増加しはじめている。また、年代別の死因順位で一五～三九歳の死因第一位が自殺となっているのは先進国（G7）では

戦と暴力の恐怖に苦しみつづけている。

とりわけ北部地域の人びとは反政府武装勢力によって家も家族もいっさいの安全も奪われ、パトンゴ避難民キャンプには電気も水道もなく、食料も不足するなかで、六万人が押し込められるように暮らしている。

この映画は、そこに住む子どもたちの苦境と希望を描いたドキュメンタリーである。この地域の子どもたちは、犠牲者でありながら加害者となることも強要される。反政府軍は村から拉致した子どもたちを少年兵として戦線に補充するからだ。兵士の八割は子どもで、なかには五歳の子どもまで含まれているという。武装したゲリラに対し、親たちはあまりに無力で、抵抗する者は残虐に処刑される。そこで運よく脱走、または救出された子どもたちがキャンプに収容される。

だが、銃弾で穴だらけにされた学校の壁の内側で、密かに奇跡が起こっていた。愛情ある教師たちの手で、部族の歌と踊りが、音楽が子どもたちのもとに戻ってきたのだ。ウガンダには全国音楽大会がある。国中の二万校を超える学校が参加し、優勝に挑む。ウガンダでこの大会を知らない生徒はいない。歌唱、舞踊、器楽演奏などさまざまな部門で子どもたちの技能が審査される。年に一度行われるこの全国大会に、危険と貧困をきわめるパトンゴ小学校が初出場を決めたのだ。

＊

日本のみであり、その死亡率もほかの国に比べて高いものとなっている。

子どもたちは、酷暑のなかで、埃にまみれて練習に熱中する。南部の恵まれた地域の小学校と違い、パトンゴの子どもたちの制服はお下がりで、楽器も多くは手製だ。木で作られた打楽器、琴のような弦楽器や笛、それぞれが祖先から受け継がれた素朴な音色をかもしだす。力強いステップと上半身を大きく使うダンスが、アフリカの魂を全身で表現する。腹から絞りだす声で、生きる喜びを歌に込める。カメラは彼らの躍動する裸足の足元を、真剣で誇らしい表情を、激しいリズムとともにアップで追う。子どもたちは、「子どもである時間」を取り戻しているのだ。

このドキュメンタリー作品を共同監督した若いアメリカ人夫妻は、子どもたちの練習風景に寄り添いながら、同時並行で、子どもたちの受難と深い痛みを描いていく。それは再現映像によってではなく、三人の子どもたちの、語りだけで綴られている。

木琴奏者のドミニクは、武装勢力に誘拐され、兄の助けで逃げのびる。捕らえられ、ひどく殴られていた兄の記憶。行方不明になった兄がすでに殺害されたであろうことを捕虜となった兵士から知らされる。少年兵にされ、むごい体験を強要されてきた彼は、「誘拐されていたとき、どんなことがあったかは誰にも話したくない」とカメラを見据えて唇を噛みしめる。

聖歌合唱団のローズは、自分を守るために両親が惨殺され、無惨に

監督：ショーン・ファイン、アンドレア・ニックス・ファイン／配給：IMAGICA TV／2007年アメリカ／1時間47分

切り取られた遺体の首を目《ま》の当たりにした記憶に苦しみつづけている。彼女は叔母に引き取られたが、炊事、洗濯、子守りを押しつけられ、大会の出場にも反対されている。

ダンサーのナンシーは、父親を殺害され、幼い弟妹を抱えて一か月以上も茂みに身を隠して生き延びた。誘拐された母親と再会し、父親が虐殺された場所を訪ねるシーンがある。途中の藪で武装兵士が潜んでいないかと怯え、現場に置かれたコンクリートの十字架の前で、号泣する。どれほどの悲しみと恐怖に耐えて弟妹の世話をしてきたのか、くずおれるように、ただ号泣する。

*

全国大会が迫り、パトンゴの子どもたちの練習もいっそうの熱を帯びる。受難と熱情（passion）は隣りあわせなのかもしれない。何が彼らの再起を支えたのだろう。教師や仲間に励まされ、「僕はウガンダでいちばん木琴がうまいんだ」と自信をもつドミニク。「お父さんが殺される前、私の歌はすばらしい才能だと言ってくれたの。歌うときはいつもお父さんのことを考えているの」というローズ。子どもたちのダンスを「美の踊り」と讃えて指導する教師たちも、厳しく温かい。そこには、子どもと家族と教師の愛情深い関係があり、誇りの回復がある。人に感動や生きる意欲をもたらす音楽や文化の、底深い力がある。さらに、彼らの背景には美しいアフリカの大地がある。青々とした草原にそびえる巨木が夕映えや雷光に照らされ、山腹に立ちのぼる朝霧や澄んだ空にかかる雲が、子どもたちを包む。

彼らが重い口を開き、カメラの前に自然な姿を見せることができたのは、その声を心からの共感で聞き取ろうとした映画クルーとの信頼が生まれたことによるだろう。

そして全国大会の幕が開く。手作りの衣装と楽器を持ち、護衛付きのトラックに満載されて、五〇〇キロの道のりを二日がかりで首都に向かう子どもたち。建ち並ぶ高層ビルに驚き、参加校のハイレベルなパフォーマンスに圧倒されながらも、パトンゴ小学校の子どもたちはもてる力を出しきって、歌い、踊る。

＊

おみこしのようなトラックで帰郷し、こぼれるような笑顔で凱旋《がいせん》する子どもたち。「もう僕たちはただの紛争地域の子どもじゃない」「私たちだって、人を感動させることはできる」……音楽家になりたい、診療所の医師になりたい、一人ひとりの子どもたちの、はにかんだ笑顔や、自信に満ちた笑顔が、エンドロールに流れていく。アフリカの難民キャンプでは、自殺した子どもはいないという。希望も何も見えないパトンゴでさえも一人も、いない、と。

観客は同情ではなく、苦境にくじけない子どもたちの、強い瞳に励まされる。

希望は、希望をさぐろうと苦闘する子どもたちのなかに潜むのかもしれない。

（『教育』二〇〇九年六月号）

インドで過酷な運命を疾走する

『スラムドッグ$ミリオネア』

人は誰も、何一つ自分で選ぶことを許されず、この世に生を受ける。この映画には何度も「運命」という言葉が使われる。

二〇世紀末のインド、ムンバイのスラムに生まれるという人生には、どんな運命が待ち受けているのだろう。

＊

沸騰都市ムンバイの路地裏を、幼い「スラムの野良犬」たちが駆けめぐる。私有地で遊んでいただけで、警官が子どもたちを追い回す。カメラは路上の低いアングルから、屋根越しの上空から、縦横に疾走し、画面はわくわくとした躍動感にあふれている。

彼らはゴミの山から食べ物を探し、ゴミだらけの川に胸までつかりながらまだ使えそうなものを探す。悪臭がそのまま画面から漂うようなスラム街を軽やかに走り回る子どもの群れのなかに、主人公ジャマールと兄サリームの姿がある。

世界同時不況の厳しい波が人びとの暮らしを襲う現代、本当の「どん底」とはどんな

沸騰都市

超大国の力が揺らぎ、国境の意味が薄れ、国ではなく都市が世界の主役を担う時代を迎えて「ぐつぐつとエネルギーが煮えたぎる都市」が注目されている。命名は二〇〇八年に放送されたNHKスペシャルの同名ドキュメンタリー・シリーズによる。

ものかを思い知らせる映画でもあるが、社会批判がねらいではなく、ウエルメードの娯楽作品である。世界各国で放送されインドでも大人気のテレビ番組「クイズ$ミリオネア」を舞台にした着想と、構成の巧みさで二時間が一気に駆け抜ける。クイズの緊張感と追手から逃れるスリルが交互に入れ替わり、緊迫した展開は観客を飽きさせない。計算され尽くした脚本、スタイリッシュな映像、ポップでありながら哀愁を帯びたインドの音楽が映画を盛り上げる。

*

冒頭、日本でもおなじみのクイズ番組に一八歳になったジャマールが出演している。彼は次々に難問をクリアし、史上最高額の二〇〇〇万ルピー（約四〇〇〇万円）まであと一問を残すだけとなっている。それは医者や弁護士などどんな知識人もこれまでに達成できなかった賞金額だ。そんな快挙を、教育も受けていない「スラムドッグ」に為しえるわけがないと不正を疑われ、前日、警察に連行されて尋問され、拷問を受ける。

そこで、ジャマールは自分がなぜ答えを知っていたかを、自分のつらい過去に絡めて供述していく。彼にとっては、生きることが学ぶことだった。彼が乗り越えてきた苦難が、正解を一つ、また一つ積み上げるたびに明らかになっていく。

監督：ダニー・ボイル／脚本：サイモン・ビューフォイ／原作：ビカス・スワラップ／配給：ギャガ・コミュニケーションズ／2008年イギリス／２時間

幼い日に、スラムを訪れた国民的大スターのサインが欲しくて、ジャマールは閉じ込められた汚い公衆トイレから肥溜めに飛び込んで脱出する。その忘れられない思い出のスターの名前がクイズの第一問だった。

糞尿にまみれた幼いジャマールをていねいに洗ってくれた優しい母は、襲ってきた異教の武装集団に殺される。第二問の「ラーマ神が右手に持つもの」は、彼にとっては恐怖と悲しみとともに忘れられない記憶だった。「百ドル紙幣に描かれている顔は誰か」という問題の答えをなぜ貧しいジャマールが知っていたかというエピソードも胸を突く。孤児を食い物にするヤクザの手で、歌のうまい子どもの目が潰される。「盲目だと二倍稼げる」というのだ。ジャマールも同じ目に遭う直前、兄の機転で救われる。

逃亡中に、偽のガイドや盗みでアメリカ人観光客から大金をせしめたジャマールは、ムンバイの街角で歌う盲目の少年に再会する。「きみは運が良かった。僕は悪かった。ただそれだけ」という彼に、百ドル札を握らせる。紙幣に描かれている顔を聞かれて、初めてジャマールは彼からその名前を教わる。

＊

正解を告げられても、なぜか特別の喜びや誇りを顔に表さないジャマールの出演目的は賞金ではなかった。映画は彼の秘められた長い初恋の物語でもある。幼い日に同じ孤児として出会ったラティカ、愛らしく優しかった異性への忘れえぬ想い。兄に奪われ、列車で見失い、求めて得ることのできなかったラティカの面影。彼女を見つけだすことだけが、ジャマールの生きる支えだった。彼はどこかで彼女がテレビを観るかもしれない「運命」に賭けたのだ。

この映画にはいくつかの対比が隠されている。怨恨を胸に、二度と傷つきたくはないと暴力を他者に向けることで自分を守ろうと生きぬいていく兄と、純な心を失わず他者のなかにも善を見出だそうと愚直に生きる弟。幼くして母を失った兄弟のサバイバルには、金に溺《おぼ》れる兄と、愛を求めつづける弟の、切ないほどの生き方のコントラストがある。

離ればなれになった兄弟が青年になり、建築中の高層ビルの工事現場で再会するシーンがある。最上階から見下ろすムンバイの街並み。かつて彼らが暮らしていたスラムは取り壊され、再開発の波にのまれている。高度成長を続けるインドの底辺で、失われ、闇に隠されていく彼らの原風景。

汚物が散乱する足元から、見上げるように映しだされるインドの青空の美しいショットがある。住む場所も、今日食べるものさえもない子どもたちの頭上に、青空が自由と希望の象徴のように広がる。

貧困と差別、暴力と不幸があふれかえる映像のなかに、必死に生きるみなぎるほどの生命力と、純なもの、無垢なものがふと画面をよぎり、観客の胸を疼かせる。

＊

最後の問題だけはジャマールにはわからなかった。彼は初めてライフライン「テレフォン」を使う。ただ一人知っている番号、兄サリームの携帯電話へ。だが、鳴りつづけるコールにやっと出た声はラティカだった。「本当に君なの、どこに君はいるの」だが彼女にも答えはわからない。それでも彼はすべてを失うことを恐れず、挑戦する。

その行方を、インド中の人びとが固唾《かたず》を呑んで見守る。夜の雑踏の街頭テレビの前で、家族で囲む居間の旧式テレビの前で、ジャマールの幸運を祈るように見つめる。果たして奇跡は起こるのか、どんな結末が待ち受けているのか。

＊

インドの作家が書いた小説を原作に、イギリス人の脚本家と監督、インド人の俳優と作曲家が結集してこの映画は作られている。生き生きとした自然な演技で観客をインドの現実に誘《いざな》う子役たちは、みんな実際のスラムに住む子どもたちだという。

作品は予想を遥かに超える大ヒットとなり、昨年度アカデミー賞の作品賞、監督賞など八部門を受賞している。

熱風のなかを貧しき人びとの群れが行き交う混沌としたムンバイの街角。エンドロールで、探し求めていたラティカとジャマールがはにかむように見つめあい、駅のプラットホームで群衆とともに踊りだすとき、観客はインドという国への不思議な共感とともに、身内の幸福を祝うような温かい思いに満たされる。

（『教育』二〇〇九年八月号）

過疎と高齢社会での嘘と罪

『ディア・ドクター』

人びとのなかにいて、これは本当の自分ではないという居心地の悪さを感じたことはないだろうか。たしかに免許はもっているが自分が教師でいていいのだろうかと、疑いを自分に向けた体験が私にもある。

見栄や周囲の期待に合わせて、自分以上の自分を演じようとする気恥ずかしさと内心の怯え。現実の自分に納得できないままに、それでもなお何者かになりたいと願い、矛盾のなかを人は生きる。

「その嘘は、罪ですか」。映画はそう問いかけて、嘘に隠された真実、真実の裏側にある嘘、それらが入れ替わり、真と偽が混ざりあう人の世の深みへと観客をいざなう。

本作の原案・脚本・監督のすべてを手がけたのは『ゆれる』で数々の映画賞に輝いた西川美和。彼女は自分が突然高い評価に包まれた違和感と居心地の悪さから、この作品を思いついたという。そのためか、映画に登場する人びとは、それぞれにどこか可笑《おか》しく、愛らしく、そして哀しい。

『ゆれる』
監督：西川美和／二〇〇六年日本

＊

美しい棚田が広がり、緑なす山間《やまあい》の村。街から遠く離れ、住民の多くは高齢者で、これといった事件もない。ただ一つの診療所の医師、伊野治は、村人たちに厚く信頼され、慕われている。

夏の終わりのある日、その伊野が失踪する。夕方、ふいに診療所を出て行ったあと、誰もその姿を目にしていない。村はずれの坂道に脱ぎ捨てられた白衣。「あの先生がいなくなったら村はどうなるのか」。集まってきた村人たちの心配と騒ぎのなか、県警から二人の刑事が派遣され、消えた医師の身辺が洗われる。

映画は時間を行き来する。二か月前の七月初旬、東京の医大を出たばかりの相馬啓介が、真っ赤なオープンカーで村に登場する。辺鄙《へんぴ》な研修地で赴任早々事故を起こし、診療所のベッドで初めて白衣の伊野と看護師大竹朱美に出会う。関西弁でやわらかな表情だがつかみどころのない中年医師と、快活でやり手の看護師、ひっきりなしに訪れる高齢の患者たち。診察、薬の処方、独居老人の訪問介護などを一手に引き受け、村人から心底信頼されている診療所で働くうち、相馬は都会では味わったことのない充実感に満たされ変貌していく。

医師の失踪から数日が経ち、調べるほどに伊野の経歴には不審な点が多く、刑事たちは途方に暮れる。「無医村だった村に俺が連れてきた」と自慢していた村長さえ伊野の過去を知らない。彼の内心の声を誰も聴こうとはしていなかったのだ。
そんな謎を含んだまま、さらに月日は一か月を遡る。伊野たちは鳥飼かづ子を診察していた。数年前に夫を亡くして以来、一人暮らしをしている彼女は、胃の不調を抱えているようだが、ふさぎがちでなかなか診療に応じてくれない。それでもさりげなく訪問をくり返す伊野。やがて二人は打ち解け、伊野はかづ子の秘密を知るが、「先生、一緒に嘘、ついてくださいよ」と頼まれる。

彼女の末娘、りつ子は大病院の医師である。都会で暮らす娘は、田舎の父の病に気づかず、母にも孝行できない自分に自責を抱いている。年一度の帰省で母の健康に疑問をもつりつ子。後半、ドラマは親子のそれぞれの情愛と、医師の使命に目覚める相馬、何か過去をもつ看護師、訳ありの薬品セールスマン、疑念を追う刑事たち、さまざまな人びとの思いが交錯するなかで、伊野の人生が浮き彫りになっていく。

*

伊野を演じているのは笑福亭鶴瓶《つるべ》。日本でもっとも顔を知られた男といわれる彼が、人の善さと狡《ずる》さを併せもつ男の自信のないふるまいや、内に隠した葛藤を、親しみのある表情でリアルに演じる。彼は常に病人の不安や愚痴を、眉毛を下げた笑顔で聴く。偶然や怪我の功名に助けら

監督・脚本・原作：西川美和／配給：エンジンフイルム、アスミック・エース／2009年日本／2時間7分

れて、伊野は「村人の神様」のような感謝と賛辞に包まれる。だが、彼の正体を推察させる手がかりは早くから観客に示されている。

映画は、現代日本が抱えるさまざまな問題を笑いを交えてあぶりだす。医療政策の貧困と村人の期待が伊野の虚像を拡大させることで「偽装の時代」が問い直される。

過疎の農村のみならず、社会はいま高齢者をもて余しはじめている。長寿の価値が、怯えと疑いにさらされている。貝を喉に詰まらせ、意識を失った老人を往診した伊野は固唾を呑んで見守る親族たちの空気を察する。誰もが老人の死を密かに待ち望んでいるようなのだ。

病を得ても住み慣れた土地で、納得のいく死を迎えたいと願う老いた農婦かづ子を八千草薫が演じる。設備の整った大病院は患者の治療や延命に優れていても、本当に人を救うことはできているのだろうか。そこには医療のあり方への問いかけもある。

ときに人は隠されていたものが暴かれて、真っ逆さまな評価に落とされる。報道によって煽られ、怖いほどに裏返る人びとの感情。伊野が免許をもたないと発覚したあとで、村人たちの尊敬が憤りへと一気にくつがえる光景は見慣れた現代日本のニュースフィルムのようでもある。

親が子を思う切ない感情と、子が親を思う心情のすれ違う哀しみも描かれる。医者の息子でありながら医者になれなかった伊野、医者になっていながら親を救えなかったりつ子、娘の人生の邪魔になりたくなかったかづ子。逃亡する伊野が、老いて息子の声さえ認知できない父に駅裏の公衆電話から話しかけるシークエンスも胸が痛い。

＊

西川演出は会話のなかに無音の間合いをしばしば挿入させる。観客はその一瞬に登場人物の内面へ思いをめぐらせる。「あの先生なら、母をどのように見送ってくれただろう」。りつ子のつぶやきに、私たちも考える。

教師の仕事も医師に似ている。免許の有無や表面的な「成果」など単純な基準では測ることができない、人を対象とする大切な何かがある。人知れず深夜に必死で医学書を読んでいた伊野、老人の死を悼んで「ようがんばったなあ」と遺体を抱きしめていた伊野、かづ子が都会の大病院に移送されても自分の患者であったことを忘れなかった伊野。弱さや暗さ、悩みや孤独、人のもつ陰影と優しさが風に揺れる稲穂のように映画にちりばめられている。

最後に病床のかづ子が見せる笑顔が忘れがたい。偽医者の罪の物語でありながら、伊野が彼女にとって本物よりも「医者」であったかもしれないことを静かに伝える。生きる哀しみと喜びを微笑みで包むやわらかな余韻。私は八千草薫という気品ある女優を、この作品でもっとも印象深く記憶に残すことだろう。

（『教育』二〇〇九年一〇月号）

人生にパンとバラを

『幸せはシャンソニア劇場から』

生活に欠かせない切実なパン。しかし人はそれだけでは満足できない。人生を彩るバラが必要だ。「パンとともにバラを」。アメリカの労働運動のなかで生みだされた懐かしいスローガンが久しぶりによみがえる。

世界大恐慌の荒波がヨーロッパにも押し寄せ、労働者のストライキや反ファシズムの気運が高まるフランス。映画は第二次世界大戦前夜、パリの下町に咲いた小さなバラの花を描く。

*

カメラはエッフェル塔が遠く見える夢のように美しいパリの街並みを俯瞰でとらえ、アコーディオンの奏でるシャンソンが響くなかを、フォーブルと呼ばれる下町へゆっくりと下りてゆく。街は大晦日《おおみそか》の夜で、あわただしく行き交う人びとで賑わい、石畳の通りに粉雪が舞う。舞台となるのは、その場末の街で人びとに愛されていたミュージックホール、シャンソニア劇場。道行く人びとを劇場に誘う客引き、裏方や芸人など登場人物が短いカットで紹介されていく。
場内は新しい年、一九三六年へのカウントダウンで盛り上がっていた。しかし、劇場の経営はすでに行き詰まり、支配人は不動産屋に借金の取り立てを迫られ、場内が沸く最後のカウントと同時にピストル自殺。劇場は不動産屋の手に渡り、閉館へと追い込まれ、劇場で働く人びとはすべて生活の糧を断たれる。時代も場所も遠く離れてはいるが、状況はどこか現代日本にも似かよい、登場人物は誰もが貧しく、ありふれた市井の人びとで、それぞれにどこか愛おしい。

劇場で長年裏方を勤めてきた中年男のピゴワルは、突然の失業に見舞われ、妻には不倫のあげくに逃げられ、幼い息子ジョジョと取り残されて途方に暮れる。ジョジョは父親に隠れてアコーディオンを習い、街角で弾いて小銭を稼いでは父のために密かに食料品店にツケを支払っていた。だがフランスはこの時代にすでに子どもの人権に厳しく、ジョジョは未成年者の物乞いとして警察に補導され、定職のない父親は保護資格なしとされて再婚した母親に引き取られる。

誰にとっても失業はつらい。再就職先もないコメディアンの「ものまね王子」は劇場をこじ開けて近所の人びとに芸を見せ、照明係だった若いミルーは洗濯工場のストライキを煽動《せんどう》する。愛する息子

監督・脚本：クリストフ・バラティエ／配給：日活／2008年フランス・チェコ・ドイツ／2時間

と引き離されたピゴワルは、再び息子と暮らしたい一心で劇場を占拠し、営業を再開させる。

不動産屋との約束の一か月で劇場再建は可能か、かつての仲間たちが再び結集して乗りだす奮闘努力の物語がここからはじまる。

＊

映画はミュージカルのように音楽にあふれている。劇場復活のオーディションに現れた若く美しい娘、ドゥースの歌声が素晴らしい。初出演の日に不慣れな進行役を務めるが、観客の要望とピゴワルに励まされておずおずと歌いだす。その歌声はたちまち観客を魅了し、楽団が伴奏をつけると劇場はみるみる華やいで盛り上がる。

物語は彼女を軸にさらに波乱の展開をとげる。シャンソニア劇場を更地にして売り飛ばす計画だった不動産屋がこの美貌の歌姫に目をつけ劇場の再興に協力、彼女と恋仲になる青年ミルーに嫉妬し、陰謀をくり広げる。

ドゥースの人気で劇場は観客を取り戻すが、彼女が有名プロデューサーにスカウトされ、より大きな舞台をめざして劇場を辞めたことで客は去り、再び危機を迎える。

彼女の歌声に魅せられたもう一人の人物が通称「ラジオ男」。彼はかつてシャンソニア劇場の花形指揮者だったが、愛した女優の裏切りから失意に沈み、ラジオだけを友として引きこもりの生活を送っていた。ラジオから流れるドゥースの歌はまぎれもなく自作の歌で、新聞写真で見た彼女の顔は昔愛した女優そのままの面影だった。彼は二〇年ぶりに家を出て、劇場に向かう。

ファシズムの足音が迫り、人民戦線の構築とせめぎあう風雲のパリに、歌声は流れ、人びとの生活と労働、希望と挫折が交錯する。

＊

登場人物はつねに誰かを想い、誰かのために行動を起こす。父は子のために、子は父のために。会うことのできない二人のために、ものまね王子とミルーが奔走する。ピゴワルの窓の下で、真夜中のバルコニーにものまね王子とミルーの歌声とジョジョのアコーディオンが鳴り響く。涙をいっぱいにためて一緒に歌う父と子。音楽はこんなにも人をつなぎ、人を励ます。

ラジオ男は劇場に復帰し、再び作曲と楽団の指揮に腕をふるう。彼のおかげで母親が劇場で活躍していたことを知った歌姫ドゥースも帰ってきて、シャンソニア劇場はまぶしいほどの輝きを取り戻す。労働者のバカンスへの憧れを描いた新作レビュー「海へ行こう」は弾むような歌とダンスで映画のハイライトのように観客も心騒ぐ。

だが、時代がそうであるように、映画も一路大団円には向かわない。恋も友情も、それゆえの悲劇を引き起こし、事件はピゴワルを思わぬ落とし穴に投げ込み、第二次大戦を挟んで一〇年の歳月が流れる。

*

　たいした才能にも幸運にも恵まれなかった人びとが、それでも離れがたい絆を結び、劇場とともに生きていく。自分の仕事に愛着をもち、人びとを楽しませることに熱情を失わなかった同僚たち。映画は誰が主人公ということもない無名の群像劇であり、不器用だがそれぞれの不遇に屈しなかった人びとの、再生の物語である。ドゥースが歌うシャンソンの伸びやかな歌声、リフレインされるパリへの愛。明日に希望がもてない社会状況だからこそ人びとは愛と文化に渇く。

　失われた一〇年を経た戦後、フォーブルに帰ってきたピゴワルは劇場から流れる成長した息子のアコーディオンの音色を聴く。

　人びとの沸き立つざわめきが扉から漏れ、看板には「ジョー・ピゴワルとその楽団」。街に静かに雪が降り、彼は人知れず微笑む。

　劇場と同じように赤い緞帳《どんちょう》が引かれて映画が幕を閉じるとき、観客も思わず拍手を送りたいほどの幸福感に満たされる。

*

　監督・脚本は、戦争孤児や問題児が集まる寄宿舎を舞台に、教師と子どもたちの再生を描いた名作『コーラス』でデビューしたクリストフ・バラティエ。俳優陣も『コーラス』出演者が中心になっている。

『コーラス』
六五ページ参照

この作品には人民戦線の勝利とゼネストを背景に労働者が有給休暇（バカンス）や週四〇時間労働などの権利を獲得していく時代背景も織り込まれている。

生きづらい時代を生きる私の子どもや教え子たちの人生にも、「パンとともにバラを」と願わずにいられない。

（『教育』二〇〇九年一二月号）

中学教師を生きて

手紙

秋の日曜日に、中学生学校音楽コンクールをテレビで見た。課題曲はアンジェラ・アキ作詞作曲の「手紙～拝啓十五の君へ～」だった。彼女が一〇代のときに未来の自分に宛てた手紙を母親に預けていて自分でもすっかり忘れていたものを、三〇歳の誕生日に手渡されたことがきっかけで生まれた歌だという。「負けそうで　泣きそうで　消えてしまいそうな」過去の自分と「苦くて甘い今を生きている」現在の自分の往復書簡を、中学生のみずみずしい合唱で聴きながら、あふれてくる想いがあった。それは、中学教師として長く生きてきた自分自身への愛おしさだったのかもしれない。

雨の日と月曜日は

〈カーペンターズ〉に「雨の日と月曜日は」という歌がある。「ときどきすべてを投げ出したくなる、何一つうまく行きそうになくて、雨の日と月曜日はいつも憂鬱／孤独なピエロみたいに……こういう気持ちは来ては去っていった」という歌詞だ。自分のなかに思い出すシーンがある。やはり雨の月曜日だった。学校に向かう電車の窓から、降りしきる雨とガラスを走る水滴を見ていた。遠く霞む線路が無限に続く時間のように見えて、未来が苦痛に思えた。あの日、何が苦しかったのかいまは思い出すことができない。たぶん、教室や職員室での居心地の悪さにさいなまれていたのだろう。

若い日に、私は固い学校文化になじめなかった。同僚や生徒たちのなかにある異質な価値観や感覚に悩み、他者との違和感をいつも抱えていた。人間を相手にしない職業なら何でもいいから転職したいと願った日もあった。

自信のあるなし

どんな職業であれ、若い日には自分はこの仕事に向いていないと悩むものではないだろうか。宮本百合子に「自信のあるなし」という短いエッセイがある。

「私はむしろ、行為の動機に対してこそ自信のある、なしはいえるのだと思う」

「人間としてやむにやまれない力におされてのことだという自信があってこそ、結果の成功、不成功にかかわりなく、精一杯のところでやって見る勇気を持ち得るのだと思う」

「行為の動機の誠実さに自分の心のよりどころを置くのでなくて、どうして人生の日々に新しい一歩を踏んでゆかなければならない青春に自信というものがあり得よう」

自信とは行為の動機に対してこそ問われるものだという言葉に私は打たれた。

私は意味のある人生を送りたかった。自分の未来を模索していた学生時代には、ささやかでもよりよい社会を築くために力を注ぎたいと願った。子どもたちを育てることと自分自身が育つことを重ねる仕事として教師を選んだ。苦しい日には、動機にこそ立ち返ろうと考えるようになった。

明日に架ける橋

経験を重ねて、本当は教師に向かない人はいないと思えるようになった。教室にはいつもさまざまな性格の子どもたちが、それぞれの生い立ちと生活を背負って学校に来ているからだ。いじめられたり、傷つきやすい、多くの弱さを抱えた子どもたちにとって、明るく強い教師ばかりでは学校は息が詰まることだろう。悩みを抱えた教師が、それでも自分を向上させようと自分の仕事に向きあっているだけで、思いがけず誰かを励ましているかもしれない。

そんなことに気づいたのは不登校を経験した二人の生徒の卒業文集と年賀状を読んだときだった。教室に入れない日に彼らと何度か別室で過ごしたことがあった。私は彼らを教室で救えなかった。私にできたのはつらさを共有することだけだった。それでも彼らはそばにいてくれたことがうれしかったという。二人はそれぞれにいま、大学生と小学校の先生になっている。人は自分で育つ。それでも本当につらいとき、誰かそばに立ち、味方になってくれる人が必要なのだ。

〈サイモン&ガーファンクル〉の「明日に架ける橋」という歌のなかに、「I'm on your side」というフレーズがある。それはいまも私に教師の原点を示す歌である。

君は海を見たか

一九八〇年代に「非行の嵐」と呼ばれる時代があった。学校の秩序が崩壊するほどの騒然としたなかで、自分の非力に苦しんだ。担任したもっとも荒れた生徒から暴言を浴びて立ち尽くしていた若かった自分をいまでも思い出す。

倉本聰《そう》の若書きのドラマに『君は海を見たか』という作品がある。難病の一人息子を抱えて妻と死別し、多忙な企業戦士として生きる父親の苦悩を聞きながら、上司が彼を諭すシーンが私の視点を変えるきっかけになった。「今、不幸なのはいったいだれかね」「ぼくらは、肝心の息子さんよりも、きみに対して慰めるべきなのかね」「失礼だが、きみは自分本位に考えているような気がするよ」「本当に気の毒な息子さんのことでなく、気の毒な息子さんをもった不幸な父親という自分の位置に、苦痛の焦点を当てすぎているように思うよ」「本当に気の毒なのは、きみじゃあないよ」「そのことをもう一度考えるべきだね」

私もまた、荒れた生徒を担任して苦しむ自分に苦痛の焦点を当てていた。子どもを憎み嫌わないこと、子どもが先に悪くなる社会などあるはずがないと考え直していた。

その荒れていた生徒から一五年後に結婚式の招待状が届いた。美容師になっていた彼は、仲人を立てず自分で経過を紹介し、新妻の髪を招待客の前でセットして見せた。

私は涙で曇った目で、ただその姿を自席から見ていた。

恋は遠い日の花火ではない

かつてサントリーオールドのCMに「恋は遠い日の花火ではない」というシリーズがあった。部下の女性の小さな好意に触れたあとで、跳び上がって喜ぶ課長さんのうれしそうな後ろ姿が忘れられない。人は誰でも愛されたいのだ。

麻衣ちゃんを担任したのは一〇年以上前のことだった。彼女はけっして「よい子」ではなく、いろいろと問題をよく起こす生徒だった。勉強も得意ではなかったが、お祭り大好きで行事ごとにはいつもクラスのムードメーカーになってくれた。そんな麻衣ちゃんが結婚式に呼んでくれた。私はそのクラスが卒業するときにみんなで全員の人形を作り私にプレゼントしてくれたことを思い出した。押し入れに眠っていたそれを探し当てると、中から忘れていた当時の寄せ書きが出てきた。「先生、ありがとう。先生のクラスでよかった。私の結婚式に来てね。麻衣」。彼女は一〇年目に約束を果たしてくれたのだと思うと涙がこぼれた。

思えば、私は、麻衣ちゃんを本当の彼女より少しよく見ていたのかもしれない。だから、彼女は私の前でもっといい子であろうとがんばってくれたのだろう。それは、私にとっても同じことで、彼女は、本当の私より、少しいい教師に見ていてくれていたにちがいない。だから私も、彼女にとって、もっといい教師であろうと努力したのだと思う。

だから、教育は恋愛に似ている。教育とは〝関係〟であり、好意ある視線が人を向上させる。教師とは、きっと愛し愛されることを本質とした職業なのだろう。

喫茶店のソクラテス

いまでも折に触れて読み返す愛読書に『喫茶店のソクラテス』(汐文社、一九八四年)、『公園通りのソクラテス』(汐文社、一九八七年)という本がある。哲学や教育学の分野の若手研究者仲間がそれぞれの問題意識を深めて交流した著作だ。ソクラテスは遥か昔にアテネの広場で、小川のほとりで、若者たちと語り明かして思想を鍛えたという。現代を生きる私たちにも、語りあう広場が必要だろう。教師として私の目を開いてくれたのは読書と、さまざまな場所で出会い親しくなった友人たちだった。

「本当に強い指導とは、子どもの心に届く指導ではないのか」「子どもの言葉にいちいち悪意は見ない」「学校は答えを教える場所ではなく、いっしょに問いを育てるところ」「子どもの間違いこそ授業を発展させる宝」「社会科で大切なことは世の中は変えられることを学ぶこと」「教師の仕事は子どもたちに幸福感を届けること」……喫茶店で、居酒屋で、研究会で、友人たちはこうした言葉を贈り物のように私に差し出し、子ども観の転換をうながしてくれた。

現実は容易に変えることはできなくても、〝まなざし〟は変えることができる。見方が変わると、悩みの質も変わる。

陽のあたる教室

疲れ果てて教師を辞めたくなった日に、慰めてくれたのは音楽だった。苦しい日々にそれでも教師を続けようと背中を押してくれたのは映画や文学だった。それらは実際の一回性の人生を超えて、世界を開き、可能性を照らし、自分のなかの熱情を呼び覚ましてくれた。

童話作家になりたかったことがある。それは誰でも若い日に抱く夢の一つとして忘れ去っていた。映画『陽のあたる教室』（スティーブン・ヘレク監督／一九九五年アメリカ）を観て、よみがえる思いがあった。主人公は作曲家となる夢を捨てきれないままに高校の音楽教師として生きる。実現しなかった希望との葛藤のなかで、彼は教師として試練の多い道を歩む。年老いて引退の日に卒業生たちが「私たちが先生の音楽だった」と教師を励ます。映画と同じように、私の童話は、たくさんの中学生とともに過ごした日々のなかに刻まれている。数えきれない中学生の笑顔も涙も感動も、私にとっては「作品」だったと、いまは思う。私は彼らとともに何度もの〝少年期〟を過ごし、自分の物語を生きることができた。そして私という小さな人間の欠片《かけら》が、私の教えたたくさんの子どもたちの人生に残っているとすれば、教師とはなんと素敵な職業なのだろう。

今日も放課後の教室に、静かに陽があたっている。若い教師たちもまた、この仕事にある温かい陽光を味わい、子どもと生きる歓びに出会ってほしいと願わずにいられない。

（『教育』二〇〇八年一二月号）

2010-2019

働く者の矜持と哀歓

『沈まぬ太陽』

まれに見る「豊かな国」でありながら、この国はなぜこんなにも人びとの幸薄く、希望のない社会になってしまったのか。日増しに闇を濃くする時代のなかで、日本映画は長くその深層をえぐる作品を生みだしてはこなかったように思う。

本作は誰もが知る山崎豊子の全五冊からなるベストセラー小説を、三時間半に削ぎ落としながら、その芯を失わず、観客を引き込む構成と展開に仕上げられている。

誠実に生き、働く人びとにこの社会はどのように報いてきたのか。労働と生活の現場で、どれほど多くの人びとが耐え難く理不尽な扱いにさらされ、噴き上げる怒りと悔しさを胸に時を過ごしてきたことだろう。

この映画は、現代日本の数知れない逆境を生きる人びとに届けられた激励である。

＊

幕開けは、アフリカで巨象を撃つ主人公の姿に、国民航空三五周年の華やかなパーティーが重なり、同じ時刻に発生した史上最大の航空機事故がオーバーラップされる。上

『沈まぬ太陽』
〈全五巻〉新潮社／二〇〇〇年
一九九五年から一九九九年にかけて『週刊新潮』に連載され、その後単行本、文庫本となり総売上は七〇〇万部に上るという。山崎豊子は多くの日本航空関係者にインタビューを実施したうえでフィクション小説として再構成しているが、日本航空は雑誌連載中に機内での『週刊新潮』の扱いを取りやめた。

機嫌で挨拶する社長、一二三便の機内と管制官の緊迫した交信。巨大なジャンボ機は乗客乗員五二四人を乗せたまま御巣《おす》鷹山《たかやま》に墜落してゆく。操縦不能に陥るコックピットと激しく揺れる機内の映像が観る者にも震えるほどの恐怖感を伝える。

　画面は遡《さかのぼ》って一九六二（昭和三七）年冬。国民航空労働組合の委員長、恩地元は行天《ぎょうてん》四郎副委員長ら多くの組合員とともに団交に臨んでいた。「空の安全に直結しているからこそ、過酷な労働条件の改善を要求する」。熱く迫る恩地に経営陣は冷たくそれを退ける。恩地は、改善回答がない限り、首相が欧州から帰国する日にスト決行すると宣言。世論の非難を恐れた会社側は渋々年末手当の要求を呑んだ。

　だがその後、恩地を待っていたのは懲罰人事というほかない海外赴任だった。パキスタンを皮切りに、イラン、そして路線就航もないケニアへ、テレックスがたたきだす一片の命令によって九年間も次々に海外をたらい回しされていく。会社側は本社勤務と引き替えに組合からの脱退と謝罪を迫るが恩地は任地での職務をまっとうすることで自らの信念を貫こうとする。

　流罪のように執拗な差別人事、そばで守ることができなかった妻と幼い子ども、間に合わなかった母の死、信頼していた友人の裏切り、遠い異国での孤独と焦燥。恩地は何を犠牲に、何を守ろうとし

監督：若松節朗／脚本：西岡琢也／原作：山崎豊子／配給：東宝／2009年日本／３時間22分

たのか、自問と自責が渦を巻く。

いっぽう欲得のために悪徳の限りを尽くし、誰も責任をとらず破滅に向かう企業と、利権に群がる政治家と官僚の腐りきった癒着が、やや類型的なきらいはあるが具体的な人物の動きで描かれ、この国の権力構造が娯楽の衣をまといリアルに暴かれていく。

＊

映画は御巣鷹山の惨劇と恩地の長期にわたる海外流転を交互に映しだし、後半、腐敗した企業を再生させようとする苦闘の試みも描かれる。恩地は会社再建のために時の総理大臣のじきじきの要請で送られた会長に見込まれて直属の会長室部長に抜擢され、分裂させられた組合の統合と腐敗の一掃、空の絶対安全をめざす。だが権謀渦巻く政治権力と企業中枢の策略の前で挫折を余儀なくされていく。

奔流のようなドラマのなかに、さまざまな人間模様が織り込まれている。「おまえ、淋しい男になったな」。組合を裏切って常務にまで上りつめ、恩地を再度アフリカに追放しようと辞令変更する旧友・行天四郎に恩地はつぶやく。行天の末路は哀しい。彼にも葛藤がなかったはずはない。彼は恩地に対する劣等感と最後まで闘っていたのだろう。

痛切な印象を残すのはかつて恩地と行動をともにし、その後、激しい差別人事でいじめ抜かれ、不正に手を染める組合の元書記長八木だ。彼は自分の命に代えて不正を告発しようと決めたとき、恩地を訪ねる。「輝いてましたよ、恩地さん。僕もちょっとだけ輝いていた」。彼が心の支えとしていた一枚の写真。そこには団交勝利のあとで、恩地も行天も八木も、たくさんの組合員とともにこぼれるような笑顔で肩を組んでいた。

御巣鷹山の遺族もていねいに描かれている。

体育館に並べられた五二〇の棺。愛する家族を失った一人ひとりの慟哭《どうこく》。遺族のお世話係として献身する恩地と、孫に会いたくて航空券を手配したことで息子の家族全員を失い、取り返しのつかない後悔に苦しみつづけている老人の交流も胸に迫る。

＊

それにしても恩地はなぜ過酷な運命に耐え、屈することのない人生を歩むことができたのだろう。彼は妻に「おれの矜持《きょうじ》が許さない」と口にする。それを失えば自分でなくなるその人の核、省みて自分を恥じない生き方、そのようにしか振る舞えない流儀を彼はもっていたのだろう。

だが、同時に人が生きるとき、誰かを愛し、愛されることで守られるものがある。

いっしょに日本に帰れない再度の辞令で、ナイロビへ発つ夫との別れ。二人の子どもの手を引いて日本への飛行機に向かう雨のテヘラン空港で、妻は背後に夫の声を聴きながら、振り返ることができなかった。

子どもにとっては友だちのいない海外生活、帰国してもいじめにあっていた兄妹。そんな子どもたちも成人する。長男の職場を訪ねた帰り、二人で食事をともにするシークエンスがある。息子は妹と、就職も結婚も「父さんのことを問題にするようなところはやめようって話してきた」「父さんも母さんも逃げずに生きてきた。それが少しわかってきただけ」と言う。さりげないその言葉は、恩地にとってそれだけで報われるほどの表彰状だったにちがいない。

妻にも尊敬できる人と人生をともにできたという幸福感と誇りが漂っている。娘の結婚を前に「私だっていっぱい我慢したんですよ」という長く言えなかった言葉がこぼれ、彼女は恩地に手を差しだす。言葉にならない愛情が、つないだ手からあふれだす。

終章、老人がやわらかな春の陽射しの下を、お遍路となって菜の花畑を歩いている。アフリカからの恩地の手紙が重なる。「私の味わった理不尽を一〇〇万倍してもあなたの絶望には決して届くことがありません。思えば私はどれほどおのれの不幸ばかりを嘆いていたことでしょう……」。長く苦しかった道のりの果てに、精神の高みにたどりつく恩地の姿に私たちは打たれる。

「沈まぬ太陽」とは、暗雲に覆われるこの国と社会の希望を象徴している。それは「また昇る太陽」のことであろう。最後にアフリカの広大なサバンナの地平線に「黄金の矢」を放つ大きな夕陽は、たしかに荘厳な光に満ちて観る者の胸を焦がした。

（『教育』二〇一〇年二月号）

世界を変えたマンデラの闘争と「赦し」

『インビクタス　負けざる者たち』

クリント・イーストウッドと山田洋次、七九歳と七八歳になる名監督の作品をつづけて観た。その年齢に達してなお、創りだし、観客に伝えたいものが何であるのかを見きわめたいと思った。

南アフリカ共和国の人種差別撤廃を実現した英雄の伝説と、日本の平凡な家族の諍《いさか》いの顛末《てんまつ》を描いた二つの作品は、一見無関係でありながら、私は不思議な共通点を感じていた。それは、ともに人と人との「赦し」と「和解」の物語であったからだ。

人間であることがしばしば貶《おとし》められる時代にあって、二人が描きたかったものは人のもつ気高さではなかっただろうか。

精神の高さは、特別にすぐれた人物にだけではなく、どんな平凡な人びとのなかにも埋もれながらも必ずあるということを伝えたかったのではないだろうか。そこから人間であることに絶望するなという二人の呼びかけが聞こえてくる。

＊

クリント・イーストウッド
アメリカ合衆国の俳優、映画監督、映画プロデューサー、作曲家（一九三〇〜）。私たちの世代ではテレビドラマ『ローハイド』での若きカウボーイ姿が忘れがたい。

ネルソン・マンデラについて私は何をわかっていただろう。誰もが知っているように、彼は南アフリカの人種差別政策に抵抗し、二七年を囚われの身で過ごしたあと、南アフリカ史上初の黒人大統領に就任する。

冒頭、映画はアパルトヘイトの傷跡と彼が直面していた現実を俯瞰《ふかん》する。貧相な黒人住宅が密集する一画と豪壮な邸宅が立ち並ぶ白人街を道路が隔てる。いっぽうで砂塵《さじん》のなかを裸足でサッカーに興じる黒人たち、片方の芝生では白人たちがそろいのユニフォームでラグビーを楽しんでいる。そこを出所したばかりのマンデラを乗せた車が通過する。金網によじ登り、歓声をあげる黒人たちと、屈辱を嚙《か》みしめるように立ち尽くす白人とのコントラスト。

当時の南アフリカは、厳しい不況と失業、悪化する治安と根強い人種対立など山積する困難を抱え、マンデラ大統領の誕生は熱い喜びと、激しい怒りで迎えられていた。彼にいったい何ができるのか、イーストウッドは山田洋次と同じく、さりげない事実の積み重ねと細部を耕す構成で物語をゆっくりと核心に導いていく。

一九九四年、選挙でＡＮＣ（アフリカ民族会議）が勝利すればアパルトヘイトへの報復がはじまると、国外に脱出する白人は毎月三〇〇〇人を超えていたという。大統領官邸では白人の職員たちが荷物をまとめている。政権交代で解雇を予測した彼らを全員集めてマンデラは語りかける。「過去は過去です。私と、この国はきみたちを必要としている」。白人スタッフは彼の真情に驚き、感動する。マンデラの夢は「虹の国」だった。それは黒人による独裁ではなく、異人種融和の国づくりだった。映画には出てこないが、彼は新しい国歌を制定するにあたり、それまでの白人の国歌を破棄しようとしたANCに、どんな歌にも人の思いが詰まっており、黒人の歌い継いできた歌とつなげて演奏することを提案する。

「心に訴えることです」というマンデラには信念があった。彼にとってもっとも大事なことは人びとの幸福であり、民主主義と公平だった。そのためには「敵をこそ仲間にする」ことが必要だった。彼は獄中でもこの信念を貫き、白人看守のなかにも人間性を見出だして彼らを味方につけ、大統領就任式にも招いたという。

そんなマンデラが、人びとを団結させる秘策として注目したのが一九九五年に南アで開催されるラグビーのワールドカップだった。

＊

映画はマンデラを描きながら爽快なスポーツをめぐるドラマとしても展開される。人種差別により長い間スポーツの国際大会から排除されていた南アは、白人のスポーツであるラグビーでさえ弱体化していた。

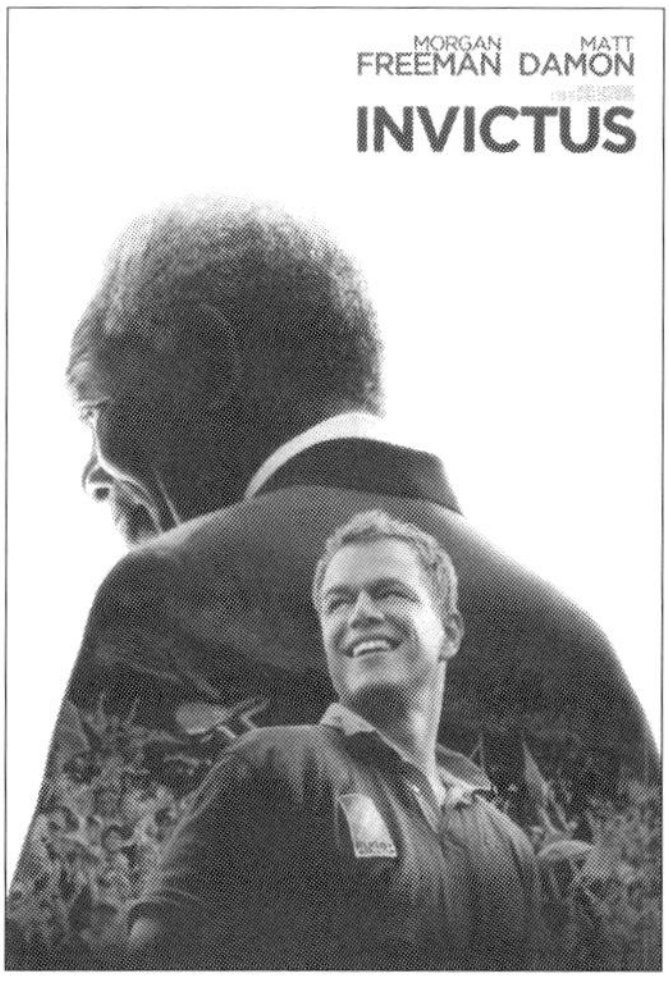

監督：クリント・イーストウッド／脚本：アンソニー・ペッカム／原作：ジョン・カーリン／配給：ワーナー・ブラザース映画／2009年アメリカ／２時間14分

マンデラは国家スポーツ評議会がスプリングボクスというそれまでの白人のチーム名とユニフォーム、エンブレムを変えようとしたとき、「いまは卑屈な復讐を果たすときではない」と訴えて、黒人を交えたチームとして再出発させる。ここからスポーツを軸に、黒人と白人の融和のドラマが小さなエピソードや映像で重ねられていく。

マンデラの言葉は人の心を打つ。彼の志を受けとめた主将のピナールは「一つのチーム、一つの祖国」をめざしてチームを率いる。果たして奇跡は起こるのか。

クライマックスの三〇分に及ぶラグビー・シーンは迫力に満ちている。イーストウッドは試合の勝敗だけを追わない。観客席と競技場、その場内と場外のスリルと興奮を対比し、過去と現在を交錯させ、人びとの変化を点描する。保守的な白人家庭の黒人家政婦にも決勝戦のチケットが渡され、スタジアムの同じ観客席で応援する。実況中継を聞きたい黒人の少年が白人の警備車に寄りつきいっしょに歓声を上げる。汗が飛び散るスクラムをカメラが真下から掬《すく》いあげる。青空のなか、突然近づく巨大な航空機の腹に激励メッセージが浮かぶ。

＊

題名の「インビクタス」は「不屈」を意味するラテン語で、一九世紀の英国詩人による同名の短い詩はマンデラにとって長い獄中生活の心の支えだったという。

一九世紀の英国詩人 ウィリアム・アーネスト・ヘンリー（一八四九～一九〇三）。

私を覆う漆黒の夜
鉄格子にひそむ奈落の闇
どんな神であれ感謝する
我が負けざる魂〈インビクタス〉に

門がいかに狭かろうと
いかなる罰に苦しめられようと
私は我が運命の支配者
我が魂の指揮官なのだ

ピナールがマンデラの囚われていたロベン島の監獄を訪ねるシークエンスが印象深い。島の陽光と狭い独房の闇は、白人の青年にもこの国の歴史と使命を自覚させる。しかし不屈とは、悲壮な精神をさすのではなく、やわらかな微笑みとともにあることをネルソン・マンデラは教えてくれる。

赦すことは愛することでもある。赦されること、そこから生まれる心の内側からの反省や反転する行為を、荒れる中学校の現場にいて私も何度か眼にしたことがある。

山田洋次の『おとうと』もまた、罪深い数々の所業を姉に赦され、最後には多くの人

『**おとうと**』
監督：山田洋次／二〇一〇年日本

びとからも赦しを得る。「姉ちゃん、おおきに」という弟のつぶやきを、観客は誰もが自分のもののように涙する。

東京の山谷《さんや》の街に、『おとうと』のモデルとなった貧しい人びとのための無償の民間ホスピスが実在するという。人の世に、たしかに希望は失われていない。

（『教育』二〇一〇年四月号）

少年期の愛の原型

『半分の月がのぼる空』

死別や失恋、愛する人との別れや喪失、そこからの悲しみや苦しみを体験したことがない人はいないことだろう。そして、誰にでも自分の心のなかでは埋葬できない人がいるのだろうか。時はたしかに悲しみを癒やすが、悔やみ、悲しみつづけることで自分の生にも誠実であろうとする人びとがいる。

「命とはその人のもつ時間のことである」と九八歳にしてなお現役で活躍している日野原重明医師がくり返し語っている。しかし、若い日には自分に残されたその時間の長さが疎ましかった。失われることで、あるいは失われゆくことを前にして、初めてわかる価値がある。命や時間とは、そうした例の最たるものかもしれない。

＊

やわらかな日の光がまぶしい病院の屋上に、何枚もの白いシーツが風にはためいている。かすかな消毒液の匂いが流れてくるような、どこか見覚えのある光景。そこでの少年少女の出会いと別れ。映画は特別な名作ではなく、いつの時代にもあるありふれた青春映画の一つである。稚拙で、気恥ずかしいばかりだが、たいていのおとなのなかに「一七歳の自分」はまだ生きているのではないだろうか。あえて古い写真のような画質の粗いフィルムで撮影された、褪《あ》せたような色彩がそうした懐かしい時間を呼び戻す。

主人公の少年、裕一（池松壮亮《そうすけ》）は特別にすぐれた何かも、取り立てて誇るものももたない、平凡なまったく普通の高校生である。自覚症状もないままに肝炎と診断され、退屈な入院生活を送っている。高校時代は友情の季節でもある。そして友だちとはつねに悪友のことである。彼は夜ごと病院を抜けだし、悪友とつるんで時間を過ごしていた。三重県伊勢《いせ》市の夜の商店街を仲間のバイクに遅れないよう、全速力で自転車で走る裕一の姿で映画の幕が開く。

病院の湿りがちな空気に快活な明るさを吹き込んでいるのは、濱田《はまだ》マリ演じる元ヤンキー看護師、亜希子である。裕一の脱走を取り押さえては平気で頰をつねりあげ、小気味よいほどに罵倒する。手荒だが、少年の心情を思いやり、ときに悪事を見逃す度量を併せもつ看護師は、思春期の望ましい教師のようにも描かれている。

裕一が亜希子に「罰」として話し相手になるよう命じられた別病棟の里香（忽那《くつな》汐里《しおり》）は、先天性の心臓病のために九歳から転々と病院生活を送る孤独な少女である。学園生

半分の月がのぼる空
4.3(土)全国ロードショー
"ありったけの切なさ"につつまれる、涙がこぼれるラブストーリー

監督：深川栄洋／脚本：西田征史／原作：橋本紡／配給：IMJエンタテインメント、マジックアワー／2009年日本／1時間52分

活も知らず、なかば人生をあきらめたような里香は、わがままで人を寄せつけない。合わない二人の心が、里香の愛読する宮沢賢治の『銀河鉄道の夜』を介して、ゆっくりと触れあっていく。

病室の里香は、どこへも行けないからこそどこまでも行ける切符を持ったジョバンニに憧れ、死の世界に旅立つカンパネルラに自分を重ねていたのだろう。

屋上の洗濯物の陰から、「それにこの汽車石炭をたいていないねえ」とつぶやく裕一の声。「おっかさんは、ぼくをゆるして下さるだろうか」と問う里香に、「ぼくはおっかさんが、ほんとうに幸《さいわい》になるなら、どんなことでもする。けれども、いったいどんなことが、おっかさんのいちばんの幸なんだろう」と返す裕一の笑顔。彼は台詞《せりふ》の一つひとつまで覚えることで、惹かれている彼女の世界を知ろうと努めていたのだ。

同じものを見つめながら、重なっていく時間。小さな愛の原型が、そこから芽生える。

『銀河鉄道の夜』
宮沢賢治／岩波少年文庫／二〇〇〇年 など
里香と裕一の応答は、病気の母を置いて銀河のお祭りに来ていつのまにか銀河ステーションから一緒に汽車に乗り込んだジョバンニと親友のカンパネルラの会話から。

*

純愛や難病を扱ったドラマは限りなくある。それでもこの作品は照れることなく、正面から人を恋う少年期の幼い愛を追う。

愛する人のために何かをしたい、いつまでもずっと一緒にいたい。彼女が行きたいというのは亡き父との思い出の地、砲台山の頂上。夜の病院を脱けだし、彼女を背負いながら連れて行く裕一は、『モチモチの木』の弱虫豆太の勇気を思わせる。

『モチモチの木』
斉藤隆介／滝平二郎 絵／岩崎書店／一九七一年
豆太は、夜中に一人でお

裕一の悪友たちも心優しく、彼らが里香を誘う文化祭のシークエンスも微笑ましい。初めて制服を着て、祭りにはなやぐ高校の校内を歩く里香の喜び、思いがけない成り行きで実現する女優体験。それは彼女の密かな憧れでもあったことが明かされる。「満ちていくまでの上弦の月は生を、欠けていく下弦の月は死を」。この劇中劇の台詞から映画の題はとられている。見守る彼女の母親の心情も、観客には切実に届く。

物語の途中に、ときどき、夏目という中年の元心臓外科医（大泉洋）の生活が折り込まれている。彼は自分の手術の失敗で妻を亡くしたあと、自信を失ってメスを捨て、内科医となって幼い娘を一人で育てている。映画は彼をとおして、おとなの愛と、愛する人を喪う苦悩を扱っている。命がまぎれもなく「時間」であること、そしてそれが短く限定されてしまった痛切な体験を幾重にも描いてはいるが、映画は若く理不尽な死を売り物にはせず、直接的な死も描きはしない。

映画の終盤、平凡だった物語が、非凡な展開を見せる。列車の乗客のように、映画の観客にもストーリーの進行に慣性の法則が働くのだろう。そこに仕掛けられた監督（深川栄洋《よしひろ》）のトリックが、予期せぬ不意打ちのように感動をもたらす。物語の全体像が突然姿を現し、少年の思いがけない後日譚《ごじつたん》に、観客はふいに涙がこみ上げる。

人はいつか自分の運命を引き受けておとなになっていく。ジョバンニがそうであったように、相手の独占を願う幼い愛から、淋しさを超えてより大きな献身に向けて少年は

しっこにもいけない弱虫。でも、大好きなじさまの苦しそうな姿を目の当たりにした豆太は、寝間着に裸足で峠の麓の医者のところまで一目散に駆け下りていく。ふだんは臆病でも、誰かを思う優しささえあれば本当の勇気を出せることもあることをそっと教えてくれる絵本。

成長していく。最後に、隠されていた死者の愛が伝わり、暗示される医師の再出発と、月光のなかで少年少女の恋する輝きが重なり、幸福な物語として映画は閉じる。

＊

小川洋子が『物語の役割』のなかで、「小説を書いていると死んだ人と会話をしているような気持ちになる」と書いている。

彼女は、先を歩いている人たちが人知れず落としていったもの、こぼれ落ちたもの、落とした本人さえ、そんなものを自分が持っていたと気づいていないような落とし物を拾い集めて、でもそれがたしかに存在したんだという印を残すために小説の形にしている、と言う。

宮沢賢治もまた、そうではなかっただろうか。「ああそうです。ただいちばんのさいわいに至るためにいろいろのかなしみもみんなおぼしめしです」と銀河鉄道の乗客となって天に昇る青年に語らせている。

「悲しみ」は人の無力を痛感させる感情である。だが、音楽がそうであるように、悲しみを清美な感情に転化させる力が映画や文学にはある。与えられた時間の使い方が生きることであるとしたら、それを何のために、どのように使えばよいのか。いまはいない大切な人たちの声が聞こえてくる。

（『教育』二〇一〇年六月号）

『物語の役割』
小川洋子／ちくまプリマー新書／二〇〇七年
この本で「もし他所の星から来た生物が、本を読んでいる人間を見たらどう思うだろう」と小川洋子が問いかけている。ページをめくり、何事もなく、ただ過ぎていく時間。「その時、人間の心がどれほど劇的に揺さぶられているか、それは目に見えません。効果を数字によって測ることも不可能です」。だからこそかけがえがないのだ、と彼女は書く。

ありのままの教室で

『パリ20区、僕たちのクラス』

ラストシーンで、生徒が帰り、誰もいなくなった教室に、乱雑に傾いた机や椅子が取り残されている。放課後の校庭から聞こえる遠い歓声と、窓からのかすかな風。映画は学校ドラマによくあるような特別の感動や希望を与えることなく、教師であることの苦汁を残したまま、苦い未完の物語として幕を閉じる。原題は『壁の中』。多くの人びとにとっては知る機会の少ない教室の現実が、ドキュメンタリーのような臨場感で、投げだすように観客に差しだされている。問いかけはあっても、答えはなく、見終わった人びとがそれぞれに語りあい探りあうことを期待しているかのように、無音の教室に風が舞う。

＊

パリ20区。移民が多い下町の中学校は出身国も多様で、肌の色も生い立ちもさまざまに異なる生徒がいる。日本でいえば中学一年生に当たる二四人の生徒を担任するフランソワは、赴任四年目のフランス語（国語）教師。新学期のはじまる朝、カフェで気合いを入れるかのようにコーヒーを飲み干してから学校に向かう。

彼の生徒たちは手ごわい。ベルが鳴って一五分たっても席に着かず、おしゃべりはやまない。「時間を無駄にするな」と説く先生には屁理屈で返し、礼儀や言葉遣いの注意にもなかなか従わない。そんな生意気盛りの子どもたちを相手にフランソワの悪戦苦闘がはじまる。彼の国語の授業は応答型で、子どもの反応に当意即妙、なかなかの工夫と力量を感じさせる。言葉は人間がつながる手段で、社会で生き抜くためには正しく美しいフランス語の習得が欠かせないという教育的な信念にも支えられている。

だが、中学生は一筋縄ではいかない。文法を教えても「おばあちゃんも使わない」「中世の話し方だ」などと反発し、「先生はゲイなの」と授業中無遠慮に質問する生徒、教科書の朗読を拒否する生徒さえいる。

どの国であれ思春期の子どもは扱いにくい。観客の目には、「荒れた教室」「救いがたい問題児たち」に見えるかもしれないが、日本の中学校も大きな変わりはない。子どもは自立への欲求を渦巻かせて身近なおとなに反抗しながら成長する。苦々しい思いを抱えながらも、フランソワは彼らを正面から受けとめ、時には率直に感情をぶつけてどんな生徒とも懸命に語りあいを試みる。

映画は、教育をめぐっていくつもの深い問いを潜ませている。教

監督：ローラン・カンテ／脚本：ローラン・カンテ、フランソワ・ベゴドー、ロバン・カンピヨ／原作：フランソワ・ベゴドー／配給：東京テアトル／2008年フランス／2時間８分

師は現代の子どもをどう見ればよいのか、学びの課題や方法、問題行動への対応、秩序をどうつくるのか、学校運営のあり方、思春期を育てる学校と教師の役割は何なのか。すべての問いは教師と子どもの双方の視線から立てられている。

＊

二人の生徒が印象深い。一人はアフリカのマリからの移民の子、スレイマン。彼は気性が荒く、学力は低く、いつも教室の後ろに陣取って斜に構え、級友にも威圧的で、教師にも暴言を吐く。もう一人は、学級代表でありながらことあるごとに担任の揚げ足を取り、皮肉屋で軽薄な言動をくり返す女生徒エスメラルダ。教室でのフランソワの失言と、この二人への対応のまずさから、事件は起こる。

フランスの学校運営も興味深い。成績判定や素行の懲罰をめぐって生徒代表や保護者の代表も加わった会議が開かれる。対象となったのはスレイマンだった。彼の授業妨害や怠学に困り果てていた同僚たちの相次ぐ否定的な意見に、フランソワは反論し彼を弁護する。しかし生徒代表として参加していたエスメラルダは、会議中にお菓子を食べ話を聞かずおしゃべりばかりだったが、フランソワの「能力の限界」という言葉尻をクラスで暴露し、スレイマンを怒らせる。誤解に憤ったフランソワが、彼女の会議中の態度を「下品な女（ペタス）のようで恥ずかしかった」と教室で批判すると、「ペタス」を俗語の「売春婦」としか知らない子どもたちは騒然となる。

噛みあわない言葉と激しくすれちがう感情のなかで、スレイマンは制止を振りきって教室を飛びだし、弾みで女生徒を怪我させてしまう。フランソワは自分の失態は隠して事件を学校に報告し、再び懲罰会議が開かれる。フランス語を解さないスレイマンの母親が本人の通訳で「家では弟妹に優しく、皿洗いもして自分を助けてくれる」と息子をかばうシーンが切ない。母子家庭のスレイマンが最後にもう一つの顔を見せたあと、学校を去っていく親子の後ろ姿が悲しい。

＊

この映画には教師だった主演のフランソワ・ベゴドー自身が書きベストセラーとなった原作があり、実際の生徒である子どもたちがワークショップをくり返して演じ、彼らが偶然発した言葉も取り込んで迫真の教室シーンが生みだされている。

この作品でカンヌ国際映画祭最高賞を受賞したローラン・カンテ監督は製作意図を「未来をつくるはずの学校がいまどのように機能しているのか、ティーンエイジャーのもつエネルギーや侮蔑的に見られている彼らの姿を別の視点から提示したかった。多様性というものが子どもたちにとって、また彼らが体現しているフランス社会にとっても、いかに恵みであるかを伝えたかった」と語っている。

学期初めにフランソワはクラスのみんなに自己紹介文を求め、学期末には一人ひとりがこの一年で何を学んだかを発表させている。「俺のことは俺にしかわからない」と言

原作
『教室へ』フランソワ・ベゴドー／秋山研吉訳／早川書房／二〇〇八年

って何も書かなかったスレイマンが、代わりに家族写真をもってきてはにかむシーン、自己紹介ではいい警官になりたいと書き、プラトンの『国家』を読み対話の大切さを学んだとどこか誇らしげだったエスメラルダ。ていねいに見れば子どもはさまざまな顔をもっている。その時点と局面だけ見れば憎らしいほどの言動にも、背景にはその子の生い立ちや生活があり、心の葛藤と誇りがある。

たしかに問題は何一つ解決することなく映画は終わっていく。それでも、いつの日か、生徒たちはこの教室を懐かしく思い出す日がくるのではないだろうか。反抗されても生きるための「言葉」を自分たちに与えつづけてくれた先生。まだ幼くて、その「武器」をうまく使うことができずに他者を傷つけ、自分も血を流していた一〇代の日々と学校の記憶が、意味をもってよみがえる日がきっといつかくることだろう。

異国の学校物語でありながら、映画は日本の教育のあり方も照射している。大切なことは教室の現実から考えはじめることだろう。画面のなかの二四人の中学生に重なって、たくさんの懐かしい教え子の顔が浮かんでいた。

(『教育』二〇一〇年八月号)

『国家』〈上下〉プラトン／藤沢令夫訳／岩波文庫／一九七九年　など

子ども時代の思い出の夏

『トロッコ』

待ち望んでいた時間のなかでも、心躍る楽しい時間のあとでも、ふと悲しいほどの淋しさに襲われることがある。それは少年の日の、夏のはじまりと終わりに似ている。

この映画は芥川龍之介の『トロッコ』をモチーフにしながら、舞台を台湾に変え、少年の孤独と若い母親の苦悩を重ねて、現代の家族の絆《きずな》の回復を描いている。

遥か遠い日の、特別な夏休み。描かれている時間は現代でありながら、映画はどこか回想のような郷愁をかきたてる。

＊

映画の主人公は八歳になる敦。台湾人の父と日本人の母のもとに生まれ、東京で育っている。父が急逝した夏、少年とその家族は父の故郷である台湾を初めて訪れる。

冒頭、東京での家族のあわただしい日常が点描される。夫に先立たれ、幼い二人の子育てと生活を一身で背負いながら、旅行ライターとしての仕事に追われ、子どもたちにもつい苛立った対応をしてしまう母、夕美子。そんな母にも素直に甘えようとする六歳

『トロッコ』
『トロッコ・一塊の土』芥川龍之介／角川文庫／二〇一八年　など

の弟、凱《とき》。いっぽう父を喪った悲しみと母への複雑な思いを小さな胸にしまったまま、ゲームに夢中な敦。

どこか心の離れた三人の家族が、遺骨を届けるために、父の育った台湾の小さな村へと旅立つ。

物語はそこからゆっくりと動きだす。

村では台北に住む父の弟夫婦が母子を出迎えてくれ、実家に案内してくれる。初めて会う祖父は白い髭《ひげ》の老人で、いきなり「この親不孝者めが」と遺骨の箱を杖《つえ》で叩《たた》く。台湾では子どもが親に先立つことは大罪であり、叩いて叱って家に入れる習わしがあることが家族に教えられる。

初めて会う叔父さんたちも、村人たちも、兄弟に「お父さんにそっくりだな」と優しい声をかけてくれる。だが、子どもにとっては遠い異国の台湾。敦の孤独感は笑顔の奥にも淋しい影を落とす。義理の両親との関係やこれからの身の振り方にとまどう夕美子にも、台湾の夏は重く過ぎていく。

＊

何度も画面に提示される一枚のモノクロ写真がある。森につづく鉄路の手前で、古びた木のトロッコを押す半ズボンの少年が振り返ってカメラを見つめている。それは敦が大切に持ってきた、亡くなる前にお父さんから手渡された写真だが、写っているのは父ではなく戦前のおじいちゃんだった。長い時間をもつ人生の、ただ一瞬を切り取った一枚の写真。デジタルで大量に写され、消費されていく現代の写真にはない不思議な力が、そこには宿っている。

写真を写した場所を忘れてしまった祖父は、敦と凱をつれて線路を捜しはじめ、村を歩きながら「日本の明治神宮も靖国神社の鳥居も、みんな台湾檜《ひのき》だ」と誇らしそうに日本語で語りだす。トロッコの線路は山の木を日本に運びだすためのものだったのだ。線路をたどれば日本に行けると憧れた祖父の子どもの頃の記憶。日本統治時代の日本への愛憎に満ちた祖父の言葉は、孫たちに自分はどちらの国に属するのかと幼い自問をさせることにもなる。

ある日、敦は母が祖母に「子どものいない同年代の友だちがうらやましい」と漏らす声を聞いてしまう。母は日本に戻り、子どもたちは祖父母のもとで暮らすことも相談していた。

八歳の少年の心にも孤独と不安はあり、言葉にならなくてもたくさんの思いはある。母を案じながら期待に応えられない屈折、自由で無邪気な弟への羨望、自分は愛されていないのではないか、必要とされていないのではないかという疑念が少年をさいなむ。自分たちだけで日本に帰ろうと弟をつれ、地元の植林青年に助けられて憧

監督：川口浩史／脚本：川口浩史、ホアン・シーミン／配給：ビターズ・エンド／2009年日本／1時間56分

れのトロッコに乗る敦の冒険は、そこからはじまる。

台湾の名手、リー・ピンピンが撮影した映像が美しい。夏の強い日差し、濃い緑の葉影、古びた民家、広がる田園、小川と光る水しぶき。やがて仲良くなっていっしょに遊び、駆け回る子どもたち。トロッコが走る鬱蒼《うっそう》とした森の木立には、かすかな冷気や風のざわめきまで感じられる。

夕暮れて光を失っていく森の不安、泣きじゃくる弟、母への恋しさが兄の胸にも迫る。いっぽう、母もまた帰らない幼い兄弟に心配を募らせ、必死で村人とともに捜索をはじめる。家族であること、親子であることは切ない。母と、子と、祖父の最後の言葉が痛いほどに観客の胸を叩く。

＊

『トロッコ』は芥川龍之介のなかでも異色の作品である。機知と諧謔《かいぎゃく》を捨て、少年の純な心情をそのままに描きだし、おとなになった視点から懐かしむ構成をとっている。友人が『トロッコ』は「異性」の異形のように読めると言っていたことを思い出す。まだ触れもできない未知な存在への憧れと渇望、滑りだし、疾走しはじめたときの爽快な喜びと快感、森のなかに深く進んでいくときの恐れと不安、それらはたしかにどこか初めての愛の体験を連想させる。

自分の希望を託し、自ら選んで乗ったトロッコでありながら、進むにつれて不安や後悔が芽生え、先行きが怖くもなっていく。生きるとはそうした変転の連続であることを、芥川は少年の好奇心と小さな冒険譚に寄せて描きたかったのだろうか。

芥川は実母の愛を得られなかった子どもである。実母は彼の誕生まもなく精神を病み、そのまま一〇年後に死去している。その哀しみは、仙人を志願しながら地獄絵のなかに自分を気遣う母の声を聴き、戒めを破って「お母さん」と叫んでしまう『杜子春《とししゅん》』にも投影されている。

「塵労《じんろう》に疲れた彼の前には今でもやはりその時のように、薄暗い藪や坂のある路が、細細と一すじ断続している」と書かれた『トロッコ』の終末には、「生存苦の寂寥《せきりよう》」を抱え、時代と自分への「ぼんやりとした不安」という言葉を残して自ら死を選んだ芥川龍之介の、少年時代への愛惜と交錯する生と死への葛藤がうかがえる。

監督・脚本の川口浩史には、少年の日に愛読したという『トロッコ』のなかに、芥川の「母への恋歌」が聞こえていたのかもしれない。

それぞれの境遇を正直に生き、働く人びとの哀歓。大きな起伏や事件はなくとも、観る人をそっと励ます慎ましさがこの映画にはある。川口は「少年の成長を描いた原作から母と子の再生の物語へ。かつて日本の将来を憂いた芥川龍之介にも、この小さな希望を観て貰えればと願う」とプレスシートに記している。それは芥川文学への祈りであり、返書にもなって観客に届けられる。

『杜子春』
芥川龍之介／角川文庫／二〇一七年　など

とりわけ暑かった今年の夏、子どもや家族をめぐる陰惨な事件も多く報道された。
子どもをもつことが誰にとっても喜びである社会を、映画は静かに訴える。

（『教育』二〇一〇年一〇月号）

捨てられた少女の孤独と旅立ち

『冬の小鳥』

ルソーが『エミール』に記したように、たしかに私たちは二度この世に生まれる。一度目は存在するために、二度目は生きるために。

少女は、わずか九歳で見捨てられた自分の「存在」に抗い、やがて自らの「生」に向かって、一人、歩みだす。

＊

冒頭、少女ジニは父と自転車に乗っている。父に抱かれるようにサドルの前に座り、うれしそうにあたりを見まわす。靴屋さんで黒いエナメルの靴を、洋品店では花柄のブラウスとピンクのジャンパースカートを買ってもらい、鏡の前の満足そうなジニ。父に連れられて歩く商店街、父と向きあって食べたプルコギ。お父さんが飲んでいるお酒の味が知りたくて「私にも少しだけちょうだい」とねだると、一口飲ませてくれた。うれしくてジニは父のために歌を歌う。

静かなピアノ曲とともに、クレジット・タイトルが流れると、山並みのつづく田園風

『エミール』

〈上中下〉ルソー／今野一雄訳／岩波文庫／一九六二年

ルソーの教育論。一七六二年刊。主人公エミールの誕生からソフィーとの結婚までの成長過程に従って、第一編幼年時代、第二～三編少年時代、第四編青年時代、第五編女子教育、からなる。第二編で「不確実な未来のために現在を犠牲にする残酷な教育」、第三編での「好奇心を育むには決し

景をバスが走り、「一九七五年、ソウル近郊」と字幕が打たれる。そして、ジニは何も知らされないまま、児童養護施設に預けられる。足早に去っていった父の姿が、窓越しに鉄格子の門の向こうに消えていく。

子どもの運命はしばしば「不意打ち」である。ジニは突然、置き去りにされた自分、見捨てられた自分を知る。初めは驚き、張り裂けんばかりの感情が渦を巻く。

彼女の幼い反抗がはじまる。何を聞かれても、誰とも口をきかない。食事をしない。用意された食器類をなぎ倒す。自分は孤児ではないと言い張り、「必ずお父さんが迎えに来る」とくり返す。

*

愛されなかった苦しみは　おとなにも激しいつらさと痛みをもたらす。幼い子どもにとって、それはどれほど耐え難い体験であることだろう。

子育てや教育にかかわる人びとには、あらためて「子どもの発見」を迫る映画である。現代日本の教室でも、少なくない子どもたちが小さな「ジニ」であるからだ。

何が子どもの二度目の誕生を支えるのか。心に深い傷を負った少女の、耐えきれない無力感と孤立無援感に対応する施設のおとなたちに注目していた。

寮母は食べようとしないジニに無理強いはしない。夜の台所にそっと食べ物を残しておく。脱走を図って鉄格子の高い門柱をよじ登るジニには、黙って門を開けてやる。シ

て急いでそれを満たしてやってはならない」など現代の教育をも照らす言葉が多い。「二度の誕生」は第四編の主題となっている。

スターは騒ぐ子どもたちを部屋に戻しながら、しかし何度もジニを振り返る。

「住所を覚えているからパパを探して」と請われた院長は、遠いジニの住んでいた町まで訪ねていき、家族は引っ越していて誰も行く先は知らなかったと告げる。

健康診断のために訪ねてきた老医師に「二年生までの勉強はしたんだね。かけ算はできる？」と聞かれて、「三桁の割り算もできるよ」と答えるジニの小さな誇り。「なぜこの施設に来たの？　無理に答えなくていい」という問いかけに、初めてジニはつぶやくように語りはじめる。新しい母とその赤ちゃんが初めて家に来た日、ジニは抱っこして泣かせてしまう。安全ピンが足に刺さっていたのを故意だと誤解されてひどく叱られる。話すジニの目に涙があふれる。

じっと聴き取った老医師は穏やかに慰める。「そのせいじゃないよ。お父さんはジニに幸せになってほしいんだよ」と。

＊

ジニにも少し心を開ける友だちができる。二歳年上でジニが門柱を登ったとき、追いかけて登ってくれたスッキ、ひとり固い石鹸で髪を洗っていたとき、そっとシャンプーを貸してくれたスッキ。ある雨の日に、二人は傷ついた小鳥を拾う。ロッカーに隠し、台所からご飯を盗んで餌にする二人の秘密。だが、小鳥は死に、二人は

監督・脚本：ウニー・ルコント／配給：クレストインターナショナル／2009年韓国・フランス／1時間32分

『禁じられた遊び』のように寮の裏庭に木の十字架を立てて埋葬する。

一緒に外国へ行こうと約束したスッキも、やがて一人でアメリカ人の養父母に引き取られ、みんなに見送られて施設を出ていく。

ふたたび心を閉ざすジニは、外国の篤志家からのプレゼントを喜ぶ施設の子どもたちを侮蔑するように、贈られた人形を次々とずたずたに引きちぎる。

このとき寮母はジニの頬を叩き、無言で寮庭につれていく。叱るのではなく、干した布団の前で棒をわたし、「強く打て」とうながす。泣きながら布団を打つジニ、見守る寮母を、画面はただ静かに映しだす。

＊

孤独が人を成長させることに、人はおとなになってから気づく。

「苦しむこと、それがなによりもまず学ばなければならないことであり、それを知ることこそ将来もっとも必要になることなのだ」とルソーは言う。そうだとすれば、傷ついている子どもには、一人でそれに向きあい、葛藤し、自分を修復する時間や空間が必要なのだろう。

ジニはその後、思いがけない行動に出る。小鳥を埋めた裏庭に穴を掘り、自分を埋めていく。掘り返した土を両手で引き寄せ、枯れ葉をかぶり、最後に顔が埋もれる。

無音の時間が流れ、ジニは泥をはねのけて、空を見上げる。口も目の周りも泥だらけ

『禁じられた遊び』
監督：ルネ・クレマン／一九五二年フランス
第二次世界大戦中、ドイツ軍のパリ侵攻から逃れる途中に爆撃を受け両親と愛犬を亡くした五歳の少女の物語。少女は犬を埋め十字架を立てて弔う。ギターの名曲とともにいまなお愛される不朽の名作。私は小学生で観て、初めて映画館で泣いた。

の顔をカメラが見つめる。土の香り、枯れ葉の手触り、雑木の色、泥の入った目の痛さ、見上げた空のまぶしさ。新鮮な感覚が彼女の五感に押し寄せる。それまで遠景だった寮庭のマリア像が初めて目に映る。

＊

ジニは最後に一度だけはにかんだ笑顔を見せる。覚悟を決め、写真を見せられたフランス人夫婦にもらわれていくこと決め、お別れの記念写真をみんなで撮るワンショットに。

一人でパリに向かう航空機の座席で、目を閉じたジニは父の背中の匂いと温もりを思い出す。愛を失った少女は、過去の記憶のなかに甘さを求めるほかない。夜の真っ暗な通りを自転車の灯りだけが照らし、やがてカーブして路地に消えると、画面は暗黒に変わる。パリの空港の雑踏に降り立ったジニの、前を向いた瞳の強さを一瞬にとらえて、断裁されたフィルムのように映画は幕を下ろす。

＊

哀しみや苦しみに彩られた物語でありながら、生き難い時代の人びとに、つらさもまた豊かさなのだと、映画は伝える。

朝鮮戦争からの半世紀、韓国から養子として海外に渡った子どもは二〇万人にのぼるという。この映画の脚本・監督を担当したウニー・ルコントもその一人で、一九六六年に九歳でフランスに渡っている。

この映画は創作ではあるが、彼女自身の物語でもあったのだ。人の、二度の誕生への、深い愛惜をこめて。

（『教育』二〇一〇年一二月号）

そろばんで家族を守った異色の時代劇

『武士の家計簿』

江戸時代が注目を集めている。人の世を生きる機知や才覚が見直されているのだろうか。時代が行き詰まったいま、遠い先祖たちの暮らし方、家族や人間関係のあり方、その埋もれた価値観のなかから、現代人が失ったものの姿が懐かしく浮かび上がってくる。

「今の産業社会で、飽食の果てにくるものは疲弊した肉体と精神であり、このままただ、なし崩し的に滅びていくよりは、新しい貧しさを選択した方がよいと私は考えています」と説いたのは江戸文化を漫画の世界で案内してくれた杉浦日向子《ひなこ》だった。ほどよい諦念、節度あるふるまい、そして質素であることの豊かさを、この映画もまた私たちの前に開いてくれる。

杉浦日向子
一九五八〜二〇〇五。漫画家、江戸風俗研究家、エッセイスト。「粋に暮らす」「楽に生きる」「無用の贅《ぜい》」「無駄を喜ぶ機知」「思うことかなわねばこそ浮き世とは」など、杉浦日向子には江戸の知恵をいろいろ授かった。

*

原作は歴史学者の磯田道史が古書店から偶然発掘した古文書を分析し、ベストセラーにもなった新書『武士の家計簿――「加賀藩御算用者」の幕末維新』。金沢城下の下級藩士、猪山《いのやま》家の「入払帳」と記された三六年にわたる詳細な家計簿によって、激動の幕

『武士の家計簿――「加賀藩御算用者」の幕末維新』
磯田道史／新潮新書／二〇〇三年

末を生きた武士の家族の日常が、細やかな息づかいで浮かび上がる。

さらに猪山家の日記や書簡も発見され、明治維新を挟む三代の記録が想像のはばたきも加えられ、映像化されている。


時は天保、金沢城の御算用場では並べられた長机を埋めて数十人の会計役人たちがパチパチと壮大な音を立ててそろばんを弾いている。そのなかに、猪山信之、直之親子の姿がある。一転して、武家屋敷の立ち並ぶ一角のこぢんまりとした猪山家の拝領屋敷にカメラが移り、直之の祖母や母を交えた一家は上品な箱膳で朝餉《あさげ》をとっている。家族の食卓はくり返し描かれるが、そこではみな口数は少ないながら、家族それぞれの個性やユーモアが出ていて、目線や仕草が温かい家族であることを表現している。父信之がくり返し語る自慢話から、猪山家はかつて江戸詰に取り立てられ、前田家上屋敷の赤門建築に尽力したことも明かされる。

＊

物語は長男直之の実直な仕事ぶりを点描したあと、彼の結婚と子育てを軸に進んでいく。ささやかだがいくつかの情感をたたえた映像が印象に残る。

浅野川のほとり、加賀友禅の流しが行われている。川の流れに揺れる何本もの長い布。そのなかに妻となるお駒がいる。土手に座って竹皮の弁当を開く直之に麦湯を勧め

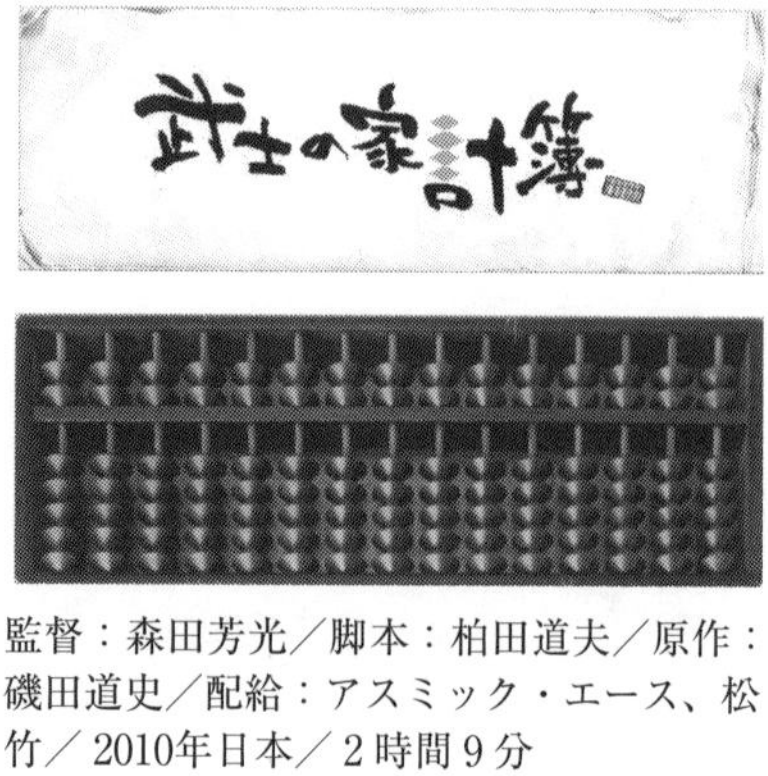

監督：森田芳光／脚本：柏田道夫／原作：磯田道史／配給：アスミック・エース、松竹／2010年日本／2時間9分

る。顔を赤くして目礼を返す直之の純情。彼が父に勧められた見合いの相手とわかり、驚いて染めの布を離してしまうお駒。彼のいた場所に残された水筒。飲み口に挿された一輪の野の花が、直之という男がその後の人生に示す美質をさりげなく表す。

初夜の床でさえ、婚礼費用の記録に余念がなく、そろばんの音を響かせる直之。「聞いておきたい。これしか生きる術《すべ》がない。それに……不器用で出世もできそうにない。それでも、よいか」「嫌です」「……」「と言ったら、いかがなさいます」「困る」。噴きだすお駒。そして微笑んで答える。「その生きる術のなかに、私も加えてください」

＊

江戸時代の貧しい下級武士の世界を、私たちは藤沢周平の描く海坂《うなさか》藩の悲運な武士たちの物語で知ってきた。本作では支配階級であるはずの武士が、なぜこれほどの経済的困窮にさらされていたのかも解き明かされる。武士は身分は世襲でありながら役職は実力主義であり、そこには競争もあるいっぽう、格式に縛られた無用の出費に圧迫されている。家来・使用人の雇用、拝領した屋敷の維持費、親戚・同僚との祝儀交際費用、冠婚葬祭や年中行事、子どもの通過儀礼などことあるごとに金は出て行き、猪山家では父の代の江戸詰と加賀での二重生活の費用に藩からは特別の手当も出なかったことが家計をいっそう逼迫《ひっぱく》させていた。二六〇年にわたって徳川の世がくつがえされることがなかった背景には、武士が庶民の目から特に羨ましいほどの存在ではなかったことも見えて

海坂藩
藤沢周平の『蟬《せみ》しぐれ』などの時代小説に登場する架空の藩。映画化された藤沢作品では ほかに山田洋次監督の『たそがれ清兵衛』(二〇〇二年)、『隠し剣　鬼の爪』(二〇〇四年)、『武士の一分』(二〇〇六年)とつづく時代劇三部作が印象深い。いずれも海坂藩が舞台となっている。

くる。

それでも「農民が作り、武士が奪う」という事実は免れない。天保年間、加賀藩もまた飢饉《ききん》に襲われる。御蔵米の勘定役に任命されていた直之は農民へのお救い米の量と定められていた供出量の数字が合わないことに気づく。米の横流し、経理の不正を糺《ただ》そうとする潔癖な直之は左遷を言い渡される。「帳簿というのは帳尻が合っておればいいのだ」「途中で消えた数字を、帳面上で合わせることが仕事ですか」と抵抗する直之に職業人の誇りが浮かび上がる。

君主の計らいで事態は逆転するが、直之の最大の課題は積算された猪山家の膨大な借金からいかに家族を守るかだった。

直之は思いきった手に出る。それは家財一式を売り払い、質素倹約を徹底することだった。世間の目を気にする父、愛用の品を手放したくない母。「親戚に恥をさらして」と言う母に対し、「とり繕う方が恥と思いました」「体面など……ただ私は、生まれてくる子の顔をまっすぐに見ていられる親でいたい」。

だが家族は危機や困難を共有することで、それまで以上に結びつきを強める。慎ましい食材、最低限の家具と衣類。「貧乏と思えば暗くなりますが、工夫と思えば楽しくなります」。お駒の言葉には家族がいっしょにいることの幸福感が漂う。息子成之の着袴《ちやっこ》の祝いの席に、鯛を買わず、お駒の描く絵鯛が食膳を飾るエピソードは、日記に残る実話として温かな笑いを誘う。

＊

映画には直之の子どもである成之への厳格な職業教育、成之の反発や葛藤、幕末の変動をめぐる親子の相克と和解など、波乱に満ちた家族の歴史が刻まれている。若い成之に、老いた直之が語る「私も……われ一人のために生きてきたわけではない」という言葉が耳に残る。それにしても、殺陣《たて》もなく、血も流れないこのような時代劇はこれまで作られたことがないのではないだろうか。

歴史に埋もれた平凡な武士の記録が、それでも観客の心に響くとしたら、それは映画が家族の物語であるからかもしれない。

「素晴らしい家族とは、それぞれの生き方でいながら、ともに生きているという感情をもち続けている家族だと思う」

猪山家の家計簿は、遥か時を超えて、何よりもそのことを私たちに伝えているのではないだろうか。

（『教育』二〇一一年二月号）

「素晴らしい家族～」
山田太一『路上のボールペン』冬樹社／一九八四年　より

逆境をくつがえす笑いと仲間

『エリックを探して』

泣くことと笑うことは近いのかもしれない。泣きたいときに、笑ってしまうことがある。笑いながら、涙が出ることもある。泣きたくなるような人生を、笑いに変えることができればという願いを、映画は実現する。監督は、イギリスに渦巻く貧困と格差の過酷な現実を見据えながら、生き悩む人びとの苦闘を描きつづけてきたケン・ローチ。本作では、上質な笑劇のタッチでサッカーと幻想を交え、思いどおりには生きられなかった中年男の挫折と希望、労働者の友情と連帯、家族の絆と愛の回復を描く。

*

主人公のエリック・ビショップはマンチェスターの郵便配達員。五〇を過ぎ、一〇代の息子、ライアンとジェスと三人で暮らす。二人とも七年前に出て行った二度目の妻の連れ子で、顔つきも肌の色も違う兄弟には複雑な事情もありそうだが、エリックを父とも思わず言うことなど聞きはしない。

ある日、エリックは車の運転中にパニック障害の発作で事故を起こす。翌日、病院から帰宅すると、家の中は乱雑に散らかり、義理の息子たちの兄は女の子を連れ込み、弟は学校にも行かずに寝ていた。こみ上げる怒りで、エリックはあたりかまわず激しく枕を打ちつけ、部屋中に詰めた羽根が舞う。

脚本を担当したポール・ラヴァティは現在を描きながら、年配の登場人物の若き日を物語る映画の可能性に興味を抱いてきたと言う。三〇年前のことをまるで昨日のことのように鮮やかによみがえらせる〝記憶〟という人の能力と、立ち往生する現実からも起きる変化について思いをめぐらせることから、この物語は生まれている。

エリックにも輝いていた時代はあった。三〇年前にはブルーのスエードの靴を履き、ダンス競技会で優勝するほどのナイス・ガイだったのだ。そのときのパートナーが初恋の相手であり最初の妻、リリーだった。彼女とは娘のサムが生まれてすぐに別れて以来、会っていない。後悔は長く彼を苦しめてきた。

そんな折、いまでは子育てをしながら大学に通うサムのために、孫娘を預かることになり、リリーとの再会の機会が訪れる。昔と変わらない美しさのリリーを遠目に見たとき、彼は彼女の前に出て行くことができずに車に戻り、動揺して事故が起きる。

郵便局の同僚がいい。ふさぎがちで郵便物の仕分けが遅くなったエリックを心配して、「彼には笑いが必要」と順番にジョークを聞かせ

監督：ケン・ローチ／脚本：ポール・ラヴァティ／配給：マジックアワー、IMJエンタテインメント／2009年イギリス・フランス・イタリア・ベルギー・スペイン／1時間57分

に行く。パブで励ます。自己啓発本を使って各自が「師と仰ぐカリスマ」をあげ、彼に見られていると想像しあう。ネルソン・マンデラ、フィデル・カストロなどの名前がつづくところがイギリスの労働者らしいが、エリックはエリック・カントナの名をあげる。九十年代前半にマンチェスター・ユナイテッドで大活躍したサッカー選手だ。みんなも口々に「彼は最高だ」と賛同する。

＊

生きるうえでは、たくさんの魅力的な人間像に出会っておくことが大切なことなのだろう。直接の出会いだけでなく、人は本や映画、音楽やスポーツシーンなどの世界でも魅力的な人びとに出会う。多くのおとなたちの胸には少年少女時代に憧れた何人ものヒーローやヒロインが眠っているはずだ。彼らは、つらく苦しいときに思いがけずよみがえり、人生を鼓舞してくれることがある。

エリックの胸にも、自分を見つめる幻影のヒーローが浮かぶ。彼の部屋には前からユニフォーム姿の「キング・エリック」の巨大なポスターが貼られている。息子の隠しているマリファナを見つけて吸っていると、本物のカントナが現れる。ここから物語は痛快なコメディーの様相を呈していく。

カントナ役はエリック・カントナ本人である。彼はスーパースターでありながら、暴言を吐いた観客に跳び蹴りを食らわせて一年間の出場停止になるほどのやんちゃなキャ

ネルソン・マンデラ
『インビクタス 負けざる者たち』（二一五ページ）参照

フィデル・カストロ
一九二六〜二〇一六。エルネスト・チェ・ゲバラの盟友。一九五九年のキューバ革命でアメリカの事実上の傀儡《かいらい》政権だったバチスタ政権を武力で倒し、首相を務める。

ラクターでファンに熱烈に愛されていたらしいが、落ち込んでいるエリックにサッカーの教訓から格言を与え、激励する。

「やり方を変えるんだ。右を固められたら左を攻めろ」「どんな試合にもチャンスは必ずある。可能性を広げろ」「チームメートを信頼しろ」。教えはシンプルだが模範選手ではなかったからこその説得力がある。練習はまず、耐えられないことには強く「ノン！」と言うことからはじめられる。

カントナの現役時代の数々の華麗なゴールシーンが実写でインサートされ、画面にはいつのまにかサッカーの試合のような興奮も生まれる。エリックは「自分のクソ人生がどこかに消えていた」ほどのスタンドの熱気と興奮を思い出す。二人は外の川べりをいっしょに走り、トレーニングにも励む。

やがて、自分をダメだと思っていたエリックにも不思議な勇気が芽生えていた。

＊

弱い人間が強くなるときがある。それは誰かを守ろうとするときだろう。エリックにもそのときが来る。新たなやっかいごとがエリックの家族に生じていたからだ。

長男のライアンが、殺人に使われた拳銃をギャングのザックから預かり、家の中に隠していたのだ。脅され、襲われる兄弟を見て、エリックは単身でザックの家に乗り込むが猛犬に追い払われ、リリーたちを招いての食事会には武装警官に乱入される。

ここでもカントナの言葉に励まされる。「俺よりあんたのほうが上等だ。仲間がいるだろう。一人で悩むな」と諭される。郵便局の同僚に相談すると、ギャングには「恥をかかせる」のがもっとも効果的だと奇想天外の作戦が企てられる。

マンチェスター・ユナイテッドのアウェーの試合の日、バス三台に分乗した郵便局員たちは全員カントナのマスクをかぶり、ザックの邸宅へ向かう。

家族への責任と、リリーへの思いを秘めたエリックの「試合」は、同僚というチームメートとの信頼とサポーターの大声援に包まれながら、涙と笑いにあふれて、最後のロスタイムまで終わらない。

ロスタイム
ロスタイムは和製英語。現在ではサッカーのロスタイムは「アディショナルタイム」と呼ばれるようになった。

＊

「すべては美しいパスからはじまる」。エリック・カントナの言葉である。たしかに人生はどこかサッカーに似ている。緊張と不安、落胆と安堵、歓喜や感動も、希望や絶望さえ、スポーツの試合には詰まっている。

「これは友情についての話であり［…］反個人主義の映画なんだ。ひとりより、誰かと一緒のほうが強くなれる。ちょっと大げさかもしれないが［…］職場でも仕事仲間にも言えることだ」「ここ三〇年は、人々は互いに競争相手であって、同志という感覚を持てずに来た」と、サッカーを愛するケン・ローチは本作のインタビューで発言している。学校での仕事も、そうありたいと心から願う。

（『教育』二〇一一年四月号）

歌と議論で廃止させた奴隷貿易
『アメイジング・グレイス』

一つの歌がくれるほどの生きる力を、はたして一枚の絵がくれるだろうか、と美術史家の若桑みどりが書いている。

「すべてをあるがままに。きっといい日がくる」。絶望的な時代に、最悪の状況でも破滅しない智恵を授けられた歌として、〈ビートルズ〉の「Let It Be」をあげながら。

人は誰も自分を励ます歌をもっているのだろう。歌は人を救い、そしてときに時代を動かす。

＊

政治家が蔑まれ、政治が侮られる時代がつづいている。だからこそ「政治の力で成し遂げうることを、政治をヒロイックに描きたかった」とドキュメンタリー作家だったマイケル・アプテッド監督は語っている。

映画は一七八七年から半世紀の歳月をかけて奴隷貿易廃止法を成立させた実在のイギリスの政治家、ウィリアム・ウィルバーホースを描く。それはリンカーンの奴隷解放宣

「すべてをあるがままに～」

『レット・イット・ビー』若桑みどり／主婦の友社／一九八八年　より

「いったい何人の人がこの歌によってカタストロフから救われ、最悪の状況のなかでも生きることを引き受けるという気持ちになったことだろうか。ビートルズはこの絶望的な時代を生きるすべ

言に五〇年も先立つ偉業だった。

当時、世界の海を支配していた大英帝国は、その富の源泉として自国の工業製品と西インド諸島の砂糖や綿花、アフリカの黒人奴隷との三角貿易で栄えていた。カリブ海を中継してアメリカに黒人奴隷を供給していたのはイギリス商人だったのだ。奴隷はイギリスの港を経由しないために、イギリス人にとっては無頓着な課題でしかなかった。議会には奴隷貿易で利益を得る者も多く、廃止への道のりは困難をきわめた。

めざすものへの連戦連敗、たび重なる妨害、若く理想に燃えていたウィルバー（愛称）は無力感に囚われ、病にも蝕《むしば》まれていく。

そんな失意の時期に、彼が友人宅で静養するための馬車の旅に出るところから映画は幕を開ける。豪雨の降りしきる田舎道、老いた黒い馬が倒れ、荷を引けなくなった怒りから二人の御者は激しく鞭《むち》を打つ。見過ごすことのできないウィルバーが馬車を降り「休ませれば回復する」と穏やかに酷使に苦しむ馬を救う。人は何を悲しみ、何に憤り、何を喜びとするのか。人の生き方はその思想以上に、掛け値のない感受性に規定されるのではないかと短いファーストシーンが問いかける。

＊

ウィルバーは何に誘《いざな》われ、何に支えられて自分を生きていくのか。特別な闘士には見えない彼の、生き方に興味を抱いて画面を眺めていた。

ての人に、最悪の状況のなかでも破滅せぬための“wisdom”をくれた。どうしようもない状況を暴力的に変えようというのではない。そういう状況のなかでも、やけを起こさず、希望をすてないと言うことである」

若桑の言葉でもう一度「Let It Be」を聴いてみた。若い日に〈ビートルズ〉をあまり聴いてこなかったことを後悔した。

彼は交易で富を築いた裕福な家庭に育っている。庭の濡れた芝生やタンポポ、蜘蛛《くも》の巣に心震わせていたいという多感な青年を、政治の世界にみちびくのが幼い日に教会で出会い、「アメイジング・グレイス」を作詞したことでも知られる牧師、ジョン・ニュートンである。聖職に生きるか、政治家を選ぶかの岐路で「君には使命がある。孤独に生きてはならない」と諭すのもニュートンである。彼はかつて奴隷船の船長だった。二万人もの奴隷を過酷な運命と悲惨な死に追いやった過去を悔い改めていた。

驚くべき恵みよ！　なんと麗しき響き
素晴らしき慈悲　なんと優しき響き
私のような悪しき者をも救ってくれた
かつて道を見失ったが、いまや救われた
かつて私は盲目だったが、いまは見える

「アメイジング・グレイス」は三度流れて、歌の力を響かせる。初めは、議員たちのサロンで、ウィルバーが独唱する。奴隷制度撤廃にかける思いが伝わる熱唱である。二度目は彼の結婚式での新妻との二重唱。彼の再起は価値観を共有できた妻の支えに、もっとも負っている。若い日に恋愛に興味を示さなかったウィルバーが、三〇代後

「アメイジング・グレイス」
作曲者は不詳。賛美歌のなかではもっともよく知られた曲の一つ。日本でもドラマやCMのバックによく流れている。

半になって出会ったバーバラに惹かれていくのは、快活で革新的な彼女との議論での意見の一致だった。長い闘いの末に法案が成立した日、妻のいたわり讃えるような微笑みが万感の幸福感となってウィルバーを包む。三度目はラストシーン、彼がウェストミンスター寺院に葬られる日に広場を行進するバグパイプの大音楽隊によって演奏される。

映画が史実をなぞっただけの伝記にならならずに観客の心を打つのは、同志のような夫婦関係を枠組みに、歌をめぐる師弟の交流、理想を分かち合った友情など人と人のかかわりのドラマに真実性と人間的な葛藤や感動が含まれているからだろう。

＊

映画がもう一つの意味をもつとしたら、現代の人身売買まがいの就労や低賃金過密労働、ワーキングプアは新たな奴隷制度ではないのかという密かな警告だ。動かないように見える現実も、人の思いと行動で変えることができる。大事なことは想像する力と政治への参加だと映画は訴える。

ウィルバーは暴力に訴えず、議会を通じて奴隷制度と対決する。野次が飛び交う議場での論戦。政府転覆を狙う反乱分子と指弾され「革命は性病に似ている。すぐに人から

監督：マイケル・アプテッド／脚本：スティーヴン・ナイト／配給：プレシディオ／2006年イギリス／1時間58分

人へと伝染する」と老猾《ろうかい》な議員に恫喝《どうかつ》されても、「性病について体験も知識も豊富なようで」と議場の笑いを取りながら切り返す。「人びとが奴隷制に反対している証拠はない」と言われれば四〇万人の署名を集めて長大な名簿を議場に広げる。正攻法が難しければ別法での「ズル」な作戦も辞さない。議会で社会を変えるには時間がかかる。それでも人びとの意識を変えるために、彼らは事実と想像力に訴える。「見解の違いはしかたがない。だが、知らなかったとは絶対に言わせない」ために。

映像と音楽は流麗である。四季の庭、色づく木々、木漏れ日、光る朝露。だがそれ以上に美しいのは人間の変化である。

意義あることを仲間との共同の力で成し遂げていくとき、新しい自分が生まれる。そのとき他者への感謝が、自分の肯定と結びつき、人とともに生きることへの賛歌に変わる。それはかつて学校にもあふれていた出来事である。困難な時代を切り開くのは、「学力」以上にそうしたハートフルでポジティブな文化や体験ではないだろうか。

＊

三月一一日以降、日本は激変している。言葉を失うほどの被災の現実と原発事故を前に、自分に何ができるかを誰もが問いかけている。直接の助けにはならなくても、受難した人びとに心を寄せ、悩み、思いつづけることはできる。そこから私たちの生活や社会のあり方を見直すことはできる。

三月一一日

二〇一一年三月一一日に東日本大震災が起きた。私はこの映画を二〇一一年四月六日に観た。桜の季節だったが、まだ日本中があの日の衝撃と悲惨に重く沈んでいた。あの頃、私たちに押し寄せていた感情や自問を、私たちはどれほど忘れずに生きてきたのだろうか。私にとってこの映画は「アメイジング・グレイス」の歌声とともにそのことを何度も思い出させる。

何事かを学ぶことによってのみ、帰らない命は次代に生きる。私たちはいまどこに立っているのか。何が想像できなかったのか。何を変えればいいのか。それらの問いは必ず政治にも教育にも行きつく。この映画が時を超えて呼びかけたように、瓦礫《がれき》のなかの子どもたちの笑顔に応えられるように。

（『教育』二〇一一年六月号）

時代の雨に濡れて

『マイ・バック・ページ』

川本三郎に『今ひとたびの戦後日本映画』という評論がある。そのなかの「白いブラウスの似合う女の先生」という一章が忘れがたい。『二十四の瞳』や『人間の壁』『瀬戸内少年野球団』など、子どもと生きる女性教師を演じた女優たちへのオマージュだ。

清潔な白のブラウスが似合う女の先生が、いつも、子どもたちのそばにいた。

子どもたちを慰めたり、励ましたり、かばったりしていた。子どもといっしょに泣いてくれた。オルガンを弾いて童謡を教えてくれた。

彼女たちは、権力と正面から闘うことはできなかった。未熟さや自分の弱さに苦しむ若い先生だった。子どもといっしょに悩むことしかできなかった。泣くことが、彼女たちにできるかろうじての抵抗だった。

だが、子どもたちは自分のために泣いてくれた先生を、生涯忘れないだろう。先生が願っていたこと、大切にしようとしてくれたものをいつまでも心に残すだろう。

私は、ずっと川本三郎の評論、彼の感じ方が好きだった。彼の「バック・ページ」に

『今ひとたびの戦後日本映画』
一五九ページ参照

『二十四の瞳』
一三四ページ参照

『人間の壁』
一五八ページ参照

『瀬戸内少年野球団』
監督：篠田正浩／一九八四年日本
作詞家・阿久悠が、郷里での少年時代を描いた同名小説の映画化。舞台は

は何があったのだろうか。

＊

一九六九年、川本は『週刊朝日』の記者になっている。大学を卒業し、ジャーナリストになりたくて一年の就職浪人を経ての新聞社入社で、気負っていたという。彼の記者生活は、ある事件とのかかわりにより三年間で終止符を打つ。起訴され、有罪判決を受けての馘首《かくしゅ》だった。映画は彼の若い日の伝記を原作としている。苦い悔恨と追憶に包まれた、青春の蹉跌《さてつ》の物語である。

冒頭、東大安田講堂の陥落が音声だけのニュースで伝えられる。封鎖され廃墟となった講堂に侵入し、「闘争」の残り香に酔う学生が、やがて沢田（川本）と交差する「事件」の主役、梅山（伝記内での名前はK）である。

駆け出し記者の沢田は、同じ頃、自分の企画で月に百円玉五つでの東京放浪を連載記事にしている。山谷で働き、新宿でヒッピーになり、銀座でウサギを売り、心優しい底辺の青年たちと生活をともにしていた。

背後には、ベトナム戦争が激化し、三島由紀夫が割腹自殺、アポロが月に到着し、街には〈ピンキーとキラーズ〉の「恋の季節」が大音量で流れている。騒然とした時代風景のなかで「何かをしなければ」という焦燥感と「何もできていない」という後ろめたさが、若い世代を追い立てていた。

敗戦直後の淡路島国民学校。戦争の影を引きずったおとなたちと、混乱で夢を失っている子どもたちに、何か夢を与えようと努力する若い女性教師がいた。戦後の荒廃期に、子どもたちを慰めたり、励ましたり、かばったりしてくれる先生だった。駒子先生を演じた夏目雅子は、清潔で心優しい理想の先生としてスクリーンに鮮やかな光芒《こうぼう》を放った。

若い日の伝記
『マイ・バック・ページ――ある60年代の物語』
川本三郎／平凡社／二〇一〇年（復刊版）

梅山は学生運動に遅れた世代として、「革命家」に憧れ、大学では「哲学芸術思潮研究会」なる組織を立ち上げる。

功を焦る梅山は、売名と金目的で新聞社に偽情報の売り込みを図り、ここでまだ若く自分の存在証明とスクープが欲しい沢田と初めて接点をもつ。沢田は当時、新左翼雑誌からの路線変更にともなう大幅な人事異動で『東都ジャーナル』(『朝日ジャーナル』)に移っていた。先輩記者は「武器を奪取し、四月に蜂起する」と意気揚々と語る梅山を偽物だと断じる。だが、沢田は自室に残った梅山が書棚から宮沢賢治の本を抜き、傍らのギターで〈CCR〉の「雨を見たかい」を口ずさむ姿に親近感を覚える。どちらも沢田が密かに愛好していた文学や音楽だったからだ。

梅山の情報の嘘《うそ》が発覚しても、沢田は彼との関係を続けていた。梅山は「いつか行動を起こす」と言い張り、わずかの〝同志〟と小さなアパートの一室をアジトに、さらに無謀な計画を沢田に漏らす。沢田は独占取材を条件に秘密を守る。それがのちに二人を破滅させる「朝霞《あさか》自衛官殺害事件」である。

＊

当時を知る世代には息苦しさと懐かしさが交錯する映画である。だが、脚本の向井康介と監督の山下敦弘は原作の川本三郎とは親子ほども年齢が離れている。彼らの関心は全共闘運動などの政治的な意味ではない。世代よりも個人を見つめ、そこから現代へつ

〈CCR〉

クリーデンス・クリアウォーター・リバイバル。アメリカのロックバンド。一九九三年にロックの殿堂入り。

ながる普遍性を探ろうとしている。

それは、若い日に誰もが悩み、自問する「自分はどう生きるのか」という葛藤である。「世界を変えたい」と願い、「ただ一つの不正にも身を震わす」（チェ・ゲバラ）正義感を多くの青年たちが共有していた。

同時に「何かを成し遂げたい、早く認められたい」という焦燥や野望、「自分は本物ではない、傍観者にすぎない」という負い目や後ろめたさも内に抱え持っていた。

梅山の虚勢や空疎なヒロイズムも、彼に引き回された周辺の青年たちも、リアルに描かれている。「殺人者の通報」か、「情報源の秘匿」かに悩み、「教えてくれよ、君らがめざしたものはなんだ？　きみは誰なんだ？」と問う沢田にも観客は自分を重ねる。

どう見ても失敗と愚行の記録ではある。「人が一人死んでいる。しかも私はそれを阻止できる立場にあった」。川本はいまも終わらない執行猶予に自分を置いている。

それでも困難な時代にはむしろ、暗く重い映画こそが励ましになることがある。負の力が人間を鍛えてくれることもある。

自分のなかに問いを抱えつづけて人は生きていく。沢田と梅山を演じた妻夫木聡、松山ケンイチの好演が映画を支えている。

＊

一九七〇年から二年間にわたって『週刊朝日』の表紙を飾った保倉幸恵《ほくらさちえ》という少女が

チェ・ゲバラ
五〇ページ参照

いる。彼女と川本の淡い交流が印象深く、作品のテーマを伏流させている。

映画では倉田眞子という名前で忽那汐里が演じている。オールナイトの映画を観て日曜日を誰もいない編集室で過ごしていた沢田と、ふと立ち寄った彼女が言葉を交わす。沢田がかつて連載した東京放浪を面白く読み、彼の身分を偽っての取材の後ろめたさに共感したと言う。二人は一度だけ、いっしょに映画を観る。『ファイブ・イージー・ピーセス』だった。「あまり面白くなかったね」という沢田に、彼女は「面白かった」という。主人公が泣くところに惹かれたという。

「泣く男なんて男じゃないよ」「私はきちんと泣ける男の人が好き」というなにげない会話があとで意味をもつ。

少女は三年後に自殺している。この時代、「少し軽はずみな青年の傍らを、さまざまな死が通りすぎた」とドイツ文学者の池内紀《おさむ》が書いている。自分を偽らずに生きていくことは難しい。

「生きてりゃいいよ」。新聞社を去って数年後、ふと立ち寄った小さな居酒屋で、かつていっしょにウサギを売り、失態をかばってくれた男に再会し、かけられた言葉に沢田の感情があふれだす。

そこには想念でなく、ありふれた生活があり、家族があり、日常の哀歓があった。ジャーナリストになれなかった青年は、文芸や映画の評論家となった。彼は挫折や敗

『ファイブ・イージー・ピーセス』
監督：ボブ・ラフェルソン／一九七〇年アメリカ
アメリカンニューシネマの代表作『イージー・ライダー』（監督：デニス・ホッパー／一九六九年アメリカ）に続いてアメリカの〝現在〟に挑んだヒット作。仕事も目的も見失い、愛からも離反して放浪する青年の物語。

北に泣く人びとを、痛みとともに、優しく、温かく掬いとってきた。人の弱さを、孤立から連帯に向かわせてきた。

教師を続けながら、つらい日に、私は彼の評論を読むのが好きだった。

（『教育』二〇一一年八月号）

監督：山下敦弘／脚本：向井康介／原作：川本三郎／配給：アスミック・エース／2011年日本／２時間21分

学びたい！　八四歳の小学生の物語

『おじいさんと草原の小学校』

映画は人間の表情で観る者に語りかける。私はスクリーンに映しだされるアフリカの人びとのさまざまな表情を見つめていた。

老人の、深いしわが刻まれた穏やかな顔、何事かを決意し困難に挑もうとする顔、子どもと遊ぶときの無邪気な笑顔。

若い女性教師の、黒板を背に子どもたちに語りかけるやわらかな微笑み、子どもを守ろうとするときの毅然とした眼の光。

子どもたちの、狭い教室で長椅子に重なり合うように座って先生のお話を聞く真剣な横顔、外で陽光に包まれてみんなで遊ぶうれしそうであどけないたくさんの笑顔。

それらは私たちが目にできる、世界でもっとも美しいものの一つに感じられた。

＊

原題は『小学一年生』。アフリカのケニアに実在した八四歳の小学生の物語である。

イギリスから独立した三九年後の二〇〇三年、ケニア政府は無償教育制度を導入する。あふれんばかりの子どもたちと親たちが村の小学校の受け付けに押し寄せる。最後に、杖をつき片足を引きずるように歩く一人の老人がやって来る。ラジオでそのニュースを聞いたキマニ・マルゲだ。だが、「ここは子どもの学校だ」と彼はむげに断られる。

しかし、マルゲはあきらめない。「すべての国民、とラジオで聞いた」とくり返す。追い返され、「消しゴム付きの鉛筆二本が必要だ」「制服があるか」と難癖をつけられても、くじけない。古着屋で似た色のズボンを買い、半分に切り落とす。小学生のような半ズボン姿で、仲間の老人にからかわれても、荒涼とした道を歩きつづける。見かねた若い女性教師ジェーンが、その熱意に打たれて入学を許可し、自分のクラスに受け入れる。彼女はこの小さな小学校の校長も兼ねているのだ。

教室では、幼い子どもたちが何の不思議もなく彼を迎え入れ、机を並べる。目がよく見えないからと、前の席を譲ってもらい、黒板を見るマルゲの幸せそうな笑顔。ひ孫のような一年生といっしょに、絵描き歌でアルファベットを覚える。数字を覚える。初めて自分の年齢を「84」と自分で書く。瞳と指先がクローズアップで映される。誇らしいマルゲの気分が伝わる。

何が彼の学ぶ意欲を支えているのか。そこには学ぶことを許されなかったケニアの歴史と、大統領府から届いた一通の手紙を読みたいという秘められた動機があった。

＊

子どもとともに童心に帰って学び遊ぶマルゲだが、ときに許せないことも起こる。杖をふるって、子どものいじめを止める。マルゲが、シュプレヒコールのように部族の言葉で「ウフル！」、英語で「フリーダム！」と交互に連呼し、子どもたちが弾むような声で唱和するシーンも印象深い。

そこには彼の痛切な記憶と願望があった。フラッシュバックは、男性教師に鉛筆の先が丸くなっていることを咎《とが》められ、「模範生になれ」と鉛筆削りをうながされたときに起こる。尖《とが》った鉛筆の先で鼓膜を破られる拷問を受けた遠い体験がよみがえったのだ。

映画は一気に過去に遡る。若い日のマルゲは、自分たちの土地を奪い暴力で植民地支配を強めるイギリスに抵抗する「マウマウ団」の戦士だったのだ。古いモノクロの写真が画面に現れる。若く精悍《せいかん》なマルゲと美しい新妻の写真だ。貧しいが、ともに畑を耕し、ヤギを飼い、幼い娘と葉陰で遊ぶ。

その生活を守ろうと立ち上がったばかりに彼は捕らえられ、激しい拷問を受け、妻と娘は目前で銃殺される。それでも屈することなく、強制収容所を転々とさせられている間に、いつしか彼は老人になっていた。

マルゲは子どもたちに生きたケニアの歴史を語る。学ばなければ、ヤギにも劣る人生を送ることになると諭す。そんな彼を「厄介

監督：ジャスティン・チャドウィック／脚本：アン・ピーコック／配給：クロックワークス／2010年イギリス／1時間43分

な存在」と学校や教育委員会は警戒を強める。「子どものための学校になぜ老人がいる」と抗議する保護者も現れる。

やむをえず一度はマルゲを退学させたジェーンは、子どもたちが彼を慕い、彼がいることで教室の秩序が生まれていることに気づき、「助手」として授業に参加させる。

再び教室に戻ったマルゲは、世界最高齢の小学生としてマスコミに取り上げられ、小学校には取材が殺到する。一躍有名になった彼の名声を利用しようと企む政治家も現れる。妬みや嫌がらせも渦を巻く。

その矛先は彼を守ろうとするジェーンにも向けられ、上層部に従わない彼女は遠方の学校へと強制異動を命じられる。

映画はのどかな美談ではなく、理不尽な現実を易くは受け入れず、誇り高く抵抗した人びとの、傷に満ちた物語だった。

アフリカにも、いつも子どものそばに立つ「白いブラウスの似合う女の先生」がいることがうれしかった。彼女は立ち上がり、闘う先生でもあった。悩み苦しみながら、脅しにも謀略にも抵抗する先生だった。

「ジェーン先生を返せ」と、子どもたちも抵抗する。代わりに赴任した出世主義の匂いのする先生を追い返したくて、石を投げながら校門に向かう子どもたち。

そして映画はマルゲがジェーンを取り返すために、運賃代わりのヤギを連れて単身ナ

「白いブラウスの似合う女の先生」
一五九ページ参照

イロビの教育省へ向かうクライマックスを迎える。

終幕、ジェーン先生が帰る日、手作りのプレゼントを手に、歓声を上げて校門に走る子どもたち。楽しかった先生の授業と教室の思い出が子どもたちを駆りたてる。マルゲは自分で読もうと思っていた英文の手紙を、ジェーンに託す。

そこには、マルゲの壮絶な人生の履歴が綴《つづ》られ、大統領府の名で祖国解放の犠牲となった謝意と賠償の権利が記されていた。

＊

本当の学びは渇望から生まれることを、キマニ・マルゲの物語は伝えている。大統領選に絡んだ暴動で家を焼かれ難民となってテント生活を余儀なくされたときも、毎日、四キロの道を歩いて学校へ通いつづけ、二〇〇五年には優秀な生徒として首席に選ばれたという。

その年、彼は一億人以上の学校へ通えない子どものために、国連でスピーチを行う。二〇〇九年に九〇歳で亡くなるまで、獣医になる夢と、誰もが教育を受けられる世界をあきらめずに学びつづけたという。

私たちは、いまは忘れ去られた数えきれない誰かの、闘いと犠牲のうえに生きている。どこの国であれ、自由や権利とは、そうした痛苦にあがなわれた果実にほかならない。

無償で保障される教育が、かけがえのない希望であった時代がどこの国にもある。教師であることは、その希望の学びを仕事として引き受けているということを忘れずにいたい。「子どもが未来だ。いい教師が要る」。教育省で訴えるマルゲの言葉が熱く残る。

（『教育』二〇一一年一〇月号）

ジブリが描く〝思いを貫く少女〟

『コクリコ坂から』

遥かに夏を過ぎてしまっても、この映画を観た余韻が残っていて、もう一度観たくなった。秋晴れの日比谷公園を歩き、みゆき座に向かった。広い劇場にはまばらな観客しかいなかったが、映画は変わらない清潔な香りを放ち、手嶌《てしま》葵の歌う「さよならの夏～コクリコ坂から～」に再び呼び戻される想いがあった。

それは誰にもある思春期の密かな恋歌であるだけではなく、あらゆる別れてきたものたちへの鎮魂歌として胸に響いた。

＊

舞台は一九六三年の横浜。港の見える坂の上に古びた洋館、コクリコ荘が建っている。コクリコはフランス語でひなげしだという。夜明けの海に遠く船が行き交い、庭にはひなげしの花が慎ましく咲いている。

アニメーションには不思議な魅力がある。ありふれた日常を絵にすることで、新鮮な感覚が吹き込まれる。主人公の松崎海が、誰よりも早く起きて、台所に立つ。黒光りの

「さよならの夏～コクリコ坂から～」
作詞：万里村ゆき子／作曲：坂田晃一
もとは、原田康子の小説を原作とした一九七六年のテレビドラマ『さよならの夏』の主題歌で、森山良子が歌っていた。それを映画『コクリコ坂から』が主題歌とした。

する一升炊きのお釜、古いガスコンロ、大型のマッチ箱、火をつける海の手元、ていねいに描かれる情景に懐かしい生活感が漂う。そして海は庭に出て旗を掲げる。航海の安全を祈るUWの信号旗が青空になびく。コクリコ荘は弟の陸を除き、女性ばかりが住む下宿屋である。海の準備した朝食に、美大生や研修医、海の妹、弟、祖母が集い、賑やかであわただしい朝の時間が流れて映画がはじまる。

海は高校二年生である。早くに父を亡くし、大学教員の母は単身アメリカに赴任し、下宿の切り盛りは海にまかされている。気負いはないが、思いやりと生活力を併せもち、高めに結んだお下げ髪としっかりした瞳の飾り気のない少女として描かれている。

そんな彼女に密かな恋が芽生える。相手は一年先輩の新聞部部長、風間俊である。新聞の片隅に載せられた「旗を掲げる少女」の詩が海のことではないかと友人に教えられ、その彼が昼休みの校庭で彼女の目の前に空から降ってくる。学園は文化部の部室が集まる古い学生会館、通称「カルチェラタン」の取り壊しをめぐって揺れ、彼は生徒会長の水沼とともにその反対運動の先頭に立ち、過激なアピールに出たのだ。

高校に、まだ自治と自由の息吹があった時代である。高校生は自主的な集会を開く。俊はそこで今日にも響く言葉を口にする。「古くなったから壊すと言うなら、君たちの頭こそ打ち砕け！　古いものを壊すことは、過去の記憶を捨てることと同じじゃないのか!?　人が生きて死んでいった記憶をないがしろにするということじゃないのか!?」。

音楽が物語を伴奏し、高校生たちはよく歌を歌う。激しい論争のさなかに、教師の見回りを受けると肩を組んで歌いだす。

魔窟のような部室が集まるカルチェラタンは男の世界である。汚く埃《ほこり》まみれでありながら、背伸びした知的な匂いがあり、自立への疼《うず》きと男同士の友情にあふれている。

建物を残すために、海の発案で大掃除が展開されるのも楽しい。エプロンと手拭いのマスク姿で大挙して現れる女子の一団の活躍と、尻を叩かれて働く男子生徒の描写にジブリアニメの本領が発揮される。そして主人公たちは初々しく人を恋う。

*

スタジオジブリのアニメーションは、「想いを貫く少女」を何人も描いてきた。『コクリコ坂』はファンタジーではないが、その系譜に連なり、まっすぐに生きようとする海と俊のラブストーリーに時代や社会へのメッセージが重ねられている。

原作は八〇年代の少女漫画だが、企画、脚本は宮崎駿である。「不安だけが広がる時代に、いったい何を作るのか」を問い、原作は大きく骨格を変えている。

若い日に彼は東映動画の労働組合の活動で高畑勲と出会い、彼らは作品のテーマに異議申し立てをしていたという。独立したあと

監督：宮崎吾朗／脚本：宮崎駿、丹羽圭子／原作：高橋千鶴、佐山哲郎／配給：東宝／2011年日本／1時間31分

は、不安定で過酷な労働を強いられていたアニメーターを早くから正社員として雇用し、応分の配分に努めてきたという。

「アニメーションはそんなに複雑に描くことはできない。でも、一つの想いなり気持ちをシンプルに、端的に描くと、非常に胸を打つものがある」。映画は彼の原点回帰のようにみずみずしい。彼がそう願ったように、登場人物たちはわずかな出番ではあってもていねいな扱いを受けている。コクリコ荘の下宿人もクセはあるが共感できる人びとであり、海の友だちも引き立て役ではなく、カルチェラタンの住人もただギャグのために配置されているわけではない。みんな人恋しく、温かい体温をもっている。

おとなたちがみな子どもを守る存在として描かれていることにもジブリの思想が垣間見える。海や俊の親たち、高校の教師や理事長、オート三輪に乗せてくれる近所のおじさんに至るまで子どもを愛おしんでいる。そしてジブリ作品にはどこか女性への憧れと敬意がある。海には理想の女の子とどこにもいる女の子が混在する。生活を支える気丈さ、親のいない寂しさ、まっすぐな初恋と葛藤、揺れながら開かれていく心がその表情の変化で豊かに描写されている。

二人の恋を阻む親たちの事情にも、戦争を背景とした時代の青春が重ねられている。二人は親たちの真実に迫っていく。父の旧友が謎を明かしてくれる。命への切実感が強くあった時代、他人の子でもわが子として引き受け育てるという出来事は実際にありふれてあったのかもしれない。父を思う娘の気持ちがめぐりめぐって海に幸福を届けてくれる。清々しくさわやかな結末である。

＊

ジブリの作画は美しい。霞むような朝の海、旗が海風にはためき、少女の髪が揺れる。砂埃の舞う道路、まぶしい陽射し、水滴のこぼれる雨傘が幼い愛を彩る。大小の船舶、波のうねり、建物や家具の色つやや質感まで精密に描かれている。自然な手描きの人間の表情にも魅せられる。

作品は三月一一日以前にほとんど製作されていた。宮崎駿は、生活の淀みや文明の試練のなかで、人間を描かなければならないと考えていた。大震災と原発事故のあとで、彼は「死者を悼むところにいたい」「敬虔《けいけん》な気持ちで事態に向きあいたい」と発言している。そして映画は時代に応えている。

人は時代と別れ、人と別れ、過去の自分自身とさえ何度も別れを告げて生きていく。しかし、再び戻ることはない人や過去であっても、誰かの記憶にとどめられる限り、生きている。映画は一九六三年から、二〇一一年を問いかける。こうであった青春、こうありたかった未来、私たちは再び何を大切に生きていくのか。

少女の掲げるＵＷ旗は遥か時を超えて、私たちにも呼びかけている。

（『教育』二〇一一年一二月号）

たたかいも希望もすべて途上

『ヘルプ　心がつなぐストーリー』

傲慢と偏狭が喝采を浴びる時代が復古している。その対極にはつねに愚かしく残忍な迫害と不幸がある。

原題の『The Help』とは白人家庭の黒人家政婦を意味する。作者はそこに「助けて」という叫びとともに「私も力になる」という連帯の意も込めている。

「私は誰よりもデメトリーと親しかった。彼女は私を鏡の前に立たせて〝あなたはとてもきれい。きれいな女の子よ〟と言ってくれた。きれいじゃないのは明らかだったけれど。私はいつも自分を余計者のように感じていた。デメトリーはそれをよく知っていて、私の手を取り、あなたはいい子だと言ってくれた。」（原作あとがき）

デメトリーはアメリカ南部ミシシッピ州の黒人ヘルプである。彼女に育てられた女の子はキャスリン・ストケットという名で、おとなになって一つの物語を書き上げた。それは六〇の出版社に断られたのち本になり、「強くて、温かな、女友だちのような本」と『タイムズ』誌に評されて一一〇〇万部を超える全米ベストセラーとなった。

原作
『ヘルプ　心がつなぐストーリー』〈上下〉キャスリン・ストケット／栗原百代訳／集英社文庫／二〇一二年

＊

一九六〇年代のアメリカはまだ、異なる人種が平等であるべきだと少しでもほのめかせば、たちどころに暴力と制裁が加えられた時代だった。正面から描けば重い社会派劇となるテーマを映画は風刺とユーモアに包み、いつの時代にも共通する人間の生き方や友情の物語として飽きさせずに展開する。

登場人物はほとんど女性で、男の影はきわめて薄い。女優は素晴らしく、多彩なキャラクターであふれている。

白人では、この時代には珍しく結婚よりも仕事を望み地元紙でコラムの代筆をしながら作家をめざすスキーター、彼女の友人で周囲を見下すママ会の女王ヒリー、産後鬱で育児に悩むヒリーの側近エリザベス、ヒリーの元彼と結婚したばかりに妬まれ外される天然美女のシーリアなど役者がそろっている。

さらに達者なのは二人の黒人ヘルプである。エリザベスの家で働くエイビリーンは息子を事故で失った哀しみに耐えながら慈しんで白人の子育てに励み、差別と偏見に満ちたヒリーの家では、夫の暴力に悩みながらも料理名人で人情家のミニーが働く。

ニューヨークの編集者から、「自分が違和感を覚えること」を書

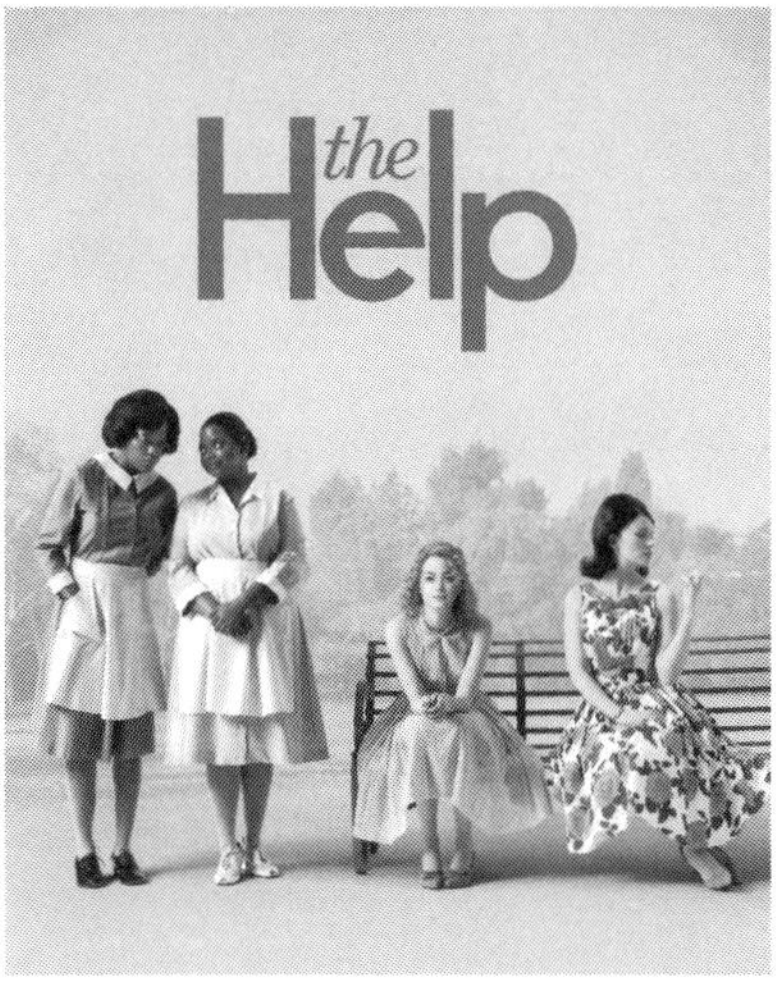

監督・脚本：テイト・テイラー／配給：ウォルト・ディズニー・スタジオ・ジャパン／2011年アメリカ／2時間26分

くように示唆されたスキーターは黒人ヘルプたちの真実を伝えたいと思い立つ。だが彼女たちの証言を得ることは容易ではない。それは職を失うだけではなく、家族や命さえも危険にさらすからだ。

物語ではトイレが狂言回しに使われている。ヒリーは子どもたちを病気の感染から守るために各家庭に黒人ヘルプ専用の野外トイレを設置する条例案をつくり請願活動に忙しい。だが激しい嵐の日にミニーは家族用室内トイレを使ってしまい、激怒するヒリーに追放される。「燭台を盗んだ」と言いふらされて次の職に就けなかったミニーを雇ったのはシーリアだった。二人には立場を超えた友情が芽生える。シーリアは「空気を読めない」ことで社交の場ではいじめられるが、それによって偏見からは自由でありえたのだろう。

ヒリーへのミニーの痛快な復讐譚もトイレにまつわるアイディアで、観客は爆笑とともに溜飲《りゅういん》を下げる。

エイビリーンもまた銀器を盗んだという冤罪《えんざい》で仕事を追われる。彼女は「行っちゃいやだ」と泣く幼子に話しかける。「あたしの言ったことを覚えておいてほしいの。覚えてる？」。幼子は彼女の目を覗《のぞ》き込んでたどたどしく答える。「あなたは、やさしい子。あなたは、かしこい子。あなたは、たいせつな子」。エイビリーンは、熱い、小さな体を抱きしめる。それこそは作者が黒人ヘルプからもらった何よりの贈り物であった。

＊

映画はハッピーエンドとはならない。人の世がそうであるように、物語にも終わりはない。差別も、理不尽も、たたかいも、希望も、すべては途上である。映画もそのように幕を閉じる。

エイビリーンは職を追われるきわに、ヒリーに問う。「脅せば誰でも言いなりになると？」「疲れませんか？」

荷物をまとめて、エイビリーンは朝の暑い歩道を去っていく。彼女は考える。「今日の残りは何をしよう。人生の残りで何をしようか。お日さまはまぶしいがあたしは目を見開いている」

夏の陽射しが木漏れ日となって広い街路に降りそそぐ。彼女はまっすぐに前に向かって歩いていく。遠ざかり小さくなっていく彼女の後ろ姿をカメラはただ見つめつづける。その先を生きていくのは観客である現代の私たち自身であると呼びかけるように。

（『教育』二〇一二年六月号）

教室は絶望をぶつける場所ではない

『ぼくたちのムッシュ・ラザール』

カナダ、モントリオールの小学校。校庭には雪が降り積もり、登校した子どもたちが無邪気に遊んでいる。穏やかな映画のはじまりだが、この日、牛乳当番でいちばんに教室に入ろうとした一一歳の男児シモンには衝撃的な朝となる。担任のマルティーヌ先生が縊死《いし》していたからだ。騒然となる学校で、子どもたちは理由を知らされず一斉に校庭に出される。ただ一人女児のアリスが廊下に散らばる牛乳パックに驚き、流れに逆らって教室内を目撃してしまう。

教師であれば、観ることが胸苦しくなる展開である。だが映画は不思議な静けさと真摯な問いに包まれている。

親しかった人、愛した人の死を、人はどのように受け入れ、生きていけばよいのか。学校とは何か、教師であるとはどういうことなのか。映画は簡素なまでにそのことを問いかける。

*

代替教師の手配に追われる校長のもとへ実直そうな中年男が現れる。バシール・ラザールという名のアルジェリア人で、母国で一九年の教師経験があるという。なり手のなかった代わりの担任が見つかり、教室のペンキも塗り変えられ、ようやく授業が再開される。新しい先生は、子どもたちにはちょっと風変わりな人だった。机を昔のように直列に並べ替え、授業はどこかぎこちなく、文法や教材も古めかしいものだった。それでも、先生の目線は少しも上からではなく、居眠りする子には「枕はいるかい？」と聞くユーモアと優しさがあった。事件から不安やいらだちが噴きだす喧嘩《けんか》にも「教室という場は、それぞれの人生を分かちあう場だ。絶望をぶつける場じゃない」と言ってくれた。そして先生は授業で「さなぎ」の意味を問い、それは「昆虫の成長過程で蝶になる前に繭のなかで旅立ちを待つ。諸君みたいに」と教えてくれた。

＊

映画は二つの隠された謎を秘めたまま進行する。マルティーヌ先生はなぜ教室での死を選んだのか、ラザールにはどのような過去があったのか。

ラザールの秘密は、挿入される法廷シーンでしだいに明らかになる。母国で教職にあった妻が著書で政府批判をしたために娘たちとともにテロの犠牲となり、単身亡命による難民申請中の身であったのだ。彼には本当は教職歴もない。子どもとともにいるときの柔和な笑顔が、苦渋に満ちた表情に変わる。

マルティーヌ先生の死は、補習中に家庭問題で落ち込んでいたシモンを抱きしめたことがセクハラとして問題にされたことに端を発しているようだ。

どこの国であれ、学校や保護者は波風を恐れ、責任を回避し、本質から逃れようとしがちだ。それでも映画は教師とは子どもを慈しむ職業なのだと、言葉ではなく伝えようとする。教え子を両脇に抱えて笑っている妻の遺影。スタンプ類や絵本とともに子どもたちの写真が詰まったマルティーヌ先生の遺品箱。子どもと一緒に記念写真をとるときにみんなが「チーズ」ではなく「バシール!」と叫んでくれたときのラザールのうれしそうにはにかんだ笑顔。教師の仕事はいつも苦悩と小さな喜びが交錯する。

*

授業中、ある生徒が祖父の死について発言したことをきっかけに、教室でマルティーヌ先生の死が話題となる。ラザールは意を決して「話したいことがある子はいるか」と問いかける。シモンから堰《せき》を切ったように自責の念があふれだす。「ぼくのせいじゃないよね」と激しく泣きじゃくる。

「先生がなぜ死を選んだかは誰にもわからない。いまも胸が苦しいのは、その人を愛

監督・脚本:フィリップ・ファラルドー/原作:エヴリン・ド・ラ・シュヌリエール/配給:ザジフィルムズ、アルバトロス・フィルム/2011年カナダ/1時間35分

し、愛されたからだよ」と、ラザールはゆっくりと語りかける。

生き延びた者はつねに自分の責任を罪として悩む。シモンも、アリスも、ラザールも、そして深浅はあれ教室の誰もが傷を負い、葛藤を抱えている。

資格のない教師であることが露見したラザールは最後の授業を願い出る。それは宿題にした寓話づくりのラザール自身の作品で、悲しみを知る大きな木と傷ついた小さなさなぎの物語だった。

子どもたちの孤独と疼きに教師は手をさしのべることができる。そして教師もまた子どもによって救われる。みんなが帰った最後の教室に、一人の子どもが戻ってくる。駆け寄る少女を両手を広げて抱きとめるラザール。

暗転した画面にピアノで静かなワルツが流れる。舞うように、弾むように明るく、泣きだしそうなほどに悲しく、美しい転調がくり返される。バシール・ラザールの人生がそうであったように、教師を生きること、子ども時代を生きることがそうであるように。

(『教育』二〇一二年八月号)

誰もが知る絵本画家の、知られざる人生

『いわさきちひろ　27歳の旅立ち』

いわさきちひろの絵を初めて見たのは学生時代だった。セツルメントというサークルの部室で、『子どものしあわせ』という雑誌の表紙に描かれていた幼い子どもの無垢《むく》なまでのあどけなさに心惹かれた。

ちひろの絵は、不安に小さな胸を痛めたり、母の愛に包まれていた遠い時間を呼び戻してくれる。花や空や太陽とともに子どものさまざまな表情が、にじんだ水彩やパステルの優しい色彩で見る者の心を潤す。

教師になって、子どもを愛することができずに苦しい日に、いわさきちひろ美術館を訪ねたことがある。暴言を吐き、目をつり上げて歪《ゆが》んだ表情を見せる子どもの内側にも、ちひろの描く純な子どもの顔が潜んでいるように思えた。彼女の絵はいつも子どもへの愛おしさを思い出させてくれた。

＊

没後三八年を経たいまも、ちひろの絵は世代を超えて愛されつづけている。だが、彼

セツルメント
一九世紀後半、イギリスで貧民救済ではなく地域に住み込む（settle）ことで社会を変えようとはじまった運動。日本でも学生を中心に法律相談や栄養相談、子ども会や青年会など学生の専門を生かして地域に貢献しながら現実から学ぶことを目標に活動が広がった。私は子ども会に参加し、幼くも生活を背負った子どもたちといっしょに遊び、勉強を教え、家庭訪

女の波乱に満ちた実人生はどれほど知られているだろうか。本作は、ちひろにかかわったさまざまな人たちの証言を、彼女の残した絵とアルバム写真に重ねて描きだしたドキュメンタリー映画である。山田洋次に勧められて監督を務めた海南友子《かな》は、東日本大震災ですべてを失った人びとの絶望と再生にちひろの人生が重なったという。

若い日のちひろの日記が画面に映される。ノートはただ南無妙法蓮華経という字で何ページも埋めつくされている。この頃の鉛筆描きの自画像がある。荒々しいほどの強い線が何本も彫りこむように描かれた異質な造形である。そこには過去の自分と決別しようとする意志的な表情が刻まれている。二七歳までのちひろに、何があったのだろうか。

子どもの頃から絵が大好きで画家になりたかったちひろは、親に強いられた結婚で満州に渡る。どうしても夫を愛せなかったちひろは身も心も閉じたまま夫の自死で不幸な結婚に終止符を打つ。帰国後、東京の家は空襲で全焼。あらゆるものを失った彼女は疎開先の安曇野《あずみの》で、日本共産党の演説会に出会う。初めて戦争がなぜ起きるのかを学び、戦争に命がけで反対した人びとの存在を知ったちひろは、再び絵で生きようと決意し、単身東京に向かう。

＊

「この全く勇ましくも雄々しくもない私のもって生まれた仕事は絵を描くことなのだ。そのやさしい絵本を見たこどもが、大きくなっても忘れずにこころのどこかにとどめて

問で親たちの苦労にも接することで学ぶ意味をとらえ直すことができた。サークルは、一人ひとりを大切に温かく扱う人びとの集まりで、どんな子どものなかからも、どんな否定的な状況のなかからも〝伸びる芽〟を探しつづけることを実践し、教師として生きていく原点となった。

『子どものしあわせ』　日本子どもを守る会が編集、出版している月刊雑誌。一九五五年創刊。いわさきちひろは、一九六三年から亡くなる一九七四年まで約一五〇点の表紙絵を描いた。

おいてくれて、何か人生の悲しいときや、絶望的になったときに、ちょっとでも思いだして心をなごませてくれたらと思う」。彼女は、活動で知り合った若いコミュニストと三〇歳で再婚し、自分で選んだ志と絵と愛で再び生に向けて歩みだす。

妹たちはそんなちひろを「真綿で鉄の心棒をくるんだような人」と表現している。映画はちひろ美術館長でもある黒柳徹子を中心に、夫であった松本善明、一人息子の松本猛をはじめ、古くからの友人や知人、絵本の編集者など多彩な人びとの証言でいわさきちひろの生涯に万華鏡のような光を当てている。エピソードの一つに絵本や挿し絵画家の著作権獲得のたたかいがある。作品の勝手な改変や無断使用が平然と行われていた時代に、ちひろは仕事を失っても敢然と絵の返還を要求し、著作権を認めさせていく。

ちひろの最後の作品は、当時激化していたベトナム戦争を題材にした『戦火のなかの子どもたち』である。表紙には乱れた髪とうつろなまなざしで不安と恐怖に耐える幼な児が描かれている。ページをめくると、シクラメンの真っ赤な花びらに一人ずつの子どもの顔が重ねられている。「母さんといっしょにもえていったちいさなぼうや」。彼女は直接の死ではなく、母の胸で炎を見つめるあどけない子どもの顔を描く。そこには、何もかも打ち砕いていった自分自身の戦争の記憶と、かわいいもの、愛しいものを傷つけないで、という満身の叫びがこめられている。

一九七四年八月、ちひろはベトナム戦争終結を見届けることなく世を去った。

『戦火のなかの子どもたち』
岩崎ちひろ／岩崎書店／一九七三年

「おとなというものは、どんなに苦労が多くても、自分の方から人を愛していける人間になることなのだと思います」。ちひろの言葉は、そのまま教師の子どもへの関係にも置き換えられる。

*

有楽町で映画を観たあと、どうしてもまたちひろの原画に会いたくなった。西武線の上井草《かみいぐさ》駅を降りると、街はまぶしい夏の光にあふれ、空には入道雲が湧き上がっていた。ちひろ美術館は木陰のなかに慎ましく建ち、絵のなかの子どもたちは変わらずに「子どもであることのしあわせ」を微笑みかけていた。

(『教育』二〇一二年一〇月号)

監督：海南友子／配給：クレストインターナショナル／2012年日本／1時間36分

放課後の揺れる高校生群像

『桐島、部活やめるってよ』

誰もが通り過ぎ、その場所から社会に巣立っていく学校。そこでは同世代のさまざまな人間模様が交錯する。「格差社会」は学校にも内在し、そこに複雑な感情が行き交う。この日本では人間関係はことのほか悩ましく煩わしい。高校生にとってはそれもまたおとなになる重要なレッスンかもしれない。映画は五日間の出来事をドラマというよりドキュメンタリーのようなタッチで描きだす。

原作は、小説すばる新人賞を受賞した朝井リョウの同名小説。登場人物名をタイトルにしたオムニバス形式は、映画では曜日の章立てに変更され、同じエピソードがカメラポジションを換えて何度も描かれている。同じ時間を同じ場所で過ごしても、人は同じ体験を生きてはいない。説明のない映像で主に伝えられているのは高校生たちの感情である。観客は誰の位置で見たのかによって変化する印象に揺られる。

＊

一一月二五日、金曜日。スーパースターのバレー部キャプテン桐島が欠席し、部活をやめるという噂《うわさ》が広がる。恋人の梨沙や親友の宏樹は特別な関係にありながら知らされていなかったことに動揺し、桐島の突然の「降り方」が、波紋のように高校に広がる。映画は最後まで桐島不在のまま進行し、彼をめぐる群像にそれぞれ焦点が移されていく。高校生の王国は教師やおとなのいない放課後にある。教室の片隅では梨沙たちのたわいもないガールズトークに花が咲き、多くの生徒たちは校庭や体育館、音楽室での部活動に散っていく。どこの高校にもありそうな平凡な日常にも、一人ひとりの自分だけのドラマが渦を巻いている。

閉じられた世界で、彼らはまなざしを浴びている。自分が何者であるのか、自分はどの程度なのか、周囲の視線が評価づける。その優劣や排除で棲み分けられ、もてあます内心の不安が高校生をつるませている。だが、同調しているのは本当の自分なのかという疑い、他者の評価に惑わされないところで生きたいという密かな願いがつきあげる。

スポーツ万能で野球部員だが何事にも熱中できず、幽霊部員となって放課後は帰宅部の塾仲間と中庭バスケで時間を過ごす宏樹の空虚感。バレー部の風助は桐島の代役を務めきれず、「オレは何かをしようとしてもこの程度なんだよ」と自棄になる。校内では明らかに下のランクとなる映画部の前田と武文は風采も上がらず、映画祭

監督：吉田大八／脚本：喜安浩平、吉田大八／原作：朝井リョウ／配給：ショウゲート／2012年日本／1時間43分

で特別賞をとって朝礼で表彰されてもそのセンスのない題で女子生徒の失笑を買う。

宏樹を想う吹奏楽部部長の亜矢は切ない。宏樹の後ろの席で窓から見える遠い山並みを見つめる。中庭の見える屋上で宏樹の姿を追いながらサックスの個人練習をしているが、つきあっている沙奈とのキスシーンを見せられてしまう。

バドミントン部のかすみは魅力的に描かれている。女子の上位グループの一員でその和を乱さないように気づかってはいるが、人の噂話には乗らず悪口も言わない。だが沙奈が映画部を侮蔑したとき、一度だけ怒りを見せる。誰かを好きになる、何かに熱中する、そうした人の芯にかかわることを小馬鹿にする態度を彼女は許さなかった。

前田はそのかすみに密かに憧れていた。

映画は青春の残酷を描く。とうてい得られない憧憬と、なれはしない何者かへのあきらめ。嫉妬は苦しい感情である。自分より遥かに優れた存在と教室で隣りあう。卑小であることの鬱屈、刺激される劣等感。努力の報われる可能性が低い時代にあって、そのネガティブな感情とどう向きあうのかを映画は問う。

＊

誰もが凡庸さを超えたかった。「桐島」になりたかった。だが、その桐島でさえ、何かを見てしまったのだろう。

「いちばん怖かった。本気でやって、何もできない自分を知ることが」。彼らは「それでもこの世界で生きていく」ほかない。

最後に、異なるグループの前田と宏樹が、屋上で短い言葉を交わす。カメラを向けられ、将来の希望を問われた宏樹は言葉に詰まる。未定の時間の交差点に立つ不安と、悲しみに似た感情が二人に共振する。自分で悩み、自ら踏みだすために、〝放課後〟がある。

夕暮れのグラウンドで野球部員たちがシートノックに励んでいる。点在する泥だらけのユニフォームが、焦点の合わない遠景となり、薄明のなかに消えていく。宏樹は、黒い鞄《かばん》をもう一度肩にかけ直し、校門とは逆方向に歩いて行く。放課後の微風のなかを、背中から光を浴びて、茫漠《ぼうばく》とした未来に一人で歩みだす。

これもまた、まぎれもない現代の自己形成物語《ビルドウングスロマン》なのかもしれない。

（『教育』二〇一三年一月号）

自分のままで、ゆっくり伸びたい

『さなぎ　学校に行きたくない』

学校に行きたくない、と思わなかった子どもはいるのだろうか。監督の三浦淳子もまた、そうした子どもの一人だった。

一九九八年の夏、監督は親友の姪で学校に行けなくなった愛ちゃんに会いたくて長野県飯田《いいだ》盆地の喬木《たかぎ》村を訪ねる。そこで愛ちゃんの思いのほか溌剌《はつらつ》としてのびのびした感性に魅了され、それから一四年にわたって彼女の軌跡を追いつづけた。子どもはつねに、いま、を生きている。映画には木下愛という少女の刻々の生の断片と成長の記録が保存され、観客はどこか自分の追憶と重ねて子どもであることや学校について思いをめぐらすことになる。

＊

映画がはじまると、夏空に向かって枝を広げる木々のさざめきが聞こえ、透明な羽を光らせて歩みだす脱皮したばかりの蟬がクローズアップされる。

「愛ちゃんは小学生になってまもなく、教室に入ると頭がひどく痛くなって登校できなくなったのだそうです。病院に行っても理由がわからず、愛ちゃんもお母さんも途方に暮れました」というナレーションに重なって、家の塀に登ったり、畦《あぜ》の小川に足を浸して遊ぶ愛ちゃんが画面に現れる。

不登校の子どもは、自分の生きる時間だけが滞っているように感じるという。親にとっても子どもにとっても時間が重い。愛ちゃんの家のチューリップがついた掛時計の文字盤が何度も映しだされる。時刻はなぜか人を圧迫する。それは内心の母親の焦りと愛ちゃんの疼きを隠している。ゆっくりと髪をとかし時間をかけて朝ご飯を食べ、そのあと食卓にスケッチブックを広げて絵を描きはじめる愛ちゃんと、何とか学校に連れだそうと誘う母親の短くはない朝の時間にカメラは寄り添う。

映画は学校を否定したり、学校に行けない原因を追及したりしない。子どものありのままの日常を、ただ映像で追う。カメラの位置はつねに低く、余計な口出しをしない。愛ちゃんは遊ぶことが大好きな子どもである。学校は苦手でも、愛ちゃんにはいっしょに遊んでくれる二人のお友だちがいる。

若草の萌《も》える川沿いの斜面を三人は何度も転がりながら滑り降りる。河原に捨てられた廃車のバスの屋根ではしゃぎながら歌い踊る。澄んだ渓流で下着のまま水しぶきを上げて泳ぐ。川辺の道路に並んで寝そべる。両手を伸ばし、空に向かって広げると秋の陽射しがまぶしい。

愛ちゃんは家族と仲がいい。古希を迎えたお祖父ちゃんの頭を花で飾る。お祖母ちゃんと一緒に五《ご》平餅《へいもち》を作る。

二年生からときどき特別支援学級に通っていた愛ちゃんは、四年生から元のクラスで過ごせるようになる。最初は勉強がわからず、一人で絵を描いていた。愛ちゃんの嫌いなものは、競争。マラソン大会も、計算ドリルも嫌だった。そんな愛ちゃんが、六年生になると児童会長になるまでに変貌する。変化の原因も映画は説明しない。だが、学校という場所には何が過剰で何が足りないのか、子どもが自分を生きるとはどういうことなのか、愛ちゃんは何に満たされていたのか、観客はいつか共感をもって理解する。

＊

小学校卒業の前の日、愛ちゃんは友だちと一〇〇個のテルテル坊主を作る。満艦飾のように洗濯干しに並んだテルテル坊主の笑顔が暗闇に消えると、画面は一転して蝉の鳴く初夏の雑木林に変わる。そこは大学の裏庭のようで、若い女性が歩いてくる。それは大学生になった愛ちゃんだった。

彼女は東京で一人暮らしをはじめ、美術大学で空間デザインを学んでいる。蝉の抜け殻を集めて子ども服のデザインに取り組む面影は子どもの頃と変わらない。大学の教室

監督：三浦淳子／配給：クロスフィット、トリステロ・フィルムズ／2012年日本／1時間43分

で、就活の履歴書を書きながらインタビューに応える愛ちゃんは「特技」の欄に立ち止まる。しばらく考えたのち、彼女は「四葉のクローバーを見つけられること」と書く。少し、はにかんだ笑顔で。

子どもの頃遊んだ草原の輝きと、目立たない場所にそっと隠れている幸せを、彼女は探し続けてきたのだろう。

昆虫は幼虫から成虫に変化するとき、内部では幼虫期の器官がいったんどろどろに溶けて生まれ変わるという。静かな外見からは想像しにくい、ダイナミックな変容が起きている。そんな「さなぎ」という時期が人間にも必要ではないかと監督は思う。

見終わると、映画にはいつも風の音や草の匂いが流れていたような気がする。そして、生きることがどこか戯れるような遊びの時間のつづきでありたいと心密かに思う。

(『教育』二〇一三年一二年月号)

被災地を離れない、生まれた町だから

『故郷よ』

決して忘れてはならないことからも、人の記憶と関心は遠ざかっていく。

「あの事故が招いたいちばんの悲劇とは、そこに暮らす人びとが故郷を追われてしまったということです。強制退去させられた人びとがたとえ汚染された土地でもそこを離れることに耐えがたい痛みを抱いていること、故郷を捨てることは思い出を裏切るという感覚を覚える人もいます。そして汚染された土地であるからこそ、そこで証人にならなければという思いもあるのです」。その思いを込めてミハル・ボガニム監督はチェルノブイリ原発事故後二五年を経て、初めてドキュメンタリーではない劇映画製作を志した。監督は被災者をていねいに取材し、その生の声をもとに脚本を起こし、当局の検閲や妨害をすり抜けながら、東日本大震災直後の二〇一一年春に作品を完成させた。彼女にとって「福島」は自分の映画と見まがうほどの既視感に打たれたニュース映像だったという。

世界史的な大惨事を扱いながら、映画は詩的な抒情をたたえている。それゆえに罪な

チェルノブイリ
外務省は二〇二二年四月、ロシア語に由来するチェルノブイリでなく、ウクライナ語の「チョルノービリ」に呼称を変更すると発表。

き人びとに音もなく降り積もる悲劇はいっそう観る者の胸に迫る。

＊

映画のはじまりは穏やかな暖色である。一九八六年四月二五日。チェルノブイリから三キロ離れたプリピャチの町にうららかな春の日が過ぎゆく。森の緑が萌え、川面は光り、水辺で魚を釣る人びと、小舟で愛をささやく恋人たち、リンゴ畑では父と子が若木を植えている。空は澄み、オープン間近の華やかな観覧車の向こうに発電所の煙だけが不似合いに遠くたなびく。

翌二六日、川辺では小舟の恋人たちの野外結婚式が開かれている。祝い酒に酔い、軽やかなアコーディオンとヴァイオリンの音色に乗って踊る人びとの群れ。マイクを手に花嫁アーニャが「百万本のバラ」を歌いだす。その哀愁と情熱のメロディーが水面を渡るとき、突然の雨が街に降りそそぐ。やがて滴《しずく》は黒く濁り、純白のウエディングケーキを汚していく。式は一転し、消防士である新郎のピョートルは「森林火災」があったとの報を受け現場に急行する。

降りしきる雨はリンゴ畑にも異変をもたらしていた。ヴァレリーは父とともに植えた若木が一夜で枯れていることに気づく。原子力発電所技師である父アレクセイは極秘に事故を知らされ、家族を避難させたあと、招集に応じる。

快晴の翌朝、牧場ではミツバチが巣箱の中で死に絶え、ヘリコプターで降り立った白

「百万本のバラ」
もともとはラトビア語の歌謡曲。日本ではロシア語版の歌詞を加藤登紀子が自ら訳して歌ったものが有名。

い防護服の一団が無言で家畜小屋を焼き払う。住民がようやく異変に気づいた頃、強制退去命令が出される。アーニャは一日だけの妻となり、ヴァレリーの父も帰っては来なかった。

*

一〇年の時が流れ、画面は冷え冷えとした寒色に変わる。プリピャチの時間は停止し、人気《ひとけ》のない町は凍結したように曇天の下の雪に覆われている。事故後、三〇キロ圏内は立ち入り禁止区域となり、建物も農地も朽ち果てて、野生化した馬が疾走する彼方に「石棺」となった原発が遠望される。

映画は、あの日ののちの人びとの姿を追う。美しい花嫁だったアーニャは「チェルノブイリ観光ツアー」のガイドとなって故郷にとどまり、事故を伝える仕事をつづける。長年の放射能に肌はやつれ髪は抜け落ち、新たな恋に悩みながらも、一人で暮らしている。

あの日、少年だったヴァレリーは、「亡き父」の弔いのために帰郷し、禁を破って自宅に帰り「僕らに会いに来て」と廃墟の壁に書き残す。

だが父のアレクセイは精神を病みながら異郷に生きていた。もはや存在しないプリピャチの駅に向かって、彼はひとり列車を乗り継ぐ。

監督・脚本：ミハル・ボガニム／脚本：アントワーヌ・ラコンブレ／配給：彩プロ／2011年フランス・ウクライナ・ポーランド・ドイツ／1時間48分

＊

誰も乗ることができなかった観覧車が遠く残骸をさらし、子どもたちの歓声が無音で幻のように聞こえる。画面には物語の形だからこそかき立てられる怒りと哀しみが漂う。真実を隠す政府、被災者への差別、福島と変わらない構図がかつて遠いウクライナにもあった。原発事故は全貌の見えない巨大な暴力であり、「原子力」とは爆弾であれ発電であれ、制御不能の破壊と死滅をもたらすことを私たちは何度知ってきたことだろう。

それでも映画は観る者を虚無に導きはしない。人が人を想う、ただそのことに希望を託す。そして、映画の作り手たちは「忘れること」の罪を私たちに手渡す。

（『教育』二〇一三年四月号）

あなたのすべてを見届ける。

『愛、アムール』

『ヒロシマ・モナムール』（邦題『二十四時間の情事』）という映画がある。マルグリット・デュラス原作・脚本、アラン・レネ監督による一九五九年の日仏合作映画で、私にとっては若い日に場末の名画座で観た忘れがたい作品である。広島での映画撮影に日本を訪れたフランス人女優と日本人建築家の出会いと別れが、陰影に富んだモノクロ画面に刻まれている。女は戦時中に敵国ドイツの兵士を愛し断罪された過去をもち、まだ生々しい原爆禍を目にすることで記憶が揺り戻され、日本人の男とのつかの間の情事に激しい痛みがよみがえる。名前の与えられていない美しいヒロインを演じたのが、『愛、アムール』の主演女優、エマニュエル・リヴァだった。彼女は八五歳になっていた。

＊

冒頭、パリ都心部の高級アパルトマンに消防士たちが突入し、扉を開けるとベッドには老婦人の遺体が静かに横たわっている。観客は最初にこの結末を知らされたうえで、仲のよいひと組の夫婦の老境と、その愛の行く末をたどることになる。

ジョルジュとアンヌの二人は、かつてともに音楽教師だった。映画はアンヌの愛弟子の若いピアニストの演奏会に赴く幸福な一夜に遡る。映されるのは観客席だけだが、シューベルトの即興曲が流麗に響き、アンヌには誇らしい満足感が込み上げる。そして異変は翌日に訪れる。いつもと同じ穏やかな食事の最中にアンヌは人形のように動きを止める。脳の発作だった。

満ち足りた生活は一変する。九五%安全と言われた手術は五%の側に陥り、家に戻ったアンヌは半身不随の不自由な生活を余儀なくされるが、入院での治療を嫌がる妻の切なる願いを受けて、ジョルジュは献身的な介護を始める。

ここからカメラは室外に出ない。窓からの陽光のほかは冷気をはらむような室内の情景で夫婦の緊張関係の深まりを追っていく。当初の夫婦の会話は日常的でありながらいたわりに満ちて微笑ましい。だが二人は否応なく介護する者とされる者に分かたれていく。アンヌはやがて言葉にも顔面にも麻痺《まひ》が現れ、記憶も混乱しはじめ、寝たきりとなっていく。妻は夫に感謝しながらも、食事も歩行も排泄さえも世話されなければならない日々に自尊心の危機を募らせていく。彼女は夫が口に注ぐ水さえも吐きだしてしまう。介護する夫にも老いは深まり、思いどおりに体は動かず妻を抱える姿も危うくなる。

在宅介護の困難をハネケ監督は感傷を排し、冷静に見つめつづける。心身が崩れゆく妻にやがて夫は耐えがたくなる。妻は同情を拒み、娘にも姿を見せることを嫌い、気高い自分のままでの死を望みはじめる。

愛する者が苦しむ姿に、その人を愛する者はどう向きあえばよいのか。監督は社会問題としての老老介護ではなく、その痛切なテーマに関心を集中させる。

*

余白の多い作品である。若く美しかった妻や過去の思い出を映像で回想することはしない。激しい言葉で介護士に解雇を宣告する場面でも、その原因に何があったのかは省略される。映画というより、映像として時間が重ねられていく。一度だけピアノに向かう妻、二度窓から部屋に舞い込む鳩に夫の心情がわずかに投影されている。短いピアノ曲以外に音楽は使われず、蛇口から漏れる水の音、ページをめくる紙の音、二人の足音、内面の激しさを隠して画面はほとんど静謐《せいひつ》である。

題名は「愛の讃歌」を思わせるが、むしろ愛の追悼の物語である。観る者には厳粛なまでに沈黙と思考が求められる。違う結末を求める観客も少なくないにちがいない。それでも、死が無であることを暗示するように、エンドロールは無音で流れていく。

時は移ろい、人もまた朽ちていく。時は人に何かをもたらし、さらに奪っていく。時

監督・脚本：ミヒャエル・ハネケ／配給：ロングライド／2012年フランス・ドイツ・オーストリア映画／2時間7分

間がもたらす容赦のない変化、自分がもっていたもの、たしかにそこにあったものが喪われていくことを前に、人はどういう態度をとることができるのだろう。命については肉体的余命だけではなく、いつまで自分が自分でありつづけることができるのかという精神的余命も問われている。たとえそれが朽ちていこうとする精神と肉体であったとしても、愛する相手の命を私たちはどのように受けとめることができるだろうか。

映画のなかのジョルジュがアンヌのすべてを見届けたように、見終わって私もまたエマニュエル・リヴァというかつて憧れた女優の長い人生を見届けたような感慨で席を立った。

（『教育』二〇一三年六月号）

いつか作りたい映画のために

『はじまりのみち』

遠い記憶のなかの大切な一本の映画を、誰でももっているのだろうか。私にとって、それは幼い日に観た故郷の瀬戸内を舞台とする『二十四の瞳』であった。戦前戦後の激動を「泣き虫先生」として子どもとともに生きた女教師の物語が、曲折を経て私を教師に向かわせた。

ほかに『喜びも悲しみも幾年月』『野菊の如き君なりき』『楢山節考《ならやまぶしこう》』など数々の名作を生んだ木下恵介監督は、どれほど多くの人びとの逆境を慰め、自分の場所で生きていくことを励ましてきたことだろう。本作は木下恵介生誕一〇〇年を記念して製作され、若き日の彼の映画への熱情と時代の軋轢《あつれき》、その挫折と復活を描く小品である。

＊

映画は木下恵介が戦後毎日新聞に掲載した短いエッセイをもとに、日本の無条件降伏が間もない昭和二〇（一九四五）年初夏の数日だけに凝縮されている。

ただ映画が好きな青年が、家を飛びだして松竹撮影所に就職し、三一歳で監督となる

『二十四の瞳』
一三四ページ参照

『喜びも悲しみも幾歳月』
監督：木下恵介／一九五七年日本

『野菊の如き君なりき』
監督：木下恵介／一九五五年日本

『楢山節考』
監督：木下恵介／一九五八年日本

が、翌年戦意高揚を求められて製作した『陸軍』に内閣情報局からクレームがつき次回作を差し止められる。彼は近代日本の壮大な軍事史のドラマのラストシーンに、出征するわが子を追う母親の姿を延々と描きつづけたのである。

『陸軍』
監督：木下惠介／一九四四年日本

自然な親子の情を描くことを認めず、撮りたい作品が撮れない時代に見切りをつけ、彼は松竹を去り故郷に帰る。浜松の実家には脳溢血《のういっけつ》で倒れた母が、日ごとに激しくなる空襲の下で寝たきりになっていた。母の身を案じる彼は兄とともに、リヤカーで六〇キロの山道を越え、親戚の家に疎開する。

その戦時下の夏の険しい道のりと家族の情景のなかに、映画は木下惠介という戦後日本を代表した映画監督の生き方と作品の原像を映しだす。

＊

動けない母を乗せたリヤカーは夜明け前に出発する。道中にはもう一人、荷物を運ぶ便利屋が同行していた。この道化役の存在がドラマを回す。調子はいいが文句は多く、若い女の子には目のない若者が、生真面目な惠介に「青なりびょうたん」と陰口をききながらもその気骨に惹かれていく。

山中で白々と明るくなる空に向かい手を合わせる母の姿に、惠介が敬愛したその人となりが伝わる。

突然の雨にずぶ濡れになりながら黙々とリヤカーを引き、途中の街に着いても病人を泊まらせてくれる宿がない。やっと見つかった旅館の前で、惠介は泥水のはねた母の顔を手ぬぐいでていねいに拭き取り、髪を整える。母を休ませた安心で惠介が外に出ると、若い女の先生と無邪気に日の丸の小旗を振る子どもたちの姿が目に入る。習慣から指で作ったフレームでそれを見つめると、捨てたはずの映画への夢が揺れてよみがえる。

河原でひとり清流を見つめる失意の惠介に、便利屋が声をかける。彼を失業中だが映画館に勤めていたと誤解する便利屋は、『陸軍』を観たかと聞く。「最後に戦地に向かう息子を母ちゃんが見送るんだ。行軍ラッパが聞こえてくるとたまらんくなって」という便利屋の熱弁に映画のシーンが重なる。

田中絹代演じる母の、涙をこらえながら追う息子への誇りと悲しみの表情が観客の胸を打つ。「ああいう映画、また観たいやあ」というつぶやきに、惠介は涙が噴きだし、嗚咽《おえつ》してしまう。

*

現代もまた人が思いどおりには生きられない時代に回帰している。多くの教師たちが自分の願う教育実践を許されずに苦悶《くもん》している。魅力ある仕事が意に沿わない実務に変質させられるとき、人はどうすればいいのだろう。

木下惠介が挫折したまま映画界を去り、「木下正吉」に戻っていたら、私たちは『二

監督・脚本：原恵一／配給：松竹／2013年
日本／1時間36分

十四の瞳』を観ることはできなかった。彼の復活をささえたのは名もない観客の感動であり、母や家族の情愛だった。疎開先の病床で母も息子に告げる。「また木下惠介の映画が観たい」「戦争が永遠に続くはずはありません。いつかきっと作りたいものが作れるときが来ます。木下惠介に戻りなさい。それが私にとっていちばんうれしいことです」と。

最後に木下惠介が撮影した数々のフィルムが無音で流れていく。佐野周二が、原節子が、佐田啓二が、高峰秀子が銀幕に煌《きら》めく。その名作群の末尾に唯一のセリフが入る。『新・喜びも悲しみも幾歳月』での母親役の大原麗子のつぶやきだった。「この船が戦争に行く船じゃなくてよかった」

それは私たちに、いつかいい日が来る、時代に屈するなと呼びかけているように聞こえた。

（『教育』二〇一三年八月号）

佐野周二、原節子、佐田啓二、高峰秀子
いずれも、昭和に活躍した俳優。佐野はニュースキャスター・関口宏の父。原は小津安二郎の映画で知られる日本を代表する女優。佐田は『君の名は』で有名。中井貴一の父。高峰は『二十四の瞳』で大石先生を演じた。

『新・喜びも悲しみも幾歳月』
監督：木下惠介／一九八六年日本

〝悪〟とは何かを考え抜く

『ハンナ・アーレント』

八月はいつも私たちに戦争の記憶を呼び戻す。そして歴史から何を学びとるのかがいまも鋭く問われつづけている。

世界にも第二次世界大戦での体験を深い思索の源泉とした人びとがいる。ハンナ・アーレントもその代表的な一人だろう。彼女はドイツ生まれのユダヤ人で、ナチスの強制収容所から脱出してアメリカに亡命した哲学者である。生涯をとおして彼女は〝悪〟という問題に向きあい、政治と人間を探求しつづけた。全体主義とは何であるのか、何がホロコーストを生みだしたのか、彼女の問いは原発事故や混迷する現代日本の政治と教育現場の苦難にも思考の光を投げかける。

*

映画の冒頭、アルゼンチンの夜の路上で一人の男が突然拉致される光景が映しだされる。時は一九六〇年、男はナチス親衛隊で数百万人のユダヤ人を強制収容所に移送した責任者アドルフ・アイヒマン、捕らえたのはイスラエルの諜報《ちょうほう》機関モサドだった。

アイヒマンはイェルサレムの軍事法廷で裁判にかけられる。アーレントはこの歴史的な裁判を直接傍聴し記事を執筆したいと『ザ・ニューヨーカー』誌に願い出る。『全体主義の起源』を出版して一躍有名になり大学でも講義していた彼女の申し出は受け入れられる。だがそのレポートは激しいスキャンダルとなり、彼女は嵐のようなバッシングに見舞われることになる。

映画はアーレントの波乱に満ちた人生のなかから、もっとも痛みをともなって生き抜いた四年間に時間を凝縮する。演じたバルバラ・スコヴァには強靱《きょうじん》な批判力で苦悩を超えていく思索者の面影があり、かつて彼女を主演に『ローザ・ルクセンブルク』を撮った監督マルガレーテ・フォン・トロッタは思考し活動する女性が併せもつ豊かな愛情や友情をも画面に描きだした。

＊

「私は理解したい」、それがアーレントの基本原理であり、この映画の鍵でもある。アイヒマン裁判は世界注視のなかで始まり、とりわけユダヤ人社会にあってはこの〝凶悪な怪物〟への憎悪と報復感情が渦を巻いていた。だが、アーレントは冷静だった。彼女はアイヒマンのあまりの凡庸さに驚く。彼は表情を変えず、罪の自覚もなく、自己弁護に終始する。「自発的に行ったことは何もない」「命令と法律に従っただけだ」「上に逆らっても状況は変わらない」。それが彼の言い分だった。

『全体主義の起原』
〈全三巻〉ハンナ・アーレント／大久保和郎、大島通義・大島かおり訳／みすず書房／二〇一七年（再訂版）
各巻の副題は「一 反ユダヤ主義」「二 帝国主義」「三 全体主義」。

『ローザ・ルクセンブルク』
監督：マルガレーテ・フォン・トロッタ／一九八五年西ドイツ
ローザ・ルクセンブルク（一八七一～一九一九）はポーランドに生まれドイツで活動したマルクス主義哲学者、革命家。「自由とは常に異論者の自由である」という警告はいまも色褪せない。

世界最大の悪はごく平凡な人間が行う悪であることを彼女は見出だす。悪魔的な意図もなく信念も邪心も動機さえもない、人間であることを喪失した者が犯す未曾有の犯罪。この現象をアーレントは「悪の陳腐」と名づける。

「彼が二〇世紀最大の犯罪者になったのは〝思考不能〟だったからだ」それがアーレントの結論だった。

彼女は裁判で明らかになった当時のユダヤ人指導者のナチスへの協力にも言及する。このレポートは発表されるやいなや「アイヒマンの擁護」「受難したユダヤ人への非難」として囂々《ごうごう》たる抗議と反発に呑まれ、彼女は多くの友人や近親者からも離反される。

映画は人間のドラマでもある。孤独と苦境のなかで夫ブリュッヒャーと親友の作家メアリーが示してくれた理解と共感、かつての師であり愛人でもあったハイデッガーとの出会いと再会のエピソードも挿入されている。

終盤、イスラエル政府は出版の差し止めを要求し、大学は全員一致で彼女に辞職勧告を突きつける。それでもアーレントは学生の支持を理由に敢然と講義に赴く。そこで彼女の全存在をかけた白熱のスピーチが始まる。

＊

監督・脚本：マルガレーテ・フォン・トロッタ／脚本：パメラ・カッツ／配給：セテラ・インターナショナル／2012年ドイツ・ルクセンブルク・フランス／1時間54分

ハンナ・アーレントは私たちに何よりも思考すること、想像することを呼びかける。アイヒマンはその人間としての大切な質を放棄してしまったからこそモラルまで判断不能となったこと、そのモラルの崩壊こそナチが欧州全体にもたらしたものであり、被迫害者のモラルをも危機に貶めた元凶であったことを訴える。非力な人間であっても、悪への「抵抗」と「協力」の中間に位置する何かはあったのではないか、違う振る舞いができたのではないかと。そのように問いかけることが欠かせないのだと。

エンドロールにニューヨークの夜の闇に瞬く街の灯りが流れていく。現代日本のさまざまな場所にも「悪の陳腐」ははびこってはいないだろうか。「〝思考の風〟がもたらすのは知識ではなく、善悪を区別する能力であり、美醜を見分ける力です」。時代の闇にアーレントの声が聞こえる。

(『教育』二〇一三年一〇月号)

青春は恥と後悔と初恋でつくられる

『あの頃、君を追いかけた』

本国台湾で爆発的ヒットとなり、香港でも歴代中国映画の記録を塗り替えたという映画である。スクリーンのなかで、人びとは遠く置き去りにしてきた自分の青春と再会し、その恥ずかしいほどの〝愚かさ〟を笑い、切ないほどの〝ときめきと痛み〟に涙したのだろう。私もまた映画館の暗闇で卒業写真を見るように過去の自分に回帰していた。「あの頃」とは、心の奥に幼くも純な偶像を抱いていた一〇代の日々である。誰にもある届かなかった想いと、かなわなかった憧れ。そして、青春は分岐の季節なのだとつくづく思う。あの頃の一つひとつの自分の選択が現在の道に続いている。そこには、違う選択をした場合の、ありえたかもしれない別の人生がある。その幻の過去が、青春を遠く過ぎ去ったおとなたちの胸を疼かせるのだろう。

＊

台湾がまだ経済成長と民主化の坂道を上っていた一九九四年、彰化《しょうか》という地方都市の高校生群像が戯画的に描かれて映画は軽快に走りだす。主人公コートンは目標もなく勉強もせず、悪友とつるんでふざけあい、うだうだとした日常を過ごしていた。前半にはあまりにお下劣な男子高校生のエピソードが満載である。授業中の度の過ぎた性的悪ふざけに激怒した担任は、クラス一の優等生チアイーをコートンの後ろの席にお目付役として座らせる。

チアイーにとってはこの上なく迷惑だが、かねてからコートンの悪友たちはそろって彼女に惹かれており、彼らはそれぞれの特技を生かして思い思いの恋のアプローチを試みる。だがコートンだけは気持ちと裏腹の言動しかとれず、ぎこちない日々が過ぎていく。

主人公の名前は監督の本名で、脚本はほとんど自伝として書かれているという。ヒロインには「映画に命を与えるため」に監督の憧憬をこめた知的で可《か》憐《れん》な女優が選ばれている。

優等生のチアイーがただ一度ミスを犯した窮地をコートンが救った日から二人は急接近する。彼女はお礼にコートンに自作の試験問題を作成して勉強を教える。「私が嫌いなのは自分はがんばらないで人の努力をバカにする人」と言われてついに勉強に励むコートンは、やがて成績の順位を彼女と賭けるまでに向上する。賭けたのは髪型で、負けたコートンは坊主頭で登校するが、勝ったチアイーも

監督・脚本：ギデンズ・コー／配給：ザジフィルムズ、マクザム、Mirovision／2011年台湾／1時間50分

彼の望むポニーテールで学校に現れる。束ねた黒髪を逆光になびかせて校庭を歩くチアイーの横顔にコートンの胸がときめく。

＊

映画は、よくある愛を口にできなかった二人の秘められた物語ではない。少年は好きであることを隠さず、可笑《おか》しいほどに少女を追いかける。あらゆる展開がお約束といえなくもない。それでも観客の胸はさざめく。たいていの青春は似たようなものだからだろう。

彼女に貸した教科書の落書き、風にめくられる机の上のノート、初夏の校庭の葉陰、バスケットコート。校舎裏の自転車置場、青空の下の退屈な朝礼、流れるブラスバンドのマーチ。画面は懐かしさに満ちている。

そして、それぞれの旅立ち。チアイーは試験中の突然の腹痛で受験に失敗し、コーンは志望校に合格して寮生活に入る。ともに大学生になっての、はじめてのクリスマスデート。再度の告白に「答えを聞きたい？」「いま言ってもいい？」と言われてコートンはひるみ、答えを聞かないほうを選んでしまう。「これからもずっと好きでいたいから」と。

好きな子の前で私たちはみんな臆病だった。女の子のほうは、好きになってくれたのは想像のなかの自分では、と悩む。成長とは残酷なもので、女の子の速さに男は追いつけない。「幼稚！」「大バカ」「わかってない」と大学生になってもその距離は埋められず、疎遠になる二人だが、台北大地震のあとに心配でたまらなくて会いに行く。

「私に恋してくれてありがとう」

「俺も君を追いかけている自分が好きだった」

二人は結ばれることなく年月が流れ、終幕にチアイーの結婚式の日が訪れる。久しぶりに悪友たちが集い、チアイーは変わらずに優しく、輝くばかりに美しかった。式のあと、コートンの激情が噴きだすある行為に、観客の感情も思わずあふれだしてしまう。

＊

「思い出」が思いがけない遠い日に人の人生を励ますことはたしかにある。

それは誰かを愛し、誰かに愛されたというかけがえのない記憶だろう。そしてそこにはたいてい苦い後悔と甘い痛みが隠されている。映画はただそのことを伝えたかったのだろうか。


（『教育』二〇一三年一二月号）

台北大震災（台湾大地震）
一九九九年九月二一日に発生。

生ききれなかった命の悲しみ

『かぐや姫の物語』

秋の化野《あだしの》を歩く。風雪に溶け丸みを帯びた無数の墓石、時間の骸《むくろ》のような死者たちの里。紅葉の木漏れ日の下に苔《こけ》が光り、時だけが降り積もるように枯葉を撒き散らす。

一〇〇〇年の時を超えて語り継がれてきた日本最古の物語にも、人の世の幸福と不幸があり、迷いや夢があり、生と死の問いかけがある。誰もが知るこの『竹取物語』に古代人《びと》はどんな思いを込めようとしたのか、そして敬愛する高畑勲監督は二時間を超える長編アニメーションとして現代に何を蘇らせ、新たに何を書き加えるのか。深い興味で京都の映画館のシートに座った。

＊

「いまは昔、竹取の翁《おきな》といふもの有りけり。野山にまじりて竹を取りつつ、よろづの事に使いけり」。原文どおりの古語のナレーションで映画の幕が開く。風がさざめく竹林で、翁は光る竹に目を見張り、その中から小さな小さな耀《かがよ》うような姫の姿を発見する。その雅《みやび》な少女は翁の手のひらで裸の赤ん坊に生まれ変わる。喜んだ媼《おうな》の胸が張り、奇跡のように乳が出る。原作では姫は三か月で成人するが、映画は姫の幼少期にたっぷりと時間をとる。

なにげない日常を魅力的に見せることが娯楽になる、と高畑監督は言う。赤ん坊の伸びをする手足、不思議そうに周囲を見渡す目、布団からはみだし、でんぐり返って這《は》い、部屋に入ってきた蛙《かえる》を追い、蛙をまねて跳び、土間から落ちて泣き、よろよろと立ち、初めての一歩を歩みだす。その生き生きと弾むようなしぐさを笑顔で見つめる老夫婦の至福。幸福はどこにあるのかが言葉を介さずに観客に伝わる。

やがて普通の子どもより速いスピードで姫は成長し、山里の子どもたちと四季の山野を駆けめぐる。ぐんぐん大きくなるからあだ名は「たけのこ」、年長だった捨丸と同じ年頃に追いつき、二人に淡い恋心が芽ばえたとき、竹林で黄金と絹の衣を授かった翁は姫を都へと連れて行く。

*

映画はかつてないアニメの映像表現を試みている。筆や鉛筆で描いたような粗いタッチ、余白の多い背景、デッサンに水彩で淡く色をつけたような絵が絵巻物のように流れていく。削ぎ落とし省かれることで見る者の想像力が膨らむ。それは絵での俳句を思わせる。悠久の自然と時間、小さくも懸命に生きる草や虫の命へのまなざし

監督・脚本・原案：高畑勲／脚本：坂口理子／配給：東宝／2013年日本／2時間17分

は芭蕉や一茶の句を連想させ、儚《はかな》くも美しい。

さらに映画はジブリらしい遊び心とユーモアにも満ち、笑いもあふれている。人びとの感情はスタッフの高度な技術で豊かに表現され魅力は尽きない。

都で暮らすことになった姫は翁のはからいで高貴な公達《きんだち》に嫁げるよう厳しい作法を教育され、眉を抜き歯を染める化粧を施される。翁と媼の愛情には報いたいが、女性に人形であることを強いる貴族生活は姫を苦しめ抜く。そして物語は権力者への風刺劇としての五人の求婚者のエピソードに移り、最後の月への旅立ちへと向かっていく。

＊

映画のコピーにある「姫の犯した罪と罰。」とは何だったのだろうか。高畑は煩悩のない清澄な月世界で「生と愛」に憧れた少女の罪に、地上の穢《けが》れを味わう罰が与えられたのだろうと考える。

固定した価値観と様式に縛られた生き方、贅《ぜい》を尽くしながら虚しく、内面を問われず満たされることのない愛、自然から離れ人工物に囲まれた生活。その耐えがたさに姫の激情はあふれ十二単《ひとえ》を次々と脱ぎ捨て、都から故郷の里山に疾走する。かぐや姫は自由を希求する美しい反抗少女でもあった。だが、五人の貴族を不幸にした罪悪感のうえに、天皇にも迫られ後ろから抱きすくめられた瞬間に姫は月に助けを求めてしまう。それが姫の刑期の終了であり、月への帰還を決定づける。

姫の後悔と翁や媼の懇願にもかかわらず、迎えは雲に乗って遥かな空から現れる。それはほとんど色のない天女たちと阿弥陀如来だった。月の羽衣をまとえば地上の記憶が消え去り穢れがぬぐわれると声をかけられたとき、思わず姫は叫ぶ。「穢れてなんかいないわ！」と。姫は地上で自分が愛し、愛されたすべての人を思い出し、自分を苦しめた軋轢や葛藤さえもそれは「生きる彩り」であったことに痛切に気づく。

かぐや姫が月に去ったのち、月から見た小さく青い地球が無音で一瞬現れる。「まわれ　めぐれ　めぐれよ　遥かなときよ／めぐって　心を　呼びかえせ」。姫が地上で歌った懐かしい歌が遠くから聞こえる。人びとは姫の生ききれなかった命の悲しみを、いつの時代も自分と重ねてきたのだろう。

（『教育』二〇一四年二月号）

「まわれ　めぐれ～」
作詞：高畑勲・坂口理子
／作曲：高畑勲

赤い屋根の小さな幸せと秘密

『小さいおうち』

『小さいおうち』
中島京子／文春文庫／二〇一二年
石井桃子
三九二ページ参照

映画は直木賞を受賞した中島京子の『小さいおうち』を原作としているが、その小説はバージニア・リー・バートンが文と絵を書き、石井桃子が訳して「岩波子どもの本」に収められた『ちいさいおうち』に触発されている。おそらく作者が子どもの頃に読み、大好きだった一冊なのだろう。映画でも、終章でこの絵本が恋人へのプレゼントとしてさりげなく登場する。

書店で探してこの絵本を買った。青い表紙に、草原の一軒の赤い家がパステルで可愛く描かれている。小さな家が、長い時の流れで都市化する周囲にとまどい、年老いながらも、最後に幸福な場所に帰って行く物語だった。

だが、映画の赤い屋根の小さな家は東京大空襲で焼け落ちる。小さな幸せを奪い、小さな秘密を隠したまま。

＊

青い空に、高い煙突から白い煙が昇っていく。ファーストシーンは静かな火葬場の光景で、優しい笑顔のおばあさんの遺影が映される。亡くなったタキは生涯独身で孤独死ではあったが、集まった親族に大切にされていたことは思い出を語りあう会話からうかがわれる。物語は、生前のタキが妹の孫である大学生の健史《たけし》にうながされて大学ノートに鉛筆で綴られる自叙伝を借りて語られ、戦前の昭和と現代を往復する。若き日のタキをベルリン国際映画祭で最優秀女優賞を受賞した黒木華《はる》が演じ、晩年は倍賞千恵子が好演している。

タキは昭和一〇（一九三五）年、山形から東京に奉公に出る。当時の女中は花嫁修業でもあった。小説家の屋敷に一年仕えたあと、その伝手《つて》でタキは郊外の平井家に移る。赤い三角屋根の小さな家には、玩具会社常務の雅樹と妻の時子と幼い一人息子の恭一が暮らしていた。

若く美しくおしゃれな時子に、タキは強い憧れを抱く。時子は気さくで優しく、東京の言葉やマナーも親切に教えてくれた。タキにとって時子とその家族に尽くすことは何よりの幸福でもあった。小児麻痺を患った恭一にもタキは献身的な看護を尽くし、時子から深い信頼と愛情を受けていく。

＊

現代、健史は一人暮らしのタキの身の回りの世話に訪ねてはごち

監督・脚本：山田洋次／脚本：平松恵美子／原作：中島京子／配給：松竹／2014年日本／２時間16分

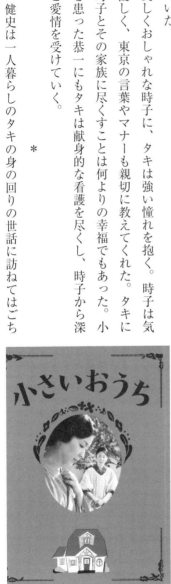

そうになり、執筆途中の原稿を読むことを楽しみにしていた。ノートのなかの時代は戦争に向かいながらも、健史が疑うほどにのどかで華やぎもあり、新年には社員たちが訪れて酒食がふるまわれ、日中戦争の気楽な見通しと金儲けの話題で盛り上がってもいた。

平井家を訪れる社員のなかに一人異質な青年がいた。デザイン部門の新入社員、板倉正治《しょうじ》だった。彼は時子と映画や音楽の話題で意気投合し、レコードを聴きに来ては楽しいひとときを過ごすようになり、二人の間に秘めやかな感情が流れるようになる。夫が出張中の台風の夜、板倉は平井家を気遣って暴風雨のなかで家の保全にも努める。映画は二人の間に何があったかを直接描くことはしない。時子を演じた松たか子の清潔で知的な美しさで画面に品位を保ちながら、その視線やしぐさや着付けに抑えた激情を忍ばせる。

タキもまた、時子と板倉のそれぞれに秘めた感情を抱いていた。戦争の激化から召集令状を受けとった板倉に最後に会いに行こうとする時子をタキが押しとどめる。その後の行為をタキは生涯の秘密と後悔として背負うことになる。

＊

それぞれに罪を秘めた人びとの人生を時代が巨大な暗雲で覆いつくす。それは誰もが予想もしない早さで激流となり、国中の人びとの運命を狂わせ、他国の人びとの生活や生命を蹂躙《じゅうりん》していく。山田洋次監督は声高に反戦は叫ばない。戦闘も戦場も登場しない。赤い屋根の小さな家が燃え尽き、夫婦の抱きあった遺体が防空壕から発見されたことが老いたタキのナレーションで語られたあとも、焼け跡が画面に映ることはない。その省かれて見えない余白が観る者の感情を揺るがせる。

終章、タキの遺品のなかから未開封の手紙を発見した健史が、戦後の板倉と、時子の遺児、恭一を追う。

「あの時代は誰もが、不本意な選択を強いられた」と、年老いた恭一がつぶやく。「強いられてする人もいれば、自ら望んだ人もいて、それが不本意だったことすら長い時間を経なければわからない」。原作のこの言葉に現代が重なり、老監督は映画化を強く思い立ったのだろうか。

映画はそれでも無言である。空襲のあとにはただ夏の日の明るい田圃《たんぼ》と清水が映しだされるだけである。かつてそこに生きた人びとへの愛おしさだけが余韻のように観客に残される。

（『教育』二〇一四年四月号）

幼い日の夢のつづき

『夢は牛のお医者さん』

子どもの頃、私たちは何を夢見ていたのだろうか。映画のエンドロールに地元のアマチュアシンガーがカバーした荒井由実の「卒業写真」が流れ、背景にモノクロで主人公の子ども時代の家族写真や学校生活のスナップが重なる。やわらかな音色のフルートと歌声が「あの頃の生き方を、あなたは忘れないで」と呼びかけるとき、観客もまた遠い過去の自分と夢にふと立ち返る。

＊

本作は新潟県のローカル局制作のテレビ番組をもとにしたドキュメンタリー映画である。最初に、廃校になった山間《やまあい》の小学校の木造校舎が映される。校庭がブルドーザーで掘り返され、埋められていたタイムカプセルをおとなになった卒業生たちが歓声をあげて開きあう。画面はそこからかれらが小学生だった一九八七年に遡る。

新入生がいなかったその年、学校は入学式がないのはかわいそうと代わりに三頭の子牛を「入学」させる。生後二か月のホルスタインに名前をつけ、全校生徒九人の小さな

「卒業写真」
作詞・作曲：荒井由実
「あなたは私の青春そのもの」と歌うユーミンの歌声に学生時代の思い出を重ねる人は多いはず。

学校で子どもたちと牛との共同生活が始まる。しかし、牛は家畜でペットではない。教師は子どもたちに牛の体重が四〇〇キロを超えたら出荷することを約束させる。休日も夏休みもなく餌やりや糞《ふん》掃除を続け、校庭で牛と駆ける子どもたちの笑顔がスクリーンを流れていく。三年生だった高橋知美さんは下痢ばかりする牛を抱きながら思う。「私がお医者さんになって、病気を治してあげるね」と。

それが夢の始まりだった。映画は、家族や周りの人びとに支えられて、少女が夢失わず獣医となるその後の二六年間の軌跡を追う。

＊

知美さんの牛の絵日記がかわいい。苦楽をともにする日々のなかで牛はぐんぐん成長し、別れの日が近づく。最後の日、子どもたちは牛たちをクラスメートとして送りだそうと、「卒業式」を計画する。紅白幕が張られ、村人も集まり、子どもたちは一頭ずつに励ましの言葉を添えた卒業証書を読み上げ、みんなで作った牛の応援歌を涙でいっぱいになりながら大きな声で歌う。

五年生の夏、知美さんはお父さんにねだり、子牛を買ってもらう。毎朝、牛と散歩し、帰宅しては牛の世話を焼く日々が彼女には楽しかった。中学生になって、獣医になる夢を打ち明けられた両親は反対する。女の子の体力で大型家畜の治療が務まるのか、獣医といえども医者でありそれだけの学力をつけられるのか、と現実を諭す。

それでも彼女はあきらめなかった。家を離れ都市部の進学校に進み、三年間テレビを見ないと決めて勉強に励む。めざした大学は家畜の獣医志望者には最難関の岩手大学農学部獣医学科。家の経済事情を考えて受験は一度だけと決めていた。そして彼女は壁を越える。「牛の卒業式」で知美さんに出会った時田美昭《よしあき》監督は、その後の彼女の気負いのない真剣さに打たれ、夢を見届けたいとカメラを回しつづけた。大学での六年間の勉学と研修のあと、国家試験に合格して家族に報告する知美さんの携帯を持つ手のひらを流れる一粒の涙を無音でカメラがとらえる。

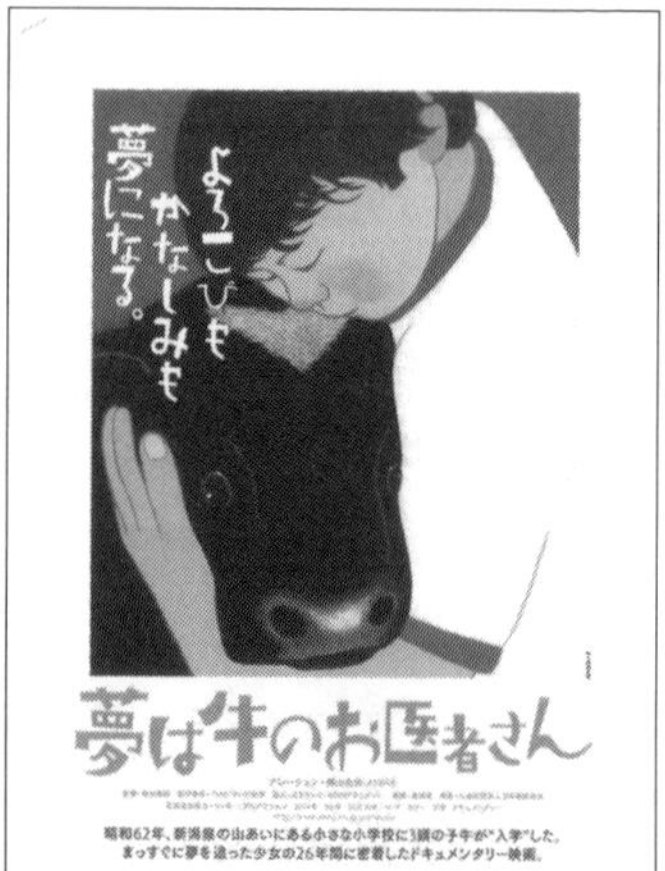

監督：時田美昭／配給：ウッキー・プロダクション／2014年日本／1時間26分

＊

夢にはいつもつづきがある。それはしばしば夢を追う日々よりも重い。彼女は卒業後、新潟県に戻って家畜診療所に勤務する。体力を尽くし、糞尿にまみれ、言葉の通じない牛たちの病に向きあい、出産に立ち会う。家畜は経済動物であり、病気になっても売り値より経費をかけた治療はできない。常に難しい判断に迫られ、せつなく、牛の死亡宣告もしなければならない。新潟県中越地震では、ボランティアとして家畜の救出にも向かった。そして彼女は三〇歳で結婚し、二児の母となり、ベテランの獣医として多くの酪農家に頼られながら、亡き祖母が年金を貯めて買ってくれた愛車で地域を駆けめぐっている。

＊

学校は子どもからおとなへの旅をつなぐ。子どもがこんなふうにおとなになっていく、という映画の小さなシーンにしばしば胸があふれる。子どもはたしかに自分で育つ。だが、幼い日に何に出会うか、何を夢見るか、誰に支えられるか、家族と地域と学校のかけがえのない大切さを映画はそっと忍ばせる。

子どもの夢は多く忘れ去られ、形を変える。かなえられなかった夢にも意味はある。知美さんの級友たちの仕事と家族と故郷にも、牛と過ごした学校の日々が生きている。画面には現れない教師たちの思いも子どもの人生に残されている。子どもの心を揺らす何かと出会わせ、生きていく芯を残すことを、学校の大切な夢にしたいと願う。

（『教育』二〇一四年六月号）

先生の授業が楽しみでした

『ローマの教室で　我らの佳き日々』

学校という場所には、誰にも懐かしい記憶とかすかな悔恨があるのだろうか。どこの国であれ、学校には社会の縮図と人生の原型がある。そこで出会った先生や友だち、授業や体験が人の生き方の基礎を形づくる。学校を舞台としたドラマや映画がくり返し人びとを惹きつけるのはそのためだろう。

＊

ローマの高校を描いたこの映画にもどこか学校特有の空気があり、異国の物語でありながら見知った世界のように観客は画面に入っていける。最初に誰もいない校舎の廊下や教室、卒業写真のような教師と生徒のスナップが流れ、やがて朝の騒がしい登校風景に切り替わると、映画が動きだす。

主人公に選ばれているのは三人の教師たちだ。真っ先に登校し校内を巡回する女性校長ジュリアーナは知的で気配りに満ちているが、「教師は学校内の教育にだけ責任をもてばよい」と考え生徒への深いかかわりを抑制する。

「学校は往々にして誰かを踏みつけながら、何とか生き抜くための手管を子どもたちに教え込む機関だ」とシニカルに語り、「生徒はみんな頭が空っぽ」と嘆く美術の老教師フィオリートは教育への情熱を失ってはいるがどこか不思議な影を宿している。

二学期になって国語補助教員として赴任した若いジョヴァンニは「生徒の熱意を引き出すのが教師の務めだ」と懸命に生徒全員の顔と名前を覚え、教育課程にとらわれず、自由な教材で授業を試みる。日本でも、どの学校にもいそうな典型的なタイプの教師たちが、さまざまな生徒たちとの交流のなかでそれぞれに思いがけない変化をたどることになる。学校についての映画を撮ろうと考えたイタリアで著名なジョゼッペ・ピッチョーニ監督が選んだのは、教師の側の成長物語だったのだ。

＊

イタリアの高校生もなかなか手強い。何でも茶化すお調子者、授業中でもイヤホンを外さない生徒、教師に挑発的な言動をとる生徒など教室は落ち着かず、授業も困難だ。ジョバンニはクラスで素行の悪い女生徒アンジェラに手を焼いていた。ある日、彼女は授業も上の空で、国語など意味がないと叫んで教室を飛びだす。追いかけるジョバンニに「先生は繊細そうでも何もわかってない」と父親の失業や母親の死を訴える。学校では見えない生徒の生活がそこから

監督・脚本：ジュゼッペ・ピッチョーニ／脚本：フランチェスカ・マニエーリ／原案：「赤と青」マルコ・ロドリ／配給：クレストインターナショナル／2012年イタリア／1時間41分

描出され、親たちの姿や考えも保護者面談の場面で挿入される。どの国でも教師の悩みは尽きない。

校長ジュリアーナは夜の巡回で体育館の片隅に眠る男子生徒エンリコを見つける。母子家庭なのに母親が失踪して行き場がないと言う。激しく咳き込む彼を病院に連れて行くと呼吸器疾患で入院となる。やむをえず身の回りの世話をする彼女にエンリコは甘える。一人暮らしのフィオリートには、かつての教え子だというエレナから留守電が入る。彼女は看護師になっており、高校時代にフィオリートの美術史が大好きで、聞き逃した授業をもう一度聞きたいと言う。三人の教師たちに、それぞれの転機が訪れる。

*

教師であればたいていどこかで自分を変えるきっかけとなる生徒に出会う。その生徒は、何らかの受難した子どもであることが多い。そして教師はしばしば罪を犯す。ジョバンニはアンジェラへのある重大な誤解から、成績会議で彼女を落第させる。それでもデパートで働きはじめたアンジェラは彼を責めない。身を焼く後悔と引き替えに、教師は子ども観と自分を変える。

教育の成果は遥か遠い日に姿を見せる。教師が誘《いざな》った知や美の世界が火種となって、いつか生徒の人生に灯ることもある。フィオリートは年を経て自分を慕ってくれる教え子との再会で密かに美術教育への情熱を取り戻す。ジュリアーナも思いがけず深入りした生徒の境遇を目の当たりにし、彼の人生にかかわらずにはいられなかった。そこから自分の教育方針を問い直し、生徒の背負う生活を忘れない校長へと変貌する予感を画面に残す。

＊

教師の喜びは子どもとともに学びをつくることにある。生徒がさまざまな反応を見せ生き生きと交流するジョバンニの詩の授業、フィオリートの最後の芸術論の授業は生徒たちの真剣な表情を引き出す魅力に満ちていた。

教師であることに苦渋はつきものだが、そこには感動もあれば微笑みもある。そして教師を教師に育てていくのは、教師であることの痛みによってではなかったかと映画は気づかせる。

学校は子どもにとってだけではなく、教師にとっても「学校」である。私も中学教師だった。可愛くもあり小憎らしくもあり、思春期だった私の生徒たち。私もまた彼らに育てられたことを感謝を込めて思い出す。

（『教育』二〇一四年八月号）

いのちをかけても行きたい場所

『世界の果ての通学路』

教科研大会を終えて、見逃していた映画を観るために渋谷に出る。劇場は教室より狭いスペースで、最前列は座椅子、後列にはソファや丸椅子が並び、見知らぬ観客同士を親しい雰囲気で包む。

映画は、世界の辺境で何時間もかけて通学する子どもたちを追ったドキュメンタリーであることだけを知っていた。予告編で見た子どもたちのけなげで澄んだ瞳が強く印象に残っていた。

*

スクリーンには、初めに砂地を掘る子どもの素手が映しだされる。染みだす泥水で少年は顔を洗い、破れたポリタンクで汲みとって喉を潤し、着古した制服を洗う。おとなびて見えたが、ケニアのジャクソンは一一歳、毎朝五時に七歳の妹を連れて一五キロの行程を二時間かけて学校へ向かう。登校前に「学校とわが子に祝福あれ」と父親が祈る。二人は手に護身用の棒きれを持ち、兄は妹を守り、象やキリンの群れを避けなが

教科研大会
教育科学研究会が毎年夏休みの三日間開催している研究会。この年は法政大学市ケ谷キャンパスで「私の教育の『民主主義宣言』を」のテーマで開かれた。

ら、陽炎《かげろう》の立つ赤茶けたサバンナの草原を駆けるように進んで行く。

次に高い山の岩に座り、コーランを読み上げる少女が現れ、「モロッコ　ザヒラ（一二歳）」とテロップが打たれる。彼女は家族のなかで初めて学校に通う世代らしく、字の読めない祖母に本を読んで聞かせる。糸を紡ぎながら慈しむように話を聞くおばあちゃんは「勉強して、賢くなって、人生を切りひらくんだよ」と孫娘を励ます。ザヒラは毎週月曜日の朝、夜明けに起床して三人の友だちとともに二二キロの山道を全寮制の学校に向かって歩く。鞄にはなぜか一羽の生きた鶏が入れられている。途中の岩で宿題の答え合わせをし、やっと着いた街の市場で鶏は色とりどりのドライフルーツと交換される。それは彼女の寮での大切な食料のようだ。

アルゼンチンのカルロスも一一歳、人里離れた羊飼いの子どもだ。干し肉とマテ茶の朝食を済ませると、六歳の妹と一緒に馬で学校に出発する。石ころだらけの道で兄の背にしがみつく妹は、途中で「お兄ちゃん、前に乗せて」とせがむ。「ママに叱られる」と兄は断るが「秘密だぞ」と言いながら少しだけ妹を前にする。うれしそうに手綱を握る妹の頬に、アンデスの乾いた風が吹く。学校までは一時間半の道のりだ。

インドのベンガル湾の漁村に住むサミュエルは一三歳だが足に障害があり、立つことができない。母が手足や指をていねいにマッサージする。二人

監督：パスカル・プリッソン／配給：キノフィルムズ／2012年フランス／1時間17分

の弟は兄思いで、座って打つ野球で兄と遊ぶ。毎朝、古びた手製の車椅子に兄を乗せ、前後から押したり引いたりしながら四キロ先の学校に向かう。砂地の道はなかなか車椅子が進まず、近道をしようと入った浅瀬の川では動けなくなり、下の弟は泣きだす。ゴミや瓦礫が散乱する街の道路はバイクやオート三輪で混みあい、牛が悠然と歩く。途中で錆《さ》びついた車輪からタイヤが外れて三人は途方に暮れる。親切なおとなに助けられ、ようやく学校にたどり着くと級友たちが駆け寄り、抱きかかえてサミュエルを教室に運んでくれる。

＊

笑いながら、歌いながら、祈りながら、労苦を厭《いと》わず、子どもたちは学校に向かう。家族の情愛にも胸熱くなる。それにしても、これほどまでにして通いたい学校には何があるのだろう。映画はそれぞれの学校を終章でわずかに点描する。荒涼とした草原の学校、汚れた街の片隅の学校、戒律の厳しい石造りの学校、どの学校もシンプルなまでに子どもと教師だけがいて、平凡だが温かな授業風景があった。「よく元気で学校に来てくれた。さあ、勉強を始めよう」。子どもたちには学びへの渇望と期待があり、教師には苦労して登校する子どもたちへの敬意が見受けられた。そこにはうらやましいほどの信頼と希望があった。

最後に、子どもたちが夢を語る。ジャクソンは「パイロットになって世界の空を飛びたい」と英語で答え、サミュエルは「僕のような子どもを救う医者になりたい」とはにかむ。カルロスは地元に貢献できる獣医をめざし、ザヒラは「学校の先生になりたい」と言う。子どもの夢は、しばしば移りゆく。それでも、みんな元気で、と観客は心のなかで声をかけずにいられない。

＊

映画は子どもという純な原石の輝きを放ち、教育の尊厳を思い出させてくれる。「どんなにつらくても、子どもがかわいいから教師は辞めない」と語っていた教科研大会での若い教師たちを思い出す。日本の子どもたちも、境遇は違うが難しい葛藤とそれぞれの小さな奮闘を生きているにちがいない。日本の通学路も私たちが願う本当の「学校」までは遥かに遠い。それでも私たちは子どもとともに歩きつづけたい。

（『教育』二〇一四年一〇月号）

ぼくには伝えたいことがある

『幸せのありか』

『自閉症の僕が跳びはねる理由』という日本の少年が書いた本が二十か国以上で出版され、国際的なベストセラーとなっている。著者の東田直樹さんは成人し、ＮＨＫで『君が僕の息子について教えてくれたこと』と題したドキュメンタリー番組も放映された。跳びはね、奇声や意味のつかめないひとり言をくり返す青年の内面にどれほど豊かな感受性と知性と表現力があるのかを彼は教えてくれた。

ポーランドでの実話に基づくこの映画も、障害を抱えて育つ子どもや青年のほとばしるような内面が描かれ、観る者の胸を熱くする。

『自閉症の僕が跳びはねる理由』
東田直樹／角川文庫／二〇一六年

＊

主人公マテウシュの身体は背骨が歪み首も座らず、自分で立ち歩くことはできない。言葉はまったく話せず知的障害者と見なされている。医師からは「植物状態」と宣告されるが、家族は可能性をあきらめない。

物語は不思議な字体による題のついた七つの章から成っている。最初の章は「証し」。子どもには誰であれ、彼を「見出だしてくれる人」が必要だ。マテウシュにとって、それは母であった。母はいつも彼を見つめ、語りかけ、察しようとし、抱きしめる。だが母もしばしば彼を誤解する。ある日、母は出がけ前に銀のブローチの紛失に気づく。それが椅子の下に落ちていることを知る彼は母の役に立つ絶好の機会とばかりに、仰向けで這い、見つけてあげようと全力で激しく動きだす。だが母には発作が起きたとしか映らなかった。舌を噛まないよう布を巻いた棒を口の中に押し入れられたとき、幼い絶望が彼を襲う。

第二章は「魔法使い」。父はマテウシュにとって、生きることに誘《いざな》ってくれる魔法使いだった。歩くことができない彼を立たせようとはせず、床に転がったままで引きずり遊んでくれた。言葉が通じるとわかっていなくても大事なことを教えてくれた。「男ってのは、怒りや異議を示すとき、テーブルに拳を叩きつける」「やってみろ」と一緒に拳で叩いてくれた。暗闇にいくつもの星が瞬く夜の窓辺で、父は抱いてくれ星座の名前を教えてくれた。「星は止まって見えるが、本当は違うんだ。喧嘩みたいに動き回っている」。

「今夜、星の喧嘩を見せてやろう」。それは一九八九年、ポーランド初の自由選挙で『連帯』が勝利した日だった。街は人びとの興奮にあふれ、酔った父は外から窓に登りマテウシュに星の喧嘩だと花火を見せた。だが、父は早々と世を去った。そして、映画は一〇年の時を超え、マテウシュはおとなに変わる。

＊

伝えたい、表現したい、愛したい、愛されたい。渦巻くもどかしさ、家族にさえ理解されない悲しみ。それでも彼の生への意欲は何に支えられていたのだろう。言葉ではなく、映像がそれを伝える。母が車椅子で連れて行ってくれる緑浅い初夏の公園。木漏れ日の優しい光。父を思い出す煌めく星空。窓から見える他家の家族模様への好奇心。隣家の少女への淡い恋心と彼女の示してくれた親切。姉と兄の心遣い。

やがて老いた母の入院でやむなく彼は知的障害者の養護施設へ送られる。

彼のもう一つの生きるエネルギーは秘めた怒りだった。施設では、食事も、入浴もただ与えられ、ただ扱われているようで、人であることが無視され、冷たい侮蔑を与える介護者もいた。

しかし、彼はそこで新たな生きる希望を見出だす。魅力的な看護師マグダとの出会いだ。彼女は彼に微笑みかけ、語りかけ、スプーンで自分と交互に食事を口に入れてくれた。病室にラジカセを持ち込みワルツを流しながら、車椅子で一緒にダンスを踊ってくれた。彼が性に関心をもっていることに気づくと、誕生日に胸を開き、手を触れさせて

監督・脚本：マチェイ・ピェブシツア／配給：アルシネテラン／2013年ポーランド／1時間47分

くれた。だが、彼女は突然施設を辞め、彼の前から姿を消す。

終章「人間」で、マテウシュはついに自分を表現できる手段を手に入れる。瞬《また》きの回数で単語を選び、それを並べて意思を伝えるという恐ろしいほど根気のいる方法だ。それでも、周囲との違和感は消えるわけではない。障害者への無理解と差別に直面したとき、彼が車椅子を捨て、背中で這い、力を振り絞って立ち、「テーブルを叩く」までをカメラはローアングルで追う。

＊

幸福のありかは単色ではない。生きていく世界への憤りや愛おしさの相反する感情のせめぎが誰にでもある。星空を見上げる明晰《めいせき》で意志的なマテウシュの横顔で映画は闇に消える。障害の有無にかかわらず人の内面は目に見えるとおりではないこと、そして拳でテーブルを叩くべきときを見過ごさないようにと私たちに訴えるように。

（『教育』二〇一四年一二月号）

すべての瞬間に「大切」が宿る

『6才のボクが、大人になるまで。』

リチャード・リンクレイター監督の映画はこれまでに二本観たことがある。『恋人までの距離《ディスタンス》』では結ばれなかった二人の一夜の記憶と別離が切なく描かれ、思いが実現しなかった時間にも人生の華が潜むことに共感し、『スクール・オブ・ロック』というロッカー崩れの偽教師を描いた作品でも、夢がかなわなかった男の成り行きをなんと愉快に親愛を込めて描いているのだろうと好感を抱いた。

本作の原題は『Boyhood』。一人の少年の、六歳から一八歳までの人生でもっとも多感で郷愁に満ちた時間を描いた作品である。ここでも主人公のまわりには挫折と再起をくり返すおとなたちがいる。とりたてて劇的なできごとはなくとも、人の生きる時間はすべてドラマであり、だからこそ観客は二時間四五分に退屈を覚えはしない。そして映画が非凡であるのは、少年と姉、その両親の四人を同じ配役のまま、スタッフともども一二年の年月をかけて撮影していることである。脚本は彼らの成長と老いにともなって年々書き加えられ、思いがけない展開も孕《はら》むことになる。

『恋人までの距離』
監督：リチャード・リンクレイター／一九九五年
アメリカ

『スクール・オブ・ロック』
三三ページ参照

＊

映画のはじまりで、草に寝そべるまだ六歳のメイソンは本当にあどけなく可愛い。学校では、矢じりを作りたくて石を鉛筆削りにかけて叱られる。家では母オリヴィアが姉弟を両腕に抱いて絵本を読んでくれた。だが、仲がいいと思っていた両親の激しい口論を見てしまう。「ママ、まだパパのこと好き？」と聞いても返事はなかった。

離婚にともなう転校には姉のサマンサも大反対だったが、姉弟は母に連れられ祖母のいるヒューストンに引っ越すことになる。

研究者をめざして大学に戻った母は、そこで知りあった教授と再婚する。新しい父ビルには二人の子どもがいて、同世代の四人はすぐに仲良くなるが、ステップファミリーの幸福は長くは続かない。ビルのＤＶが始まったからだ。彼は細かい規則で子どもを縛り、怒鳴りつけ、酒に浸る男だった。ある日、有無を言わさず頭を五分刈りにされたメイソンは母に叫ぶ。「何で再婚したの？　あいつサイテー」と。

意を決した母は二人を連れて着の身着のままで逃走する。子どもにとってはまた意に添わない転校が強いられ、新しい学校ではいじめにもあう。

ようやく母が教壇に立つ大学が決まり、家族はオースティン近郊に転居する。中学生になり、思春期の風貌に変わるメイソンには悪友もでき、ビール

脚本・監督：リチャード・リンクレイター／配給：東宝東和／2014年アメリカ／２時間45分

とキスの味も覚える。母はまた新しい恋に落ち、元陸軍兵の男との共同生活を始めるが、それもまた破綻する。

映画の時間に区切りはなく、いつのエピソードなのか年代も年齢も示されない。それでも時間の流れは顔つきや話題となっているニュースなどで見当がつく。アメリカ人ならバックに流れている音楽で時代がわかるのだろう。

いつのまにか髭が生え高校生になったメイソンは、買ってもらったカメラに夢中になり、アート系の写真家をめざして大学進学へと青春を歩んでいく。

*

日常の積み重ねを描くだけの映画だが、交わされる会話がリアルで機知に富み、家族の本音と哀歓に満ちている。登場人物のなかでは、実の父親に魅力がある。ロックミュージシャン崩れだが心優しい自由人で、離婚したあとアラスカ放浪の旅に出て、時折会える二人の子どもとは遊び友だちのようにつきあい、思春期になってからはよき先輩のように率直なアドバイスを与える。一五歳になった姉には避妊の大切さを熱く説き、奥手のメイソンには女の子の口説き方を伝授する。メイソンが初恋に破れ、失意の日には「得意なものがあればわかってくれる女性は現れる。写真を続けろ」と励ます。イラク戦争には反対し、オバマ大統領誕生の選挙ではメイソンに手伝わせてオバマのポスターも貼る。自分の考えをもち、家族や仲間ともつながる生き方はメイソンの成長にも大きな影響を与えている。再婚して子どもが生まれても、メイソン姉弟に寄せる愛情は変わらない。

観客が母の立場なら、オリヴィアの結婚とキャリアと子育ての苦闘に心を寄せるだろう。メイソンが大学へと巣立つ日に、一人になって「あとは葬式しかない。人生最悪の日」と嘆く虚脱感も理解できるだろう。映画はいつも観る者の立場で視点を変える。

＊

見終わって、ある年齢以上の観客であれば自分の子育てを思い出し、姉弟と一二年間を一緒に過ごしたような感慨に包まれる。

メイソンは「一瞬とは常にいまある時間のことだ」と気づく。写真はその一瞬を切り取り永遠に変える。映画は人生が無数の時間の連続であり、世界は無数の人びとの日常の集積であることをあらためて観客に示す。そして映画は人であれ、時間であれ、誰かを、何かを深く大切に思うことを愛と呼んできたのだと思い出させる。

（『教育』二〇一五年二月号）

過去をもう一度たたかう

『アゲイン　28年目の甲子園』

恋愛やスポーツであれ、受験や就職であれ、闘いきれなかった青春の記憶を抱えたまま多くの人生は過ぎてゆく。誰にも封印してきたいくつかの不戦敗の後悔があることだろう。映画はその埋《うず》み火の再燃の物語であり、親と子の愛の回復の物語である。

毎年、甲子園をめざして三〇〇〇を超える高校野球部が熱闘をくり広げる。そして最後のただ一校の優勝校を除き、すべての高校球児が敗北を味わう。

「ひとつひとつの終わりにはそれぞれの悲しさと悔しさがある」と原作で重松清は書く。彼はその後始末のつけ方をいまも連載をつづける文芸誌で多様に描く。映画は設定を変えながらも「負けるときにはちゃんと負けて次に進む」という生き方を原作から引き取る。

＊

「マスターズ甲子園」は、二〇〇四年に神戸大学で事務局が発足、かつての高校球児が世代を超えて出身校別にチームを組み、甲子園球場で毎年試合を行っている。映画の舞

原作
重松清「アゲイン」は、『小説すばる』で二〇一二年五月〜二〇一六年一〇月に連載。まだ書籍化はされていない。

台を回す神戸大生の戸沢美枝（波瑠《はる》）は、その事務局員で、東日本大震災で喪った父もまたかつての高校球児だった。父、典夫は美枝が幼い日に、毎年高校時代の野球部の旧友に宛てて「一球入魂」とだけ太い字で年賀状を書いていた。怪奇漫画が好きだった美枝はそれを「いっきゅう・ひとだま」と読み、父に大笑いされた記憶がある。それはのちに美枝を涙させるエピソードにつながる。しかし、なぜか父はその年賀状を一度も出すことがなかった。その理由が、父の旧友たちをマスターズ甲子園に勧誘するなかで明らかになっていく。

映画は、美枝が最初に訪ねた父のチームメート坂町晴彦（中井貴一）と彼の関係した人びとを軸に展開する。晴彦はかつて川越学院野球部のキャプテンとして活躍し、その後スポーツ新聞社に勤めるが主流から外され、妻とも離婚し、両親も亡くして実家で一人暮らしをしている。小学生の頃、彼が野球を教えソフトボールクラブで活動していた一人娘沙奈美は父との別れで心に傷を受け、大学生になった現在は芸人をめざす青年と同棲している。一度だけ、晴彦は沙奈美を訪ねるが、冷たい対応に今度は父が傷心する番だった。そんな晴彦はマスターズ甲子園には関心も意欲ももてず、美枝の何度もの誘いを断る。

どうしても忘れ難い光景を人はいくつか胸に秘めているものだろう。晴彦

監督・脚本：大森寿美男／原作：重松清／配給：東映／2015年日本／2時間

にはそれは小学生だった娘と庭にネットを特設してバッティング練習した思い出だった。届けきれず、途絶えてしまった娘への愛。いまも残る庭の古びた練習台で、晴彦は一人バットを振る。言葉のないシーンに感情が揺れる。

美枝には、そんな晴彦に亡き父の面影が重なり、晴彦には断たれた娘への想いが美枝に重なる。父の高校時代の失態を知り、道にうずくまって泣く美枝の姿が、晴彦にはしゃがんで泣いていた幼い日の沙奈美に見える。描かれた晴彦が内省的な人物であるところに観客は惹かれる。美枝の出現によって呼び戻された過去に、やがて彼は誠実に向きあい、失われた関係を編み直し、負けることもできなかった過去をもう一度たたかうことになる。

＊

甲子園は不思議な場所だ。轟《とどろ》く大歓声、ブラスバンドの響き、弾ける汗と土煙、そこには中高年の血も騒がせる何かがある。川越学院ＯＢチームはかつてプロをめざしいまは失職中のピッチャー直之、少年野球チームの監督を務める気のいいキャッチャー徹男をはじめ、多彩なメンバーで衝突や友情、それぞれの過去と現在を交錯させながら進撃していく。美枝の父に絡む事件には違和感が残り、展開は予定調和だとしても、その直球のようなドラマは観る者の胸を熱くする。

マスターズ甲子園のルールは優しい。全員に出場の機会が保障され、ゲームの終了後は誰もが望む相手とのキャッチボールを楽しむことができる。キャッチボールは相手に球が届くだけで、相手の球を捕らえるだけで、言葉の交換よりうれしい。フィールドいっぱいに笑顔の温かい交流が広がり、晴彦は思いがけない相手とボールを交わすことになる。

試合が終わったあとの無人の甲子園に一条の光が射し、人影のない巨大な観客席と芝生を照らす。二八年前の選手のモノクロ写真が消えて、夢の続きのように真夏の甲子園の点景が流れる。

見終わって学校にも無数の「小さな甲子園」があることに気づく。それは注目され、見守られ、仲間とともに何かをめざす機会であり、そんな悔いなき体験を子ども時代にと、あらためて春に思う。

（『教育』二〇一五年四月号）

子どもの悲しみを見つめる

『人の望みの喜びよ』

夜明けの街の静かな映像が突然に揺れだし、画面が途切れる。静寂の闇から瓦礫をかきだす子どもの手が現れ、血と泥に汚れた少女が崩れた梁《はり》を持ち上げようと苦闘している。場所も時も特定されないが、巨大な災害が起きている。どれだけの時間が経過したのか、ゆらゆらとドラム缶の焚《た》き火が揺れ、家を失い言葉も失った人びとの群れの片隅に、一二歳の春奈がいる。

情景は小雨の小さな葬儀場に移る。

参列者は少なく、両手と頭に包帯を巻き、白いカーディガンを着せられた春奈の手だけが落ち着かず動いている。祭壇には両親の遺影。大怪我を負った五歳の弟、翔太は何も知らされずに入院したまま葬儀には参列していない。

これは不意の大震災で両親を喪った姉と弟の、その後を描いた静かで繊細な映画である。題名にはバッハの教会カンタータを借りているが、宗教とは無縁の、しかし祈りの物語である。

バッハの教会カンタータ
「主よ、人の望みの喜びよ」一七二九年作曲作品は昨年のベルリン国際映画祭で、一一歳から一四歳までの子どもたちが審査員を務める「ジェネレーション部門」でスペシャルメンション（次点）を受賞したという。

子どもたちはこの映画をどのように観たのだろうか。

＊

姉弟は親戚の話しあいによって、叔母夫婦の家に引き取られていく。走る車の外を流れる風景。ビルの谷間、高速道路、トンネル、やがて海と大きな橋が見える。翔太は歓声を上げてはしゃぐが、春奈は記憶の断片が頭から離れない。火の粉と黒煙、怒声、泣き声、サイレンと激しくなるヘリコプターの羽音が耳から消えない。

光る海面を飛沫《ひまつ》を上げてフェリーが進み、風を受け二人がこれから住む島を見つめる姉弟。港には一緒に住むことになる祖父母が出迎えに来ている。努めて明るく、優しい人びとの笑顔。

セリフの少ない寡黙な映画である。気持ちを整理する時間もないまま、新しい生活が動きだす。弟は島の環境が珍しく無邪気にふるまうが、姉は新しい家に違和感がぬぐえず、常に周囲に気を配っている。転校先の学校での初日、トイレの鏡の前でいくつかの笑顔を作ってみる春奈、強《こわ》ばった顔が鏡から見返される。屈託のない級友にも少しずつ慣れ、担任からの善意な声かけもあるが、その言葉は

監督・脚本：杉田真一／配給：344 Production／2014年日本／1時間25分

なかなか春奈の内側には響かない。子どものつらい日に、おとなの励ましは時として子どもを追いつめ傷つけることがあることも無言で描かれる。

両親を助けられなかった罪悪感と、それを弟に告げられない秘密を閉じ込めたまま、春奈の島での毎日が過ぎていく。

翔太の日々も切ない。いつまでも連絡のない両親、郵便受けの前で待っても、配達のバイクは通り過ぎる。家の裏道を抜け、祖父の苺畑を覗き、手伝わせてもらう。まだ一度も悪いことをしたことがない小さな手、だが子どもの心にも苦悩はあり虚無もある。

春奈が運転する自転車の後ろに翔太が乗り、川沿いの道を疾走する二人。フェリー乗り場で降りてくる乗客のなかに両親を探す翔太、つらい春奈。誰もいなくなったベンチで幼い弟を抱きしめる。「もう、忘れちゃったのかな……」「そんなことない……、絶対」という会話が海風に流されていく。

終幕、姉と弟はフェリーに乗り、電車に乗り、終点の小さな駅からどこへともなく歩いて行く。カメラは二人の足元と風景だけをとらえてスクリーンに映す。石畳の路地、石段の道、行き止まりに海が開ける。人影のない草原に立ち尽くしたあと、泣き崩れる姉は、初めて弟に真実を告げる。手を握ったまま慰めるように姉の頭を撫《な》でる弟。静かに端正なピアノ曲が流れ、二人を岬に残したまま映像は消えていく。

＊

若い杉田監督は一四歳で阪神淡路大震災を体験している。中学卒業時にも体育館ではまだ被災者が暮らしていた。その光景が東日本大震災で蘇る。子どもで無力だった自分の記憶から、この映画を作らずにいられなかったのだろう。「人には考えたり行動したりする前に、言葉にならなかったものがあると思います」という監督の思いと、子ども時代にもっとも大切な人を喪うという体験がどのようなものかが、子どもの観客の心をも深く揺らしたのだろう。

誰かを守ろうとするとき、子どもでさえもどう生きるかを自分に問いかける。どんな境遇でも人は生き、望みと喜びは訪れる。そして、自分のなかに誰かがいるから人は生きられる。

東日本大震災で孤児となった子どもは一六九八人にのぼるという。

（『教育』二〇一五年六月号）

東日本大震災で孤児となった子ども
一六九八人は当時読んだ新聞からの記録数字。

働く者の苦い希望

『サンドラの週末』

無力であることにさいなまれながら、それでも生きなければならないという状況にどれだけ多くの人びとが立たされていることだろう。生活と労働現場の過酷は日本だけではない。闘うか、あきらめるか。ベルギーの小さな町工場で働くサンドラの『二日と一夜』（原題）に、自分ならどうするだろうと観客も胸苦しく、サスペンスのようなそのゆくえから目を離すことができない。

＊

金曜日の午後。ソファでうたた寝をしているサンドラの耳元で携帯の着信音が鳴っている。疲れた顔で起き上がり、子どものおやつを用意しながら受話器を耳に当てたサンドラの表情が強ばり「ひどい」とつぶやく。洗面所で薬を飲みながら「泣いちゃダメ」と自分に声をかけても、涙はあふれてしまう。

サンドラは夫と二人の子どもとの慎ましい暮らしで、長いうつ病から抜けだしたばかり。来週からやっと復職できるという矢先に親友でもある同僚からの電話で自分の解雇とその成り行きを知らされる。不景気で会社はボーナスのカットかサンドラの雇用継続かを一六人の従業員に選ばせ、サンドラを支持したのは二人だけだったというのだ。投票には主任の圧力があったことを理由に親友は社長にかけあい、月曜日の無記名再投票を約束させる。サンドラは躊躇《ちゅうちょ》するが、夫は同僚を一人ずつ訪ねて説得すること勧める。労働組合もない小さな職場で解雇から身を守るのは自分の行動しかなく、残された時間は週末だけだ。逡巡《しゅんじゅん》の末に、彼女は闘いを選ぶ。

＊

サンドラと同様に、彼女が訪ねてまわる同僚の一人ひとりも苦しい事情を抱えている。ボーナスは一〇〇〇ユーロ、日本円で一四万円程度だが労働者の家庭には切実なお金だ。それがわかっているからサンドラの足は重い。「私に投票して」という一言にどれほどの勇気が必要なことだろう。家のローンやリフォーム代、娘の学費、我慢してきた家電の購入、同僚たちはそれぞれの理由を口にする。なかには破産寸前の家庭もある。親しかった同僚に居留守を使われたショック、目の前で親子喧嘩や夫婦の諍いが始まることもある。

誰もが周囲を気にし「ほかの人はどうなの」と聞く。「面倒を持ち込むなよ」「病み上がりは使えない」と陰の声も聞こえる。それでも彼女は同僚を責めない。善悪で人を裁かない。別れ際には必ず抱擁とキスを残す。思いがけず「恥ずかしい。きみの親切を忘れていた」と泣きながら手を握り翻意してくれる同僚もいる。人とかかわることの悲喜と心労に彼女は一日に何度も安定剤を飲む。

「私は何者でもない」。自信を失うたびに彼女はそう口にする。バスや夫の車の中でぼんやり外を見るサンドラの横顔が痛ましい。人の憐《あわ》れみを感じ、夫の愛を疑い、別れを口にする場面もある。そして彼女は薬を一箱飲み下し救急車で病院に運ばれる。

「君が正面から向きあえば、彼らは前と同じではいられなくなる」。夫の励ましは嘘ではない。自分の人生と向きあい涙をぬぐいながら協力を申し出る友も現れる。最後の日曜の夜、彼女は臨時雇いの黒人移民をスラム街に訪ねる。仕事を切られることを恐れて多数に従った自分を恥じる彼の「明日は必ずきみに入れるよ」という言葉に、サンドラの胸は熱くこみあげる。

そして月曜の投票の朝がやって来る。

＊

現代に劇的な労働者の勝利は難しい。映画もリアルに、ありえる結末を追う。それでも何もしなければ完敗だった現実が彼女の行動と対話によって大きく動く。選択を変えなかった同僚にも痛みと葛藤は残る。そして、社長から新たに姑息な提案を受けても決然と断るサンドラもかつての彼女ではない。

監督・脚本：ジャン＝ピエール＆リュック・ダルデンヌ／配給：ビターズ・エンド／2014年ベルギー・フランス・イタリア／1時間35分

「一生忘れないわ」と一人ひとりと抱擁を交わしたあと、会社を去るサンドラは携帯で夫に報告する。「私、善戦したわよね」と。初夏の朝の光が彼女の行く手を照らし、サンドラは微笑みを浮かべ、頭を上げて一人で歩いて行く。

物語の設定は創作的に見えるが、フランスで実際にあった事例だという。そこには現代の労働者が置かれた大状況が象徴的に問題提起されている。「精神を病み、社会的にも弱い立場であっても、人びとの意見を変え、自分を変えることができる。脆弱《ぜいじゃく》さに対する礼賛を描きたかった。他人が理解してくれ、助けてくれる存在だとわかれば誰でも前進できる」。監督した名匠ダルデンヌ兄弟は映画にこめた思いをそう語る。苦境にあってもいつか現実が動く予感が、サンドラの後ろ姿に輝く。

（『教育』二〇一五年八月号）

光と影で世界を描きつづける

『セバスチャン・サルガド　地球へのラブレター』

セバスチャン・サルガドの写真を見たことがあるだろうか。たとえば難民となったトゥアレグ族の盲目の女性を撮ったポートレート。光を失った女性が放つ射るほどの生の光彩。サルガドの長男とともにこの映画を監督したヴィム・ヴェンダースもこの一枚に打たれる。「毎日見てもいまだに涙が出る」。サルガドという人物が写真から伝わった。人間を愛していた。そこに私は共感した」。映画は二人の監督が敬愛する写真家の圧倒的な作品群を、彼の旅した人生とともに時系列で追ったドキュメンタリーである。ギリシャ語で写真家とは「光と影で世界を描きつづける人」のことだという。長編だが、簡潔な字幕による詩的で哲学的な言葉も、写真の印象を深め、観る者の思索をうながす。

＊

サルガドの作品はテーマを定めたシリーズで構成され、それぞれに何年もの歳月をかけて撮影されている。

冒頭に現れるのは世界の労働者を活写した『ワーカーズ』から、ブラジルの金鉱風景

ヴィム・ヴェンダース
一九四五年生まれ。代表作は『パリ、テキサス』（一九八四年フランス・西ドイツ）、『ベルリン・天使の詩』（一九八七年西ドイツ・アメリカ）など。

簡潔な字幕
外国映画は字幕の影響が大きい。本作は岩辺いずみが担当していて的確な理解を助けてくれる。彼

だ。巨大な穴にうごめく数万の男たちの肉体、欲望、苦痛、忍耐がざわめくように伝わる。そこには懐かしいまでに原初的な人間の労働が描かれている。こうした写真を撮れるのはどのような人物なのだろうか。

サルガドは一九四四年、ブラジルの山深い自然の楽園のような農場で育つ。進学で都会へ出るまでお金を使ったことがなかった青年は、高校で音楽科の美しい女生徒レリアと出会い、のちに結婚する。二人は左翼の政治活動に傾倒し、ブラジルの軍事政権を逃れてフランスに渡る。そこでサルガドは経済、レリアは建築を学ぶが、彼女が仕事用に買ったカメラに彼が夢中になる。最初の被写体はレリアだったが、やがて経済調査で何度も訪ねたアフリカの苦境が彼をとらえ、安定したエコノミストの仕事も収入も捨て、フリーランスの写真家へと歩みだす。

最初の作品は『アザー・アメリカ』だった。中南米の大地に生きる農耕民族の顔、土地のない農民の運動、彼らの仕事と生活、音楽と祈り、ブラジルでは老いた父との再会、貧しい乳幼児の死、干魃《かんばつ》で枯れ果てる牧草、人びとの逞《たくま》しさと生きる悲しみが高い密度で印画紙に焼きつけられている。

次に彼はアフリカに赴く。国境なき医師団に同行し、極限の貧困と飢餓と難民に密着した『サヘル』に心血を注ぐ。衰弱で若い顔が急激に年老い、脱水で樹皮に見える人肌、空虚な目、埋葬のために妻や子を洗う男、死が至るところにあふれていた。サルガ

女の名前を最初に印象づけたのは『ぼくたちのムッシュ・ラザール』（二八〇ページ参照）で、感情も伝わる簡潔な日本語に魅せられた。『12か月の未来図』（三九二ページ参照）も彼女の字幕の巧みさによってさらに感動が味わえた。

ドは長い時間をかけて被写体と同じ世界に入り、人間に接近する。写真は記憶でもある。撮った瞬間に過去となる光景に、現在を刻み、意味を与え、未来を触発させたいと彼は願う。

難民の運命がサルガドの写真のテーマとなり、続いて彼は『エクソダス』に取り組む。内戦、暴力、蛮行、理不尽な虐殺から逃れる人びとの群れ。道路に投げだされた大量の遺体。あまりに過酷な現実を見つづけ、自分の役割を自問するなかで、彼は精神を病む。

サルガドはその後、生まれ育ったブラジルのアイモレスの農場へと帰還する。妻が家族を励ますために故郷の森を復活させようとする試みを始めたからだ。そこから彼は方向を転じて地球を俯瞰し、自然と動植物の撮影に向かう。二〇〇四年からほぼ一〇年の歳月をかけた『ジェネシス』だ。ガラパゴスの原始の生き物たち、酷寒のシベリアに暮らす遊牧民、強烈な日差しのアルジェリアの砂漠、アマゾンの未知の先住民、自然は厳かで、生きるものはすべて愛おしい。写真によるそのルポルタージュは地球への恋文を思わせる。

*

サルガドの写真は美しすぎるという批判がある。被写体の多くは悲惨や痛苦を宿した人びとであるのに、写真は気品や尊厳を湛《たた》えるほどに美しいからだ。だが「写真は私一

監督：ヴィム・ヴェンダース、ジュリアーノ・リベイロ・サルガド／配給：RESPECT（レスペ）×トランスフォーマー／2014年フランス・ブラジル・イタリア／1時間50分

人で撮るのではない。相手からもらうのだ」と語るサルガドには、事実すべてが気高く美しく見えていたのだろう。

エコノミストだった彼はファインダーの奥に世界の構造も見据えていた。彼の写真は常に労働者、被差別民族、難民の側に立っている。政治や社会への批判を根底にもちながら、煽動《せんどう》ではなく、人間とは何かという哲学的な問いを内包している。「人間の経験の真摯な目撃者」であった彼は、世界を否定的に見てしまう風潮に抗い、生活や労働の現場から人間を見返し、世界と歴史を再構成したいと試みたのだ。彼の仕事はやはり『地の塩』（原題）だった。現在、サルガド夫妻の植林は二五〇〇万本を超え、故郷の森と水を潤しているという。

（『教育』二〇一五年一〇月号）

ドイツの歴史を塗り替えた裁判

『顔のないヒトラーたち』

『顔のないヒトラーたち』という題に立ち止まった。それはかつてのドイツだけでなく、戦前の、そして現代の日本にも幻影のように闇に忍んでいる。

自由を窒息させ、幸福な日常を崩し、憎悪や恐怖で人びとを戦場や収容所へと追い立てたのは一人の独裁者だけではない。そして人はしばしば沈黙と同調のうちにも深い罪を犯す。だが一九五〇年代末の西ドイツに顔をもつ個人として自国の歴史と過ちに正面から向きあおうとした青年たちがいた。

ホロコーストにかかわる映画は数多く観てきたが、戦後の十数年、西ドイツ国民の多くがアウシュヴィッツ収容所の存在を知らなかったという事実に驚いた。敗戦を過去のものとして経済復興の波に乗っていた西ドイツが、どのように国家的な犯罪を自認し、徹底した責任追及と償いに動きだし、周辺諸国との信頼と友好を回復できたのか。その契機となったフランクフルト・アウシュヴィッツ裁判への道のりを映画は描く。

＊

初めに「世界中のどこにもこんなに美しい場所はない」という字幕とともに小学校の校庭の情景が流れる。木陰や陽だまりで、コーラスや縄跳び、ボール遊びに戯れる子どもたちの笑顔。映画は厳しいテーマを秘めているが、告発や啓蒙ではなく、あらゆる醜さや弱さにもかかわらず人間の善意や美質に信頼を寄せようとする。

史実とフィクションが混在する作品だが、主人公となるヨハン・ラドマンは、この裁判を実現させるために苦闘した実在する三人の青年検事を統合して創作された人物だという。彼はフランクフルト地方検察庁の若き法の使徒として正義感にあふれ、少しの功名心とともに自分の仕事を意義あるものにしたいと渇望していた。しかし現実は些細《ささい》な犯罪や交通違反の処理に追われ、満たされない日々を過ごしていた。

ある日、新聞記者が「アウシュヴィッツにいた武装親衛隊員が前科を隠して教職にある」と告発に現れる。検察官は誰も反応を示さないが、ヨハンだけが自国の暗部に関心をもち、密かに調査を始める。当時のドイツでヨハンの行為は地雷を踏むほどの危険をはらみ、波紋を呼び起こす。

記者が庁内のロビーで手当たりしだいに「アウシュヴィッツを知っているか」と問う場面がある。ほぼ全員が「知らない」と答える。ヨハンは同僚や上司から「君のせいで若い世代が父親を犯罪者

監督・脚本：ジュリオ・リッチャレッリ／脚本：エリザベト・バルテル／配給：アット エンタテインメント／2014年ドイツ／2時間3分

かと問い詰める」「君は癒えはじめた傷を再び開こうとしている」と冷たく諫《いさ》められても、米軍の資料センターに通い六〇万人分もの膨大なナチス親衛隊のファイルを検索しつづける。

「非国民」「野心家」という中傷や圧力、捜しだし証言を求めても口を閉ざすかつての被害者たち。公的機関にはまだ多数のナチ党員が潜む時代だった。監督は映画を歴史教科書ではなく、観て楽しい作品にしたいと願い、ヨハンの小さく切ない恋愛譚も織り込み、ドイツの歴史の転換と国の成熟を若い検事の成長物語と重ねて描いている。事件の発端を開いた記者とヨハンを支え裁判を指揮した検事総長フリッツ・バウワーは実在の人物であり、ともに収容所体験をもつユダヤ人であった。

アウシュヴィッツの真相に迫るほどヨハンの苦悩は深まる。幼く可愛かった二人の娘を収容所で無残な生体実験によって殺された父の慟哭、他方、残虐行為に手を貸していた看守が近所の母娘にも優しいパン屋として暮らしていたシークエンスにも人間とは何かという重い問いが込められている。信頼していた亡き父も恋人の父もナチスに荷担していたことを知り、矛盾と自己不信に苦しみ、挫折していくヨハンが記者と二人でアウシュヴィッツを訪ねる。

空漠とした夏草のなかに鉄条網と無言の収容所跡が風にさらされている。「裁判をしなければ忘れ去られる。罰ではなく、被害者とその記憶に目を向けろ」という記者の言

安保法制
安全保障法制として一一ある法案の総称。憲法による制約からそれまで政府自身が否認してきた「集団的自衛権」の限定的行使を認め、自衛隊の活動範囲や武器使用基準を緩和した。当時の安倍首相は「法の番人」と呼ばれる内閣法制局長官を入れ替え、歴代内閣の憲法解釈を「閣議決定」で覆したうえで、二〇一五年九月一九日未明に強行採決で可決させた。

葉にヨハンは再び使命を呼び覚まされ、地検に帰還する。一九六三年、史上初めて自国の戦争犯罪を自国の法律で裁き、ドイツの歴史を塗り替える裁判が開始された。

＊

映画はどうしても日本の現実に観客を呼び戻す。戦後七〇年を迎えても政府は自国の侵略戦争を事実上認めず、政権批判を許さない空気は日増しに濃度を高めている。それでもこの夏の体験がヨハンたちに重なる。強行された安保法制で蹂躙された立憲主義の足元に若い芽のような民主主義が路上から生まれているからだ。「多くの難問が提起され、思想が鼓舞され、一つの誕生が次を孕む時代を私は素晴らしい時代と呼ぶ」というローザ・ルクセンブルクの言葉を思い出す。青年の熱情がいつかこの国を変える日を信じたい。

（『教育』二〇一五年一二月号）

世論調査などでも国民の過半数がこの法案に疑問・反対を示し、この年国会前では数万人のデモが何度も渦を巻いた。一〇代から二〇代前半の若い世代で構成されたSEALDs（シールズ）は国家権力の暴走を防ぐ立憲主義と平和主義を求めてこの運動をリードした。

ローザ・ルクセンブルク　三〇九ページ参照

書くことが、生き直すこと

『ヴィオレット　ある作家の肖像』

負の要素を抱えて、逆境を生きた人びとの物語にどうしても惹かれてしまう。ヴィオレット・ルデュックは「ボーヴォワールの女友だち」として知られたフランスの作家。私生児として生まれ、母との確執や容貌コンプレックスに苦しみ、同性愛や結婚の失敗に傷つき、やがて自らの生と性を書くことに人生を注ぎこみ、孤独と脚光とスキャンダルを駆け抜けた女性である。

＊

「女の醜さは大罪である。美女ならば人はその美しさに振り返る。醜い女なら人はその醜さに振り返る」。暗闇に刃物のような字幕が流れ、『ヴィオレット』という題名が白く浮かぶ。映画は小説のように七つの章で構成され、第一章「モーリス」では戦火のパリを逃れ同居していた作家で同性愛者のモーリス・サックスとの相克が描かれている。彼女は闇商売で彼に尽くしながら、愛を拒まれていた。「自殺だってできるのよ」と叫ぶヴィオレットにモーリスは一冊のノートを投げ与える。「耐えがたい思いを紙にぶちま

シモーヌ・ド・ボーヴォワール
一九〇八〜一九八六。フランスの小説家、思想家。『第二の性』などの著作で女性解放運動の草分けとなり、私生活ではジャン・ポール・サルトル（三六七ページ参照）と束縛しあわない伴侶として生涯をともにした。

け ろ、君自身のために」と。庭の木陰で彼女はインクにペンを浸し、初めて膝に乗せた白いノートに向かう。書きはじめたのは母が自分の手さえ握ってくれなかった幼い日の記憶だった。拙い字で一節を書き終えたヴィオレットが空を見上げる。カメラが彼女の視点でゆっくりと枯れた木々の枝から曇天の空に移っていく。それが彼女の作家への第一歩だった。

章立てはヴィオレットが出会った人生にかかわる人物でつながれ、ボーヴォワール、ジャン・ジュネ、ジャック・ゲラン、そして母へと続いていく。

最初に彼女の才能を見出したのはボーヴォワールだった。待ち伏せて、読んでほしいと自分の原稿を無理矢理手渡すヴィオレットだったが、ボーヴォワールは彼女を小説仲間に紹介し、処女作『窒息』の出版に尽力する。

だが時代はまだ女性に厳しかった。赤裸々に体験を綴った作品はほとんど売れず、交友も恋愛もうまくは運ばず、求めて得られない愛に心身ともに追い詰められていく。ヴィオレットの強すぎる執着から逃げながらも、ボーヴォワールは「社会があなたに拒んできたものが、書くことで与えられるのよ」と彼女の創作を励ましつづける。

第六章でヴィオレットは旅に出る。

南仏で彼女は偶然フォコンという村に空き家を見つけ、自然から霊感を与えられたように新作を執筆する。

ジャン・ジュネ
一九一〇〜一九八六。フランスの小説家。

ジャック・ゲラン
一八七四〜一九六三。香水メーカー、ゲランの三代目調香師。

人は自分の置かれた条件と状況を生きるほかないが、どんな人生にも曲折はあり、たいていの途上には受動から能動への転換がある。くり返す出版社とのトラブル、ボーヴォワールへの嫉妬と焦燥、そして母との葛藤と和解。

終章でヴィオレットは集大成の作品『私生児』に挑む。「求めたのはあなた、変えるのもあなたよ。書くのよ、それが人生を変える。涙も叫びも無意味。書くしかない」。ボーヴォワールの言葉はそのまま二人の盟約であり友情でもあった。たしかに書くことは自分のなかで過去を再構成することであり、生き直すことでもある。そうして生き直された過去が、新しい未来を開くことをプロヴァンスの陽光が予感させる。

＊

「私は誰にも望まれなかった」「私の場所は私の内側。その他は虚しい」「孤独よ、来い。長い髪を垂らして、孤独よ、来い。私の砂漠のオルガンを鳴らせ」。気難しく、ときに野卑で感情移入しにくい主人公ではあるが、ヴィオレットの書く文章は胸に響く。

誰かを愛し、誰かに愛されなければ生きられない人の生の悲しみと痛み、男も女も逃れがたい性の誘惑と桎梏《しっこく》、私たちもまたヴィオレットの一族ではないのかと観客は密かに自問する。

監督・脚本：マルタン・プロヴォ／脚本：マルク・アブデルヌール、ルネ・ド・セカティ／配給：ムヴィオラ／2013年フランス／２時間19分

ボーヴォワールは『私生児』に寄せる序文で、生への情熱が絶望の叫び声をまきちらしながらも、この本が数限りない美しいものに出会わせてくれるのは「悪に犯されても失わない彼女の純潔」のせいだと讃えた。サルトルはある種の詩人にとって、詩とは「生きることの不可能な状況を生きうるために創出する脱出口」にほかならないという。マルタン・プロヴォ監督の言葉のように「人は人生をかけて芸術家になっていく」のだろう。

*

作家が書く行為は、教師にとっては日々の授業や実践に似ている。その仕事は自分のなかのあらゆる要素や体験をくぐった子ども理解に支えられる。さまざまな負の条件を抱え、幼い逆境を生きる子どもたちは数多い。だがマイナスが人にもたらす豊かさも見失いたくはない。教師に、もっともっと文学や映画からも深い人間洞察を掬いとれる時間と待遇を願ってやまない。

（『教育』二〇一六年二月号）

『私生児』
ヴィオレット・ルデュック／榊原晃三、浅野八郎訳／二見書房／一九六九年

ジャン・ポール・サルトル
一九〇五〜一九八〇。フランスの哲学者、小説家、劇作家。「実存が本質に先立つ」として人間の存在と自由を究明し、社会参加《アンガージュマン》を呼びかけた。

煩わしくて、かけがえのない家族

『家族はつらいよ』

『男はつらいよ』が終了して、もう二〇年の歳月が流れた。仕事に疲れやっとたどり着く毎年の盆と正月に、どれほど多くの日本人がこの映画で笑い、慰めと楽しみを得ていたことだろう。

山田洋次監督は高度経済成長期に、故郷の喪失と家族の崩壊や流転の哀しみを描いた名作も連作で残している。

時を経た現代に、改めて笑いで家族とは何かを監督は問いかける。

「家族というのは、厄介で、煩わしくて、無くてもよいと思うこともあるのだけれど、やはり切り捨てるわけにはいかない。そのつらさを何とか切り抜けていかねばならない、そのためにあくせく大騒ぎをする。そんな滑稽で不完全な人間を、表現したいと思いました」。製作発表での監督のその思いは満開までには至らないが松竹の試写会場に笑いはさざめき、かつて多くの映画館にあった見知らぬ観客が共有する陽だまりのような温かい時間があった。

『男はつらいよ』
一一七ページ参照

故郷の喪失と家族の崩壊や流転の哀しみを描いた名作
『家族』(一九七〇年)、『故郷』(一九七二年)。

＊

映画はキャストもスタッフも三年前の『東京家族』とほとんど同じだが、俳優に振られたキャラクターはかなり違う。舞台は三世代同居で東京の郊外に暮らす平田家。前作で謹厳な退職教師だった橋爪功はモーレッサラリーマンを経て隠居生活を楽しむわがまま男、周造を演じる。良妻を演じていた吉行和子は今作では夫にも家庭にも嫌気がさしカルチャースクールで小説の習作をして気を紛らす富子である。ドラマは富子の誕生日に周造がプレゼントに何が欲しいか聞いたところから急転する。富子が「四五〇円の手数料でいいの」と机の引き出しから持ち出したのが思いがけない離婚届だったからだ。

夫婦には三人の子どもがいる。商社で働く長男幸之助（西村雅彦）は頑固で理屈っぽく、妻の史枝（夏川結衣）が諍いの絶えない一家を支える。長女成子《しげこ》（中嶋朋子）は税理士で気が強く、頼りない夫の泰三（林家正蔵）とは喧嘩ばかりだ。ピアノ調律師の次男庄太（妻夫木聡）は三〇過ぎても実家暮らしだが、福岡から上京した看護師の憲子（蒼井優）とつきあっている。この顔ぶれに、周造が通う小料理屋の女将（風吹ジュン）や怪しい探偵（小林稔侍《ねんじ》）、適当な主治医（笑福亭鶴瓶）など芸達者な役者が斜めから絡む。

両親の「熟年離婚」騒動に子どもたちは大慌て、そこから家族全員の不満も噴出して収まりはつかない。人が寄り添いあって暮らす空間には争いも絶えないが笑いの種も散らばっている。だが笑いの中心にあの愛すべき「寅さん」と「さくら」の代わりがいな

『東京家族』
監督：山田洋次／二〇一二年日本

西村雅彦
現在の芸名は「西村まさ彦」。

いことが残念の限りだった。

作品は前作同様に小津安二郎の『東京物語』へのオマージュでもある。家族のなかで老夫婦にもっとも心優しく接するのは血のつながらない憲子である。末っ子の庄太も強くはないがまっすぐな青年である。不協和音が家族には必要なのだと、父親に説く。「ショパンの楽譜をよく見るととんでもない不協和音がたくさん使われているんだよ。でも、ショパンのピアノ曲はとても美しい。つまり、不協和音は美しい音楽を作るために必要なんだ」と。

笑いにも種類がある。嘲笑や冷笑は人を傷つけ分断する。だが愛情ある笑いは休止符のように人を救う。笑いが慈しみに転じる瞬間を最後に観客は見届けることができる。そして物語は周造がテレビで観る『東京物語』の終止符とともに画面から消えていく。

＊

家族と他人の違いは何かを、かつて山田太一の「大事なことは一つ」というエッセイで教えられた。家族はバラバラでもいいと彼は書く。「他人は多く、人の悲しみを喜び、喜びを悲しむ。しかし、家族だけはそうではない。家族の一人の喜びや悲しみを、わが事のように喜べたら、悲しめたら、それだけでいいと思う」。かつて教師だった日に、私はいつも教室や職員室がそんな家族のようであればどんなにいいだろうと願っていた。

『東京物語』
監督：小津安二郎／一九五三年日本
原節子主演で戦後の日本の家族関係をていねいに描きだす不朽の名作。

「大事なことは一つ」
『路上のボールペン』（二四七ページ参照）より
山田太一のドラマが大好きで、シナリオ集も買い込み、エッセイ類もほとんど読んできた。彼の言葉は今日の「評価社会」にやわらかに抗い、自分のなかの小さな誇りを温そして笑いはズレから起こる。異質な価値や感覚の落差が笑いを生み、異なる利害や立場の本音を観客は笑っていた。笑いと民主主義の近しさに気づいたとき、暗闇のなかでまた温かい思いがこみ上げていた。違いのズレを怒りだすのか笑うのか、抑えるのか楽しむのかを教師も問われている。

井上ひさしは劇作『円生と志ん生』で「笑いをつくりだして、どうするのですか」と問われた円生に「たとえば、貧乏を笑いのめしてステキな貧乏にかえちまう」と語らせている。学校にもまた新しい春が来る。子どもたちの巻き起こす教室の難儀も、笑って「ステキな難儀」に変えられないだろうか。

（『教育』二〇一六年四月号）

めてくれた。「こころ甘さに飢えて」「社会と同じ基準で見るのでは家族の甲斐がない」「心の傷も栄養になる」「暗闇で育つ感情もある」と私も思う。

『円生と志ん生』
井上ひさし作／集英社／二〇〇五年
こまつ座で二〇〇五年初演。

監督：山田洋次／脚本：山田洋次、平松恵美子／配給：松竹／2016年日本／1時間48分

「わたしであること」の譲れない尊厳

『わたしは、ダニエル・ブレイク』

映画には多彩なジャンルがあるが、社会派と分類される作品群があり、その世界的名匠として活躍してきた監督にイギリスのケン・ローチがいる。

欧州でも貧困と格差が人びとを憎悪と分断に追い立て、差別と排外主義の潮流が勢いを増している。「生きるためにもがき苦しむ人びとの普遍的な話を作りたいと思いました。死に物狂いで助けを求める人びとに国家がどれほどの関心を持っているか、いかに非情な手続きで対応しているか、そこには明らかに残忍性が見てとれます。怒りが本作のモチベーションでした」。八〇歳を超えた監督が、引退を撤回しても作らずにいられなかった映画は福祉の現場に取材した時代への対抗の物語だった。

＊

オープニングタイトルが流れる暗闇の画面に、会話だけが聞こえてくる。事務的な女と怒りに耐える男の声だ。

「電話のボタンは押せますか?」「腕は上げられますか?」

「悪いのは心臓だけだ。カルテを読めよ」

画面に現れた男は初老で風采は上がらないが熟練労働者に見える。男は心臓発作を起こして足場から落ち医者から大工の仕事を止められて雇用支援手当の申請に来ているらしいが、延々と無関係の質問を浴びせられて憮然《ぶぜん》としている。

「大便を漏らすことはありますか？」

「ないけどこんな質問が続くと漏らすかもな」

劇場に何度か笑いが湧く。監督はこの主人公ダニエルを演じる俳優に老練なコメディアンをあてた。怒りには笑いの伴奏があってこそ広い共感を獲得できると考えたのだろう。

物語はそうして滑りだすが、波乱の筋立てがあるわけではない。それでもわずか数か月の日常にも人生の起伏はあり、時代と社会の縮図はある。

さんざん待たされたあげくに申請を拒まれたダニエルは職業安定所に赴くが、ここでは申し込みはオンラインのみと言われて途方に暮れる。「役所はどこもデジタル派、俺は鉛筆派だ」と叫ばずにいられない。そこで彼は若い女性の悲痛な声を聴く。二人の子どもを抱えたシングルマザーのケイティが、初めての土地で道に迷い約束

監督：ケン・ローチ／脚本：ポール・ラヴァティ／配給：ロングライド／2016年イギリス・フランス・ベルギー／1時間40分

の時間に遅れたために給付金を受け取れず、罰則まで言い渡されていた。

日本でも「保護なめんな」などとプリントしたジャンパーを着て生活保護業務を行っていた市役所職員が問題となったが、「故意に繁雑な仕組みと手続きを設け、困窮する人の行く手を阻むために障害物を置くことが仕事であるような役所や人びと」がイギリスにも存在する。

仕事もお金もないダニエルとケイティに、年齢も性別も超えた奇妙で温かな友情が芽生える。買い物につきあい、荷物を運び、家の修理や子どもに木彫りのおもちゃも作るダニエルだったが、ケイティにはアルバイトさえ見つからない。ダニエルは図書館でまわりの人びとの親切に助けられながらパソコンの習得に苦闘する。

収入を断たれたケイティはスーパーで万引きしてしまい、破れた靴のために娘が学校でいじめられていることも知り、とうとう夜の仕事に手を染める。反対するダニエルとの友情は裂かれ、希望も砕かれ、二人に苦難の道のりが続く。

＊

貧しさや不幸の責めをどこまでも本人に負わせようとする生きづらい社会。負けそうで崩れそうで、耐え難い悔しさに埋もれる人びとが聞きたかった言葉が、映画から聞こえる。「きみは悪くない」「きみは間違っていない」と。

自分のなかの尊厳を呼び戻さなければ生きられないときが人生にはある。ときに人は叫ばずにいられず、ときに人は誰かを抱きしめずにいられない。

終章で主人公は自分の名前をある場所に大書する。「I, DANIEL BLAKE」と。映画の原題であるその記名は、抗議であり、主張であり、生きている個人の譲れない証明だった。

暗闇のなかでふいに峠三吉の詩がよみがえった。「わたしをかえせ、わたしにつながる　にんげんをかえせ」。ダニエルの名に無数の名前が重なった。あらゆる公務に就く人びとが自分の仕事の本来の職務と責任を自覚し大切にできたら、どれだけ住みやすい社会になることだろう。その労働がどれほど喜びと充実に満ちることだろう。

映画は悲劇だが、尊厳ある悲劇として幕を閉じる。彼が求めたものはただ人に対しての「敬意ある態度」だった。

それは現代のあらゆる事象を射抜く監督の〝遺言〟のような思いであることを、観客は暗黒に転じた座席で噛みしめる。

映画は昨年度のカンヌ国際映画祭で絶賛を浴び、パルム・ドール（最高賞）を受賞した。


（『教育』二〇一七年四月号）

峠三吉
一九一七〜一九五三。引用は、『新編　原爆詩集』（青木書店／一九九五年）の「序」より。

名もなき戦士たちの見果てぬ夢

『エルネスト』

キューバ革命の古いニュースフィルムが無音で流れる。凱旋《がいせん》する戦士たち、歓喜する市民の群れ、陽気なキューバの人びとの笑顔が時を超える。洋々としたカリブ海の海原を背景にフィデル・カストロの言葉が画面に打たれる。「自由は天が人間に与えた最も素晴らしい恵みの一つだ。大地の恵みも海の恵みも自由とは比較できない。自由を求める闘いはすべての戦いの中で最も美しい」。チェ・ゲバラ没後五〇年の時を経て、見果てぬ理想を求めた時代の息吹が眩《まぶ》しくよみがえる。

「エルネスト」はゲバラのファーストネームだが、描かれているのは英雄ゲバラではない。キューバ政府の奨学生として医学留学したボリビア出身の無名の日系青年の鮮烈な青春だ。祖国と世界を変革したいと行動した青年の物語ではあるが、画面に流れていたのは勇ましさではなかった。若さがいつの時代にももつ愛と自由への憧れと悩み、その葛藤と切なさだった。

＊

フィデル・カストロ
二五〇ページ参照

チェ・ゲバラ
五〇ページ参照

映画の始まりと終わりに広島が置かれている。日本でまだ名を知られていなかった一九五九年、ゲバラは広島を訪れていた。人影のない朝の平和公園で献花し、原爆資料館を見てまわる。焦土の街、溶けた三輪車、焼け爛《ただ》れた人びとの写真を無言で見つめていたゲバラが同行した記者にひと言だけつぶやく。「アメリカにこんな酷い目に合わされて、君たちはなぜ怒らないのか」と。予定の市内観光を断り、彼は原爆病院に向かう。患者の手を取って語りかける医師ゲバラを窓の外からカメラが見つめる。のちの「キューバ危機」で、「核戦争には勝者も敗者もいない」と喝破したゲバラの言葉はこのときの広島の記憶から発せられたのだろう。

ゲバラたちに魅せられたラテンアメリカの青年が数多くあとに続こうとしていた。ボリビアのフレディ・前村・ウルタードもその一人だった。

彼は移民として海を渡った鹿児島出身の日本人を父に、アンデスと密林を旅しながら育っている。彼を医学に導いたのは少年の日に見た虐げられた人びとの生活、栄養失調や病気に苦しむ子どもたちだった。何のために、誰のために学ぶのか、動機の強さが意志を支える。古い校舎での授業、実験や解剖、寮で寝る間も惜しみ課題に励むフレディの真剣な姿が画面に刻まれる。

印象的な応答が二つある。フレディは初めてゲバラに会った留学生のための新年会の帰り際、追いかけてゲバラに聞く。なぜ揺るぎない自信に満ちて

脚本・監督：阪本順治／配給：キノフィルムズ、木下グループ／2017年日本・キューバ／2時間4分

いるのかと。「自信ではない。怒りだ」「憎しみから始まる闘いは勝てない」

ふいに大学を訪れたカストロには「勉学以外で僕たちがいま為すべきことは何ですか」と問う。彼は「為すべきことを人に聞くな」「いつかきみの心が教えてくれるよ」と笑った。

そして「いつか」は突然訪れる。祖国ボリビアで軍事クーデターが勃発したのだ。山中の村々にも軍が入り、鉱山労働者の弾圧や抵抗する農民の虐殺や拷問が始まっていた。「ボリビアに帰ろう」。彼は密かに親友と決意する。インターンの資格を取り、さりげなく学友に別れを告げ、八か月の実戦訓練を経て祖国に潜入する。「エルネスト」はそのときゲバラからもらった戦闘ネームだった。

ボリビアでのゲリラ戦は最後に短く描かれる。それは誤算と孤立と悪条件に満ちた過酷で壮絶な戦いだった。

＊

二五歳で散ったフレディの青春にも小さなロマンスがあった。ルイサという同郷の医学部奨学生だった。二人は美術書や詩集を好み、図書館でボーヴォワールやサルトルを語りあう。だが想いを打ち明けられないまま、彼女はフレディと寮で同室の不実な男とつきあい、妊娠したのちに捨てられる。それでも彼は生まれた幼子のために衣類を届け、苦学する彼女への援助を続ける。寡黙だが誠実《エルネスト》な彼の愛し方のなかに、フレディと

ボーヴォワールやサルトル　三六四、三六七ページ参照

いう青年の芯が貫かれていた。

「見果てぬ夢を見て何が悪い」。誰をも裏切らず処刑の銃弾に倒れるフレディの最後の言葉だ。彼はただ心の求めるままに学び、愛し、「搾取も抑圧も受けずに働き、生きられる社会」を夢見たのだろう。

怒りと自由。無名の青年が残したメッセージは現代日本の「ブラック」と呼ばれる状況をも照射している。

人を行動に駆り立て、生き方をうながすものは出会いと感受性なのだろうか。

誰かに惹かれるとき、人はその思想より前に感性に共振するのかもしれない。映画から伝わってくるものが、夢を追った人物像の魅力と青年たちのみずみずしい感受性だったからだ。それは原作となった伝記を著したフレディの姉とともに、映画化を実現させたすべての人びとの熱情に共通していた。


（『教育』二〇一七年一二月号）

原作となった伝記
『チェ・ゲバラと共に戦ったある日系二世の生涯——革命に生きた侍』マリー前村ウルタード、エクトル・ソラーレス前村著／伊高浩昭監修／松枝愛訳／キノブックス／二〇一七年

風強い思春期の孤独と旅立ち

『花咲くころ』

なじみの薄い国の映画であるために最初に簡潔に背景が字幕で示される。ジョージア（グルジア）は一九九一年にソ連邦から独立したが、政府と反政府の衝突で市街戦に発展、紛争が続く翌年春からの物語だと。

画面が明るくなると、どこかアンネ・フランクに似た面差しの、多感で潔癖な印象の少女エカがバスに揺られている。街並みには古びた貧しさが漂い、帰宅したエカは家族のためのパンの配給に向かう。そこで待ちあわせた親友のナティアの手引きで行列に割り込むと咎める主婦との間で騒動となり、帰り道では悪童たちにパンを奪われそうにもなる。

アンネ・フランク
一三六ページ参照

映画はなにげない日常の細部がリアルに描かれている。エカは母と姉だけの暮らしだが、父の不在には何か政治的な秘密がありそうで、エカは母が隠し持つ父からの手紙の箱に残された煙草に父の匂いを嗅ぐ。ナティアの父は酒びたりのようで夫婦の諍いが激しく、弟と祖母も家族にやりきれない思いを抱えている。

二人の通う中学校も活写されるが、教師と子どもは明らかに心が通っていない。生きがたい時代と苦難の多い境遇がやや青みがかった寒色の映像で流れていく。

＊

思春期に、子どもからおとなへの橋を架けるのは親でも教師でもなく孤独と友情ではないだろうか。それは時代や国を超えて共通かもしれない。周囲と距離を取り内部の芯と向きあう孤独が人を成長させる。そして友情という新たな鏡を得て、自分と出会い直す。

ナティアに好意を寄せる少年が二人いる。不良がかったコテはナティアの誕生日に学校に花を届け、純情そうなラドはある日待ち伏せて黙って拳銃を贈る。「彼はナティアが誰かにひどいことをされることを恐れている。あなたを愛しているんだと思う」とエカは言う。友情は秘密の共有でもある。拳銃は執拗に絡む悪童への威嚇のためにとエカに預けられるが、彼女はその悪童が年長者に殴られている場に遭遇し彼を救うために使用してしまう。

ある日、いつものようにパンの配給に並んでいるところをナティアはコテに車でさらわれる。目前で誘拐を見ても誰も助けようとはしないおとなたちに「卑怯《ひきょう》者、臆病者、腰抜け！」と罵るエカは

監督・脚本：ナナ・エクフティミシュヴィリ／監督：ジモン・グロス／配給：パンドラ／2013年ジョージア・ドイツ・フランス／1時間42分

怒った男から殴打を浴びる。

画面は突然結婚式のシーンに飛ぶ。誘拐婚はどうやらこの国では珍しくないらしい。「どうせ逃げられない」と諦念するナティアに「愛はあとからついてくる」という義母の言葉は虚しい。「女たちの美しさに乾杯」などと叫びながら呑み交わす男たちの無神経な会話と納得のいかない親友の「成り行き」に耐えがたいエカが一気に杯を干し、ひとり踊り出す。喜べはしないが幸福は願う、言葉にならない思いが、圧巻の民族舞踊にほとばしる。

＊

写真のような画質で光と影の情景描写が美しい。街路の緑、しぶきを上げる雨、逆光をシルエットで走る少女たちが鮮やかだ。

強いられた結婚生活で家に閉じ込められ学校に通えないナティアは実家にエカを誘い、二人だけの誕生日パーティーを開く。祖母がわずかの材料でごちそうを作ってくれる。アパートのベランダに小さなテーブルを出し微笑みあっておしゃべりに興ずる小さな幸福に、さらなる悲劇が襲う。コテのラドへの嫉妬が炎を上げ、仲間をけしかけて殺人にまで至るのだ。

ラドがナティアに手渡した拳銃の変転は寓意でもある。欲望と暴力、怒りと悲しみ、そのむせかえる連鎖はどのように止めることができるのか。

時代と場所を選べずに人は生まれる。

内戦と民族紛争の渦中に思春期を生きなければならなかった一四歳の少女たちにアンネ・フランクが重なる。

「前後から強風を受ける小舟」でも「わたしがわたしとして生きることを許してほしい」とアンネは日記に記した。

「存在理由をもつ存在」としての自分を、思春期は確認せずにいられない。世界はまだ荒地だが、自分の足で立たなければならない。エカにとって、人生を引き受けるはじまりの場所は父の服役する刑務所だったのだろう。面会に訪れた独房の前に立つエカの後ろ姿で画面は断たれエンドロールが流れる。

物語はすべて監督自身の一〇代の体験にもとづくという。アンネほどに過酷ではなくとも、映画は残さずにいられない監督の「日記」だったのだ。

作品は世界中の思春期に呼応するみずみずしさをたたえて三〇の映画祭で賞を得、岩波ホール創立五〇周年の記念作品に選ばれた。


（『教育』二〇一八年二月号）

世界を変えようとした青年たちの肖像

『マルクス・エンゲルス』

エンドロールにボブ・ディランのプロテストソング「Like a Rolling Stone」に乗せてモノクロ写真の古い機械工場や戦場、貧しく抑圧される群衆、激動の二〇世紀のニュースフィルムが連写される。ルムンバやゲバラ、マンデラの顔も見え、世界の労働者や市民、学生の抵抗や革命運動が映し出される。

昨年は『資本論』刊行一五〇年、今年はマルクス生誕二〇〇周年である。映画の原題は『青年時代のマルクス』だがマルクスとともに親友エンゲルス、それぞれの妻イェニーとメアリーの若き日々を描いている。マルクスはまだあの白髭の天才ではなく、熱い激情と明晰な論理で論争と闘争を好む多感な青年であり、その青春は浮沈と波乱に満ちている。彼らはただ社会の現実と受難する子どもや労働者に、「痛む」という感性を共有していた。

*

画面は淡い光が射す静かな森からはじまる。弱々しくみすぼらしいなりをした老人や

「Like a Rolling Stone」
作詞・作曲：ボブ・ディラン

パトリス・ルムンバ
コンゴ民主共和国の政治家、民族運動指導者。コンゴ独立に貢献して初代首相となり、アフリカ諸国の独立運動にも尽力したが一九六一年に三五歳で暗殺された。

チェ・ゲバラ
五〇ページ参照

子どもが生木でなく枯れ枝を拾い集めているところへ馬に乗った官憲が襲いかかり、人びとを殴打し撲殺する。プロイセン政府による木材窃盗取締法の欺瞞《ぎまん》と執行の不当を痛烈に批判したマルクスの『ライン新聞』の記事が、その衝撃的なシーンにテロップで重なる。だが新聞社は弾圧を恐れる。「自己検閲か？　あてこすりとほのめかしで満足か？」。過激な青年記者は突然乱入する官憲に連行されても不敵に笑い、護送車のなかでさらに大胆な雑誌をパリで刊行する画策を友人とはじめる。

場面は一転してイギリスに飛ぶ。蒸気機関で火傷を負った労働者が、疲れて居眠りし指を切断された労働者が、機械を止めた責任を追及されている。エンゲルスの父が共同経営する紡績工場である。「働かずに眠った女が悪い。修理代はお前らよりも高いんだ」と叫ぶ職制に「三日三晩働かせてお払い箱？　それが仕事かい」。激しく果敢に反論する女性労働者こそ、のちにエンゲルスの妻となるメアリーだった。自分の立場に悩むエンゲルスは労働者の住む貧民街に足を運ぶ。疎まれながらも「君たちの助けを得たい。本に証言を載せたい」と通い詰める。それが彼のやむにやまれぬ良心だった。マルクスとの出会いを結ぶ最初の著作『イギリスにおける労働者階級の状態』はこうして生まれた。

そして一八四四年のパリ。亡命したマルクスの家庭では不遇と貧困のなかでも夫婦は愛を交わしあう。妻イェニーは四歳年上の貴族の娘だったが「退屈な人生より、反抗心

ネルソン・マンデラ
『インビクタス　負けざる者たち』（二一五ページ）参照

『資本論』
〈全九巻〉カール・マルクス／岡崎次郎訳／大月書店／一九八三年　など

『イギリスにおける労働者階級の状態』
フリードリヒ・エンゲルス／一條和生、杉山忠平訳／岩波文庫／一九九〇年　など

をもって古い社会と闘ってこそ幸福よ」と夫を支え、次々と誕生する子どもを育てている。マルクスは「家族を養うこともできない社会主義者」と蔑まれても怯《ひる》むことなく政府批判の論陣を張りつづけるが、その過激さゆえにフランスでも国外追放となる。

どんなときもマルクス夫妻を支えたのはエンゲルスであり、友情が思想を発酵させる。マルクスが決して円満な人格ではなく、過剰な自負や傲慢、やや責任感に欠けた生活者であったことも映画は正直に描く。プルードンやバクーニン、クールベなど批判や論争を交わしたり、交友のあった思想家や芸術家も多数登場する。

やがてマルクスとエンゲルスは欧州でもっとも影響力があった「正義者同盟」に加わり、その理論的根拠の薄弱を批判して「共産主義者同盟」に名を変え、綱領執筆をゆだねられる。一八四八年、『共産党宣言』はそうして世に送られた。

ひと月後、パリで二月革命が勃発する。

セピア色の一枚のスナップ写真で映画は閉じる。世界を動かした二組の夫婦の、はにかむような笑顔である。

*

マルクスと共産主義はいまも世界の支配者にとっては恐るべき「妖怪」である。搾取の秘密をあばき、資本主義とは何かを解き明かして社会変革の展望を提起した知の巨人はその後全世界の労働者や青年を鼓舞し、革命運動に駆り立てた。だが壮大な歴史の実

プルードンやバクーニン、クールベ
ピエール・プルードンはフランスの社会主義者。アナーキストの父と呼ばれる。ミハイル・バクーニンはロシアの革命家、アナーキスト。ギュスターフ・クールベはフランスの画家で、写実主義運動を率いた。パリ・コミューンに参加。

『共産党宣言』
『マルクス・エンゲルス共産党宣言』大内兵衛、向坂逸郎訳／岩波文庫／一九五一年　など

験はソ連・東欧の崩壊で帰結したかに見え、現存する社会主義国もマルクスの理論に基づいているとは到底思われない。
マルクスのテーゼのとおり、世界を解釈するのではなく変革することが現代も求められている。二一世紀になっても格差と貧困は極端に広がるばかりで、差別や疎外は人びとを引き裂いている。階級社会で生ずる不幸は個人の努力や責任に帰せられない。ハイチ出身のラウル・ペック監督は根源的な問いをマルクスから学ぼうと訴える。マルクスの思想も理論もかけがえのない人類の礎石ではあるが、世界史と同じく未完でもある。未来はその時代を生きる人びとの手にゆだねられている。

（『教育』二〇一八年一二月号）

監督：ラウル・ペック／脚本：パスカル・ボニツェール、ラウル・ペック／配給：ハーク／2017年フランス・ドイツ・ベルギー／1時間58分

死期を悟り、死を準備する

『ガンジスに還る』

おびただしい死がガンジスの河辺にあふれた映画である。物語よりもさまざまな光に彩られた情景が心に残る。

淡い青空や薄い曇天を映して、濁りを帯びた悠々たる大河が流れる。粗末な衣類をまとい岸辺で祈りを捧げる人びと、半身を河に浸し瞑想《めいそう》と沐浴《もくよく》に耽《ふけ》る人びと、組み上げた薪《まき》の上で遺体を焼く朱い炎が陽炎のように揺らめく。見送る人びとの悲しみとともに、賑やかな笛や太鼓と詠歌の唱和が旅立つ死者を弔う。

遠い異国の見知らぬ人びとの死が自分の死を予感させる。死は自分にはいつどのように訪れるのだろうかと。

＊

黄色い麦畑が広がるインドの農村を老人が一人歩いていく。緑の葉が陽光にきらめく樹を見上げると上半身裸の少年が枝に座り笑っている。「ダヤ」と母の呼ぶ声が聞こえて少年は路地を抜け家へ駆ける。だが村はしんと静まりかえってどこにも人がいない。

母の呼ぶ声だけが聞こえる。どうやらそれは夢のなかで、ダヤは老人の名、少年は子どもだった自分のようだ。老人はそれを黄泉《よみ》の国からの死への誘《いざな》いと考える。

死期を悟った老人ダヤは朝の食卓で家族にバラナシ（ベナレス）で死を迎えたいと告げる。老人は多忙なビジネスマンの息子ラジーヴとその妻、結婚を控えた孫娘の四人暮らしである。困惑しながらも息子は仕事に追われ取りあわない。だがダヤの意が固いと知ると父を一人で行かせることはできず、上司の嫌味に耐え仕事をやりくりして付き添うことに決める。

穏やかな笑顔の父と不機嫌な息子の乗り合いタクシーでの旅の途中、車窓からの風景はダヤにはこの世の見納めのように懐かしく映る。広がる田園、水辺に憩う鴨《かも》の群れ、埃っぽい道路に湿った風が吹き抜ける。

バラナシはヒンドゥー教の聖地である。古来あまたの巡礼者を惹きつけ、聖域での死は多くのインド人の憧れでもあった。そこには死を待つ人びとを滞在させてくれる館がいくつもあり、父子が到着した「解脱《げだつ》の家」もその一つである。面接では死を通過する覚悟を問われ、「私はすでに踏み出した」と答えると受け入れられる。部屋の柱には滞在した人びとの名前と月日が書かれており、ダヤも自分の名を刻む。滞留は一五日までと決められているが隣室の老女ヴ

監督・脚本：シュバシシュ・ブティアニ／配給：ビターズ・エンド／2016年インド／1時間39分

ィムラは夫に先立たれ一八年も滞在しているという。こうして現世への別れにたたずむ父と、携帯電話を片手に遠隔営業に勤しむラジーヴとの不協和な共同生活がはじまる。

＊

ガンジスの朝日を浴びての沐浴、親しくなったヴィムラとの談笑、解脱の家でのダヤの穏やかな日々が過ぎていく。だがラジーヴは父の余命に見通しがもてず苛立ちを募らせる。小さな諍いは二人を過去に連れ戻す。

「私は教鞭《きょうべん》の犠牲者です」突然ラジーヴが語り出す。ダヤの職業は教師だったらしい。「誰かが悪さをすれば教師の息子が罪を被った」。自分に無関心だったと責める息子に、父は息子が少年時代に書いた詩を暗唱する。同僚にも自慢して聞かせていたという。「おまえに謝らねばならん。わしは才能を伸ばしてやれなかった。父さんを許せ」「おまえはいい息子だ。ひどい父親だった」「そんなこと……」。親孝行と仕事の狭間に苦しんできたラジーヴが父の胸に顔を埋める。父子の秘めた相克が終焉《しゅうえん》の地で静かに和解に向かう。

孫娘との交流や家族の葛藤も折り込み、曲折を経てダヤに逝く日が来る。ガンジスに向かう賑やかな葬列で、花に飾られた父の遺体を神輿《みこし》のように担ぐラジーヴは泣きながら微笑む。

＊

インドでは葬儀はお祭りのように見える。人生は一場の祭りなのかもしれない。高揚のあとの淋しさのように人の死も過ぎゆき、新たな生を照らす。

寡黙な映画だが、上質なカメラワークが光彩に満ちた風景と人間の内面をていねいに描く。

作家でもあったダヤは自ら書いた死亡広告を残した。最後にラジーヴは娘とともにそれを読む。「いつでも心に従え。心の在りかを知れ。さもなくば一生悔やむ」「故人の作品はごくまれに古書店の片隅で埃にまみれて見つかることがある」。生きた時間は古書のように忘れられていいが、誰かに温かい何かを残せる人生はいい。

監督は撮影時二四歳の青年で、バラナシに死を迎える施設が多くあることを知り、取材を重ね、実際のエピソードと死生観を脚本に込めたという。映画は一昨年のヴェネチア国際映画祭で一〇分間のスタンディングオベーションを受けるほどの共感を呼び、世界各地で上映が広がっている。

（『教育』二〇一八年一二月号）

教室にいつか光差す日

『12か月の未来図』

「大人になってからのあなたを支えるのは、子ども時代のあなたです」

児童文学者石井桃子のこの言葉を思い出しながら映画を観ていた。フランスでも格差社会の現実は厳しく、登場する子どもたちはみな恵まれない条件を背負って生きなければならない移民や底辺の子どもたちである。彼らの投げやりだったり、虚ろだったり、どこか不機嫌な表情が日本の中学生にも重なった。どんな境遇の子どもにも「生きていける自信と希望を学校から」という熱い願いが映画から伝わる。

フォトジャーナリストだった脚本・監督のオリヴィエ・アヤシュ＝ヴィダルは取材のために二年間公立中学校に通い詰め、授業だけでなく職員会議や生徒の処分を決める評議会にも参加し、学校現場から作品をリアルに練り上げている。演じているのはすべてそこで知りあった中学生で、彼らに自分自身を演じさせたという。

＊

教師の目で観ると、前半は息苦しい。主人公のベテラン教師フランソワがこの教育困

「大人になってからのあなたを〜」
『石井桃子のことば』新潮社／二〇一四年 より
石井桃子は『クマのプーさん』などの翻訳家、『ノンちゃん雲に乗る』などの作家、さらに優れた編集者として、日本における子どもの本の礎を築いたといわれている。本書は石井桃子自身が遺した「ことば」を集めてかつて子どもだった大人も励ましてくれる。

難な中学校で立ち往生する。フランスの教育格差を是正する案を口にしたばかりに、パリ名門高校のエリート教師が自ら郊外の問題校に突然赴くことになったのだ。生徒に「なめられる」「いじられる」ことはプライドの高い教師ほど耐えがたい屈辱だ。彼の文法の授業は高度だが硬く退屈で、中学生は露骨に反抗する。寝る、指示に従わない、揚げ足を取る、勝手に退席する。フランソワの怒りは沸騰する。「私にそんな口をきくな！」「覚悟しておけ！」「今度は見逃さない！」と。

不作法で無気力な中学生に向きあい、どのような態度をとるのかが教師たちに問われる。職員室でも、学校評議会でも異質な教育観と子ども観が交錯する。「優しくすればつけあがり、厳しいと反発する」「どうせ年内に退学する」「安月給でクズを教えるのは終わりだ」と子どもを見切る教師も少なくない。いっぽう、苦悩する教師たちがいる。「生徒が歌わないの。どうするべき?」と悩む音楽教師、「私は経験不足ね。どうしていいかわからない」「今年こそ、と思っても何も変わらない」と苦しむ若い教師の側に、やがてフランソワも共感していく。

教師のあり方を分かつのは、問題に悩めるかどうか、そして何をどう悩むかにあるのかもしれない。

フランソワにヒントをくれたのはアーティストの妹だった。「兄

監督・脚本：オリヴィエ・アヤシュ＝ヴィダル／配給：アルバトロス・フィルム／2017年フランス／1時間47分

さんにはわからない。勉強をするのがつらい子もいるのよ」と、否定的な状況がつづくと何事も不可能と思い込む「学習性無力感」の話をする。すでにさまざまな動物実験で実証されているが、人間にも当てはまるという。彼は自分のクラスで試してみる。できない問題を解かされつづけた子どもはやさしい問題でも初めから投げ出してしまう。

自分の苦労を悩む教師から子どもの苦難を悩む教師へのフランソワの変身がはじまる。自分を疑うことができる内省的な教師こそが子どもの信頼を得られる。教育のドラマはそこから動きだす。

＊

彼はまず授業を変える。子どもにからかわれたらユーモアでその言葉を文法の学びに変える。文法を物語のなかからつかませようと本の世界に誘う。もうかつての押しつけ授業ではなく、登場人物のエピソードから興味をかき立てる。『レ・ミゼラブル』と出会った子どもたちは学ぶ楽しみに目覚めてゆく。テストは物語のなかから範囲を指定し、やればできる問題に変えていく。問題児のカンニングさえ善悪より自信を優先させて見逃す。だがそうした指導はやがて問題も引き起こす。授業を総合学習にしようと歴史教師とタイアップしたベルサイユ宮殿への遠足で度の過ぎた事件が起き、生徒の退学問題へと発展する。

＊

『レ・ミゼラブル』〈全5巻〉ヴィクトル・ユゴー／佐藤朔訳／新潮文庫／一九六七年　など

映画の終盤で心熱くなるシーンがいくつかある。子どもたちが歌わないと悩んでいた音楽教師が指揮する参観日の合唱がいい。歌う中学生、聴くおとなたち、その歌詞とメロディーにも心震える。わかりあえる同僚、同じ悩みと喜びを共感できる人がいるかどうかも教師の生き方を分ける。

教育の現場では、子どもと教師の共振が起こる奇跡のような瞬間がある。もっとも反抗的でフランソワを悩ませた悪童セドゥが、照れながら「言いたくないけど、言っとく」とフランソワに告げる最後の言葉が胸を打つ。直後にメリー・ホプキンの「悲しき天使」が忍び込みエンドロールへと流れていく。学生時代、教師になることをめざしはじめた頃の懐かしい曲。映画は現代日本の教育への貴重な問題提起であるだけでなく、私にとっては教師を生きた追憶と重なって幕を閉じた。

（『教育』二〇一九年四月号）

「悲しき天使」
もとはロシアの歌謡曲だがポール・マッカートニーのプロデュースで当時一八歳のフォーク歌手メリー・ホプキンが歌ってヒットした。日本では森山良子や南沙織らがカバーしている。オーケストラによる編曲演奏も多く、学生時代に喫茶店でよく流れていた。

「文革」に翻弄された青春の挽歌

『芳華　Ｙｏｕｔｈ』

「芳華」とは中国語で青春を意味する。どんな時代に青春を迎えるかは誰も選ぶことができない。主人公の青年たちは、文化大革命から毛沢東の死、中越戦争、そして改革開放へと激動の中国現代史のさなかに青春を通り過ぎた世代である。現在、すでに六〇歳を超えた彼らはそれぞれに苦い波乱の過去を背負ってその後の人生を生きた。映画はそうした人びとの痛切な回想と、錯綜《さくそう》した長い愛の物語である。

文革世代には「傷痕《しょうこん》文学」と呼ばれる作品群があるという。人びとの傷はまだ癒えていない。若い日に人民解放軍を鼓舞する文芸工作団（文工団）の一員だったフォン・シャオガン監督も老境になりながら、傷痕を映画として残さずにいられなかった一人である。

＊

毛沢東の肖像と真っ赤な文革のスローガンが躍る巨大な看板が画面いっぱいに現れると、レインコートの少女が荷物を抱えて文工団の門をくぐる。政治犯として労働改造所

文化大革命
日本では詳しくは知られていなかったが『ワイルド・スワン』（全三巻／ユン・チアン／土屋京子訳／講談社／一九九三年）を読み、中国現代史に翻弄される祖母・母・娘の過酷で悲惨な体験を読み衝撃を受けた。

に送られた父の存在を隠し、新しい人生を踏み出そうと上京した一七歳のシャオピンを、出迎えてくれたのは優しく快活な模範兵のリウ・フォンだった。それがシャオピンが憧れ、その後長く思いを抱きつづけた文工団員との最初の出会いだった。

楽隊の勇壮な音楽とともにタイトルが現れると、画面は体育館で練習する女性団員の華やかな群舞に変わる。流麗なダンスと演奏、鮮やかな若さと眩しいほどの肢体。シャオピンの胸も躍り、眼は輝く。だが、彼女の期待は思いがけない出来事から一変し、寮友からのいじめにもあい、文工団での苦難の生活がはじまる。

いつも助けてくれたのはリウ・フォンだった。団員たちの意地悪を憤り、かばってくれた。練習で誰もペアを組んでくれないとき、一緒に踊ってくれた。父恋しさに涙をこらえていたとき「我慢するな、泣けばいい」と言ってくれた。だが愛はすれ違う。リウ・フォンが密かに愛していたのは楽団一の人気歌手、リン・ディンディンだった。

彼の告白に戸惑い、保安部から「誘惑」の疑いをかけられたディンディンは保身のためにリウ・フォンを告発する。

革命中国は激しい格差社会でもあった。出自であれ容貌であれ、恵まれた者はしばしば無自覚にそうでない者を傷つける。過剰な潔癖もときに罪となり、若さはいつも過ちを免れない。

監督：フォン・シャオガン／脚本・原作：ゲリン・ヤン／配給：アット エンタテインメント／2017年中国／2時間15分

雨のシーンが目に残る。シャオピンが入団した日も雨が降りしきっていた。仲間はずれにされ、一人での練習を終えて体育館を出たときも外は激しい雨だった。囚われていた父から初めて手紙を受け取った日は、万感の思いで光る雨しぶきのなかを外に駆け出していく。

＊

愛した人に裏切られ、保安部の卑劣で執拗な尋問の末にリウ・フォンは文工団を追われ、遠い雲南地方の伐採部隊に左遷される。彼の無実と善良さを知るシャオピンだけが彼を見送り、彼女もまたこのあと、文工団を見限ってひとり野戦病院への異動を志望する。二人が再会するのは、一九七九年に勃発した中越戦争の最前線だった。カメラを止めずに描写される迫真の戦闘シーンに圧倒される。爆発する手榴弾《しゅりゅうだん》、火を噴く火炎放射器、戦車が草原をなぎ倒す。轟音《ごうおん》とともに噴き出す血しぶき、飛び散る肉片に目を覆う。

リウ・フォンは部隊長として戦場で多くの仲間を救ったが、砲弾で片腕を失い、シャオピンは寝る間もなく傷病兵の看護に献身する。全身火傷で死にゆく一六歳の少年兵のエピソードも胸痛む。シャオピンはあまりに過酷な体験の連続でいつしか精神を病んでいた。

＊

人の一生は時代の波と政治に否応なく巻き込まれ翻弄される。従うにせよ、逆らうにせよ、権力と無関係に人は生きられない。戦争はもっとも苛烈で悲惨な「政治の帰結」であろう。

幸薄かったシャオピンに最後に穏やかな幸せが訪れる。もう若くなくなった二人は小さな駅で出会い、さらに一〇年の時を経て再会する。過去を恨むでもなく、飾るでもなく、彼らは人生の成り行きを受け入れ、ただ慈しむ。

その後の二人の人生はジャーナリストになったかつての文工団の僚友のナレーションで短く語られる。エンドロールは彼らの芳しく香った華の日々が短いカットとラッシュフィルムで草原の輝きのように流れていく。

どの国であれ権力や組織はしばしば時代のもっとも良質だった青年たちを奪っていく。見終わって、制約の多い中国映画で、監督が描きたかったのは歴史にありえたもう一つの過去への哀悼だったかもしれないと考えていた。

（『教育』二〇一九年五月号）

官邸とメディアの攻防と闇

『新聞記者』

昨年、教科研大会でも講演した『東京新聞』望月衣塑子《いそこ》記者の著書『新聞記者』を原案とし、官邸とメディアの攻防と闇をサスペンスフルにえぐりながら、娯楽作品としても熱度の高い映画である。監督は若い俊英だがリサーチに奔走して「三〇過ぎまで政治を考えなかった恐怖に襲われた」と言い、「声高な批判より、風刺に富んだダークファンタジー」を試みている。そのために映画はただ政治や権力の現実を暴くだけではなく、「人間」を描く。

人は投げ込まれた状況をどう生きるか、その職業で何を基軸に働くのか、組織と個人、初志と変節、同調圧力と抵抗のあり方など報道や政治の世界と無縁な観客にも普遍性をもったテーマがいくつも織り込まれている。

主演の女性記者にシム・ウンギョン、若手官僚に松坂桃李《とうり》など韓国と日本の人気俳優が配され好演していることももう一つの魅力だろう。

＊

教科研大会
三三二ページ参照

『新聞記者』
望月衣塑子／角川新書／二〇一七年

二〇一九年二月、深夜の東京。空撮の夜景からカメラは無人の東都新聞社会部に転じ、ファックスから発信元不明の文書がくり出されてくる。その時間、記者・吉岡エリカは自宅でキーボードを叩き、ディスプレイにはテレビの討論番組が流れている。出演しているのは望月衣塑子記者や前川喜平元文科省事務次官、南彰新聞労連委員長らで、映画は要所にこうしたテレビのニュースや論説番組の画面や音声が流れ、巧みに現実とフィクションを往還させている。

同じ時刻、内閣情報調査室（内調）の一室では官僚・杉原拓海が、政権批判に乗り出した政務次官の醜聞を疑わせる写真を公安警察から受信していた。翌日、政権寄り大手新聞が大きくそれを報道する。森友・加計《かけ》問題、公文書改竄《かいざん》・捏造《ねつぞう》、伊藤詩織さんレイプ訴訟など、この国で連続して起きた権力に絡む不可解な事件が新聞社と内調の交錯した視点からリアルになぞられ、緊迫したドラマとして進行する。

＊

吉岡記者は母が韓国人で、父は敏腕記者でありながら汚職の追及を誤報とされ自殺に追い込まれた過去をもつ。「誰よりも自分を信じ疑え」と記された父の取材ノートは彼女の報道志望の秘めた動機を支えている。いっぽう、優秀な成績で外務官僚となった杉原は初

監督：藤井道人／脚本：詩森ろば、高石明彦、藤井道人／原案：望月衣塑子、河村光庸／配給：スターサンズ、イオンエンターテイメント／2019年日本／1時間53分

任時に尊敬する上司から「官僚の仕事は誠心誠意国民に尽くすこと」と鍛えられたが、成り行きで内調に出向を求められ、意に反する業務を次々と命じられて苦悩する。

内調の室内は常に暗い蒼色《あおいろ》の色調で撮影されている。「増えましたよね。犯罪者でもないのに、俺たちが尾行してスキャンダルつくる仕事」「俺たちはいったい何を守ってきたんだろうな」「どんな理由で自分を納得させるの?」とつぶやく内調官僚に、「安定した政権を維持させることがこの国の安定と平和につながる」「この国の民主主義は形だけでいい」と説得する現上司の暗い笑いが不気味に印象深い。

新聞社も常に真実が優先され国民の知る権利に奉仕する公正な職場ではない。

矛盾と葛藤を抱える若い二人が、政権の暗部に根ざす事件をめぐって交差する。事実か創作か見境がつかなくなるが、特区での新大学設置問題は現実よりさらにおぞましい動機を孕んで設定されている。謎の文書に描かれたふしぎな羊のイラストが舞台を回し、杉原の元上司の自殺によって少しずつ解明されていくスリリングな真相に観客は引き込まれていく

登場人物たちは言葉以上に眼で語りかける。迷いや疑い、怒りや悲しみ、瞳に宿る光彩が観客の感情を揺らす。情景も心に残る。鮮やかな青空の下に屹立《きつりつ》する国会議事堂、画面の片隅ではためく日の丸、夜の国会前でシュプレヒコールをあげる人びとの表情、足早の通勤者、平凡な家族のスナップ、なにげない日常の地つづきの向こうに政治があ

る。

ラストで霞が関の黄金色に色づいた銀杏並木の下を杉原と吉岡が別々に歩いている。信号を隔てた交差点で二人が出会い視線を交わす。届かない声が吉岡の唇から漏れる。

＊

現実はフィクション以上に闇が深い。安倍政権による内閣官房機密費は累計六七億円を超え、領収書不要のために使途は不明だが情報操作にも相当の支出があったことを窺《うかが》わせる。

現在どれほどの不正にも国民の政権支持は揺るがないように見える。だがいつかこの国は変わるのではないかと、こうした映画が製作され全国で広く公開される動きが予感させる。

令和改元で浮き立つ世相に、「私たち、このままでいいんですか」という吉岡の問いがいつまでもこだまする。

（『教育』二〇一九年七月号）

累計六七億円
第二次安倍内閣が発足してからの六年間（二〇一二年一二月～二〇一八年）の累計。

時代を懸命に生きた両親への花束

『エセルとアーネスト　ふたりの物語』

レイモンド・ブリッグズの絵本を読んだことがあるだろうか。ほのぼのとした太めの線で描かれた人物や風景、穏やかな言葉と子どもの心を温める物語。核戦争の悲惨と恐怖をユーモアに包んで描いた『風が吹くとき』が有名だが、『ゆきだるま』にも魅せられる。雪が降った日の、一人っ子の男の子の空想がセリフも言葉もなくクレパスのような描画で綴られている。雪だるまと出会った男の子が、両親の寝静まった家に彼を招き、手を引かれて空を飛び、別れる朝までの小さな物語である。最後のページの、帽子とマフラーと溶けて小さなかたまりだけになった雪だるまを見つめる子どもの哀しみが雪のようにしんしんと心にしみる。すべての人も、懐かしい景色も、このようにいつか喪われ、忘れられていく。

本作はレイモンドが自身の両親との別れを感謝とともに悼み、その思い出をたどった絵本のアニメ化である。

＊

『風が吹くとき』
レイモンド・ブリッグズ／小林忠夫翻訳／篠崎書林／一九八二年
核戦争の恐怖を描いた絵本で、チェルノブイリ原発事故翌年の一九八七年にアニメーション映画としても公開され、大きな注目を浴び、イギリスをはじめ各国で大ヒットした。

『ゆきだるま』
レイモンド・ブリッグズ／評論社／一九七八年

映画は冒頭に晩年となったレイモンド本人が実写で登場し、やがて絵本が動き出すようにアニメに移り、二〇世紀初頭のロンドンの街角で自転車に乗った若き日の父アーネストが現れる。快活で勤勉な牛乳配達人だったアーネストは、通勤途中でいつもお屋敷の窓から黄色い雑巾を払っている若いメイドを見かける。それがレイモンドの母エセルだった。二人はいつしか目を交わし、微笑みあい、エセルはやがて花を携えたアーネストに誘われて映画に行く仲となる。

出会いから二年、二人は結婚しロンドン郊外に小さな家を買い、憧れの新婚生活がはじまる。アーネストは妻を喜ばせるために中古のソファやガスレンジを買い、少しずつ手直ししながら家を整えていく。やがて二人に待ちかねた男の子が生まれ、このうえなく慈しんで育てる。

だが、ある日、ラジオ放送から突然に戦争のはじまりが告げられる。

一九三九年、ドイツに宣戦布告したイギリス政府は、やがて激しくなる空襲に一五〇万人もの子どもたちを地方へ疎開させ、五歳だったレイモンドも泣きながら親戚に預けられる。不安と悲嘆にくれる妻を慰めながら、アーネストは消防士として内地防衛の任務に就く。

ニュースでの戦況を交えながら、爆撃で殺される人びと、破壊されていく家や街など戦時中の悲惨と痛苦をレイモンドは控えめながら克明に描いている。両親のドラマであ

思い出をたどった絵本
『エセルとアーネスト――ふたりの物語』レイモンド・ブリッグズ／きたがわしずえ訳／バベルプレス／二〇一九年

りながら、映画は時代を見つめる。一九四五年、戦争は終わり人びとは通りに出て戦勝を祝うが、戦死者の家族に喜びはない。

そして戦後の復興がはじまり、私立学校に進学したレイモンドの記憶には豊かになっていく生活を喜ぶ両親の姿があった。手回しの脱水機がついた洗濯機、角が丸いモノクロのブラウン管テレビ、ベル音に驚くダイヤル式の黒電話、それらは老いた人びとには懐かしく、若い世代には未知の二〇世紀の暮らしの記録でもある。

進学校を中退したレイモンドはその後、美術学校を卒業して教師となり、心に病をもつが優しい妻を得る。老いていく両親はやがて体調を崩し、一九七一年につづけて世を去っていく。

レイモンドは両親の生とともに死にも正面から向きあい、その忘れ難い記憶を絵に残す。病院の廊下で台に乗せられた母親の遺体、ベッドで口を開けたまま眼を閉じた父親の顔、音のない止まったような時間が画面に刻まれる。レイモンドが最初の絵本『さむがりやのサンタ』を出版するのは二人が亡くなった二年後のことである。

＊

描かれているのはレイモンドの両親だが、観客には自分の両親が重なる。私にも苦労を苦労とも思わず、働き詰めて自分を育ててくれたいまは亡き両親がいる。国は違うが同じように戦争の時代をくぐり抜け、二〇世紀を生き抜いた。

『さむがりやのサンタ』
レイモンド・ブリッグズ／すがはらひろくに訳／福音館書店／一九七四年

エセルとアーネストは自分の労働と家庭を何よりも大切に生きた平凡なイギリス労働者階級の夫婦であった。レイモンドはそのことに誇りと敬意を抱き、作品をとおして生きるうえで何が大切かを静かに訴えている。そして寄り添って暮らし善良であった両親の人生を愛おしみながら、遭遇する時代の苦難を生きるうえでは善良だけにとどまらない何かが必要であることも作品に忍ばせている。

生前、両親の期待にはなかなか応えきれなかったレイモンドだが、自分の希《のぞ》みをせいいっぱいに生きたことで命をくれた二人への礼は尽くされているのではないだろうか。映画は懸命に生きた世界中の両親に贈る花束のように幕を閉じた。

（『教育』二〇一九年一〇月号）

監督：ロジャー・メインウッド／原作：レイモンド・ブリッグズ／配給：チャイルドフィルム、ムヴィオラ／2016年イギリス・ルクセンブルグ／1時間34分

本からの贈り物

子どもの頃から本が好きだった。

幼年の最初の記憶は初めて自分のために母が一冊の本を買ってくれた日の情景だ。道端で待つ私に初夏の陽炎《かげろう》の向こうから若かった母が微笑んで高く絵本をかざしてくれた。そのうれしさとときめきはいまも忘れることができない。

香川県の海辺の片田舎で生まれ育った私は小学校四年生で高松市に転居した。狭い社宅の暮らしで五人きょうだいの末っ子の私には居場所がなく、放課後はよく市立図書館で過ごしていた。図書館は市の中央にある公園の一角にあり、窓からは季節ごとに色を変える木立や空が見えていた。そこで私は幼い孤独と空想の世界に遊ぶ楽しさを覚えた。

児童書のコーナーに並ぶ各国の童話集が愛読書だったが、いちばんお気に入りでくり返し読んだのは佐藤さとるの『だれも知らない小さな国』だった。その題名にも、描かれた風景にも、身近に潜んでいそうなコロボックルと呼ばれる小人たちにも心惹かれたが、思い返すと子ども心に沁みていたのは誰かを愛おしみ、そのために何かを闘いとるという主人公の生き方への憧憬だったのかもしれない。

図書館のたくさんの本を読破した子どもとして司書さんが学校に連絡してくれ小さく表彰された思い出もある。

＊

中学校は一学年二四クラスもあるマンモス校で、自分の存在など砂粒にすぎないように思われた。校外での友人たちとの草野球やボロ自転車の遠乗りにも興じていたが、私的な楽しみはやはり読書だった。自分の人生は平凡を免れないことがよくわかっていたからこそ架空の世界で多様な人生を生きる体験が欲しかったのだろう。何を読んでいたのかほとんど覚えていないが、下村湖人《こじん》の『次郎物語』には没入した記憶がある。薄幸が多感に転化するいくつものエピソードと内面の描写に自分を重ね、少年期の小さな高揚や挫折に心疼《うず》き、人が出会いと葛藤によって成長するという物語に生きる光を見ていた。

読書は中毒にも似ている。試験など差し迫った課題があるときほど無関係な本に手を出し時間を失っていく悪癖はこの頃からはじまったように思う。

＊

高校時代は競争の激しい進学校で、強制された勉強に反抗するように遊びのスポーツや乱読に耽《ふけ》っていた。一九六〇年代の時代の反映から社会系の読書も増え、弁護士を志すようになっていたが、教育にも関心があった。当時姉が小豆島に新採教師として赴任していたこともあり、『二十四の瞳』（壺井栄）は愛読書だった。いっぽう、「学テ」体制下の香川の教育には違和感を抱えつづけていたので『私の教育宣言』（宗像誠也《むなかたせいや》）は直截《ちよくせつ》に言葉が届き目が開かれた。社会や教育を議論できる友がいて、読んだ本を薦めあい、語りあうことで読み方が深まることを知ったのもこの頃だった。

大学入学後も、法律書にはなじめず、サークルや自治会活動の傍ら福永武彦や井上靖などの文学や永島慎二の抒情漫画に浸っていたが、教育にかかわる本からも離れることはなかった。『人間の壁』（石川達三）では時代と教師の軋轢《あつれき》や苦悩、子どもと生きる哀歓を知ることになり、『波』（山本有三）では貧困と教育、教師とは何かについて思索を迫られた。『ユンボギの日記』（イ・ユンボク）や『にあんちゃん』（安本末子）など子どもが綴《つづ》った生活記録の再読と『どぶ川学級』（須長茂夫）などいくつかの教育実践を読んだことが最終的に私を教師への道に誘《いざな》った。

＊

長く中学教師として人生の大半を過ごしたが、読書が私にもたらしてくれたものは何だっただろうか。本の世界で味わう感情で密かに好きだったのは「切なさ」だった。それは「ときめきと痛み」を含んでいつも思春期の心との微かな共振に役立った。

読書は私に「ことば」の豊かさを与えてくれた。中学生の揺れる思いに意味を添え、思考をうながし、応答を可能にしてくれたのはことばだった。

そして私は本のなかでともに生きた数知れない人びと、たくさんの優れた教師や描かれた子どもたちからかけがえのない「目」をもらった。私は自分だけではないその目を通して、子どもと世界と教育をまなざすことができた。私を育ててくれた本たちにただ感謝する。

（『教育』二〇一七年一一月号）

2020-2022

コメディーが運ぶ和解

『テルアビブ・オン・ファイア』

世界のいたるところで憎悪と対立が渦を巻いている。見えない壁が人びとを分断し、敵対を煽《あお》る排外的な言説と過剰な攻撃性が不幸を連鎖させている。

絶望が絶え間なく人を襲う時代に、和解はどのように可能なのだろうか。

第四次中東戦争後の一九七五年にイスラエル近郊のパレスチナで生まれたサメフ・ゾアビ監督は、そうした状況で表現をあきらめたら状況を認めるのと同じと考え、「現実を映画にして笑いたい。コメディーによる誇張が洞察をもたらすことができる」と思いつく。コメディーは悲劇を描くのに適し、コメディーによってこそ重大な問題を繊細に話しあうことができると監督は信じる。そしてチャールズ・チャップリンの言葉を引く。「本当に笑うためには痛みを取り除いて、それで遊ぶことができなければならない」。それは「ユーモアは人間に与えられた魂の武器だ」というホロコーストを生き抜いたヴィクトール・フランクルの言葉にも重なる。痛みと笑いを、映画はどう描くのだろう。

＊

ヴィクトール・エミール・フランクル
一九〇五〜一九九七。オーストリアの精神科医、切迫した雰囲気の男女が言葉を交わし、抱擁するシーンで幕が開く。女はパレスチナのスパイ、男は解放戦線の指導者のようだが、すぐにカメラが引きドラマの撮影風景とわかる。「テルアビブ・オン・ファイア」とはパレスチナでもイスラエルでも女性を中心に大人気のテレビドラマの題名だったのだ。主人公サラームはプロデューサーの叔父からこのドラマの雑務アシスタントに雇ってもらっていた。

優柔不断で、仕事も恋もうまくいかないが気のいいこの青年を観客はいつしか応援したくなる。エルサレムに住むパレスチナ人であるサラームは撮影所に通うため毎日検問所を通らなければならない。ある日不審者と見なされ軍司令官アッシのもとへ連行されたサラームは、職業を質され脚本家だと見栄を張る。権力を傘に着たこの司令官が観客を笑わせる。彼は妻や娘がパレスチナ製メロドラマの大ファンだったために、立場を利用してサラームを脅しながら手なずけはじめる。

いっぽう、成り行きで脚本の一部を任されたサラームは、女性スパイが色仕掛けで接近するイスラエル将校にかかわるアイディアが欲しくてアッシに取り入る。アッシは妻に自慢したいばかりにイスラエルに都合のよい展開ばかり主張し、自分の考えた台詞《せりふ》をなりきって演じてみせる。気弱なサラームはそれを拒否することも受け入れることもできずに困惑しながらも、ドラマは二人の合作のように編み出されていく。

「愛と任務」が錯綜《さくそう》する劇中劇のサスペンスフルなロマンスに、サラーム自身の拙い恋

心理学者。代表作はナチス強制収容所での体験をもとに著した『夜と霧』（霜山徳爾訳／みすず書房／一九八五年）。二〇〇二年に同じみすず書房から池田香代子訳で新版が発行され、引用も同書から。

私は学生時代に旧版を読んで圧倒され、授業で使いたくて新版も読んだ。ガス室に送られる前に力尽きて亡くなるユダヤ人も多いなかで、生き延びた人びとには何があったかを考えさせたかった。フランクルは「希望」とそのもとになる愛する人やつづけたい仕事、よき思い出などとともに「魂の武器」としてのユーモアをあげていた。

も並走する。だが現実は甘くない。俳優からはイスラエル軍人をもっと邪悪に描くよう迫られ、叔父からは「同胞に責任をもて」と諭される。そしてドラマの結末が争点となる。アッシからは妻に明言したからとイスラエル将校とアラブ女性の結婚を強要され、スポンサーに忖度《そんたく》する制作陣からは愛を装う自爆テロでの幕を求められる。板挟みに困り果てたサラームの考えた予想外のエンディングが劇場を笑いで包む。

*

映画を楽しんでもらうと同時に登場人物の暮らしている状況を伝えたいと願う監督は、終盤にイスラエルとパレスチナを隔てて高く長くそびえる壁を短く背景に挿入する。アッシにIDカードを取り上げられ家に帰れないサラームが、その外側を延々と車を走らせるシークエンスだ。車から降りたサラームは曇った空と砲火の瓦礫《がれき》が散乱する貧しい街並みを無言で眺める。サラームはここで生きなければならない。冴えないサラームだが、取り柄が人びととの会話をキャッチして聴き取る「耳の良さ」という設定に意味がある。

印象的な台詞がある。脚本家として恋愛体験の不足を指摘するアッシとの会話だ。「愛する二人は何をする?」「キスやハグ?」「相手の話を聞く。忘れるなよ」。それは和

監督・脚本：サメフ・ゾアビ／脚本：ダン・クラインマン／配給：アット エンタテインメント／2018年ルクセンブルグ・フランス・イスラエル・ベルギー／1時間37分

解の最大のテーマでもあり、ドラマの結末をめぐる紛糾では逆にサラームの口から発せられる。
　映画を観ながら日韓の対立問題を考えていた。かつて、そしていまもドラマや音楽などの文化が両国の人びとを熱いほどにつないでいる。サラームは無知や配慮のなさから傷つけてしまった元恋人の心を得るために記憶を呼び覚まし、直接言えなかった愛のメッセージをドラマの台詞に託す。アッシの好物がアラブ料理のフムスというのも日韓の食べ物交流に似ている。そしてサラームたちの願いが物語を終わらせずに「続編」へとつなぐことは、現実世界もそうありたいという願いに重なる。

（『教育』二〇二〇年一月号）

人生を楽しむに遅すぎることはない

『イーディ、83歳 はじめての山登り』

穏やかだがどこか諦念を隠した表情の老婦人が、言葉を発しない車椅子の老人の口元に食事を運んでいる。婦人は介護の合間に、屋根裏部屋で懐かしい亡き父からの絵はがきを見つける。写真はスコットランドの異形の山岳スイルベン山で、「この変な山を一緒に登ろう」という言葉が添えられている。

それが物語のはじまりだった。

老いた身で振り返ると人生は実現しなかった夢であふれている。子どもの頃から、いくつもの「いつか」を抱えながら人は日々を生きる。だが「いつか」はしばしば来ないままに終わる。

時間は限られ死はもう恐れるほどのことではないとしても、生の終幕に悔いのないエピソードを加えたいという願いは人生にどんな灯をともすだろう。

＊

主人公イーディは親に勧められて結婚、平凡な生活と一人娘の子育てを「義務」のように生きてきた。そして後半生の三〇年を捧げた夫の介護が終わる。住み慣れた家は売りに出されることになり、手伝いに来た娘との会話から母子の亀裂も明らかになる。窓の外のロンドンの雨のように、後悔がイーディの脳裏に降りそそぐ。

一人で暮らしたいイーディだが、娘に老人施設を勧められ、連れて行かれた見学先でその終末感に気が滅入る。体験講習の生け花でいきなり花を首から鋏《はさみ》で切り落とすシーンに初めてイーディの激情がほとばしる。長く受け身で生きてきた人生、寂しさと無力感への抗いが痛いほどに伝わる。

自宅の暖炉で思い出の品々を焼いていたとき、ふと父の絵はがきに目が留まる。その葉書を手に行きつけの食堂で一人の食事を終えながら「追加注文には遅い？」と聞いたとき、店員が笑って答える。「何も遅すぎることはないさ」。その言葉がイーディを閃《ひらめ》かせ、一つの決断が動き出す。

＊

父との約束を一人で果たそうと思いついたとき、灰色だったイーディの瞳が輝く。その顔に、しわを刻んではいても誰のなかにもある子どもを見た。それは自分の年齢も顧みず、ただ気の向くところへ進む無邪気な少女の顔だった。父の古びた登山グッズを鞄《かばん》に詰め、イーディはロンドンからスコットランド行きの夜行列車に乗り

監督・脚本：サイモン・ハンター／脚本：エリザベス・オハロラン／配給：アットエンタテインメント／2017年イギリス／1時間42分

込む。夜明けの窓外から美しい山々が見えはじめる。

だが八三歳の高齢で、経験もない単独登山は無謀である。

映画はここから異世代交流のドラマへと流れ出す。駅のホームで若い女性と衝突したイーディはその恋人らしい青年ジョニーに助け起こされる。彼はバスはあと四時間も来ないのでとスイルベン山の麓まで車で送ると申し出る。

予約の手違いからホテルに泊まれなくなるアクシデントを救ってくれたのもジョニーで、彼は仲間と暮らす自宅にイーディを泊め、そこから若い世代と老いたイーディの温かな交友がはじまる。登山用品店を営むジョニーはイーディの計画を聞き、その危険を忠告して四日間の訓練を有料で提案する。

沼地を歩く練習からはじまり、ボートを漕ぎ、テントの張り方から火起こしと食事作りまで手ほどきされるが、老人の偏屈は何度も若者との衝突を起こす。そうしたなかで、やがて互いの境遇を語りあうまでの関係が生まれる。

あまりの困難から一度は登山をあきらめたイーディだが、ジョニーが綿密に立ててくれた計画とルートでついにスイルベン山に向け一人で出発する。

＊

人生と同じように、登山には思いがけない波乱が次々と襲うが、山中で彼女に小さな助けをくれる人たちの親切が野の花のように挟まれている。大自然は美しくもあるが、厳然と人を試す。それでも山登りは自分だけの生きる誇りと満足を踏みしめさせてくれる。社会の片隅で生き、敬意を払われることも少なかった人生だが、イーディは自分を憐《あわ》れまず、薄幸であったことを恨むことなく老いを歩く。

山頂は風が強いが人生を俯瞰《ふかん》するように視界が開ける。こうして彼女は自分の人生の残照を飾ったのだ。湧いてくる幸福感に観客の心も温められる。

孤独を求めながら人とのつながりも渇望する老年の背反《アンビバレント》も映画は優しく描いた。主役を演じたイギリスの名優シーラ・ハンコックも撮影時に八三歳だったという。高齢化社会へと向かう世界で映画は深い共感を呼び、いくつかの国際映画賞を受賞している。

(『教育』二〇二〇年三月号)

もう誰も殺されない日のために

『海辺の映画館　キネマの玉手箱』

コロナ禍で街から人影が消えていた四月、大林宣彦《のぶひこ》監督があの優しい笑顔を残して去って逝った。「ひとがひとを恋うるとき、ひとは誰でも、さびしんぼうになる」。大林映画に、生きる憧れや慰めを得て過ごした懐かしい青春をもつ人は少なくないことだろう。私もその一人で、尾道《おのみち》三部作をはじめスクリーンを駆けるみずみずしい少年少女たちに自分の思春期や目前の生徒たちを重ねて中学教師を生きた。

本作で「いまも子どもたちの不幸の種はいっぱい撒き散らされている」と語る監督の、最後のテーマは「映画は戦争を止められるか」だった。

＊

冒頭に中原中也の詩が掲げられる。

「文明開化と人云うけれど、野蛮開発と僕は呼びます」（「野卑時代」）

「人類の背後には、はや暗雲が密集してゐる／多くの人はまだ／そのことに気が付かぬ」（「秋の夜に」）

「ひとがひとを恋うるとき〜」
大林監督の『さびしんぼう』（一九八五年）より。

尾道三部作
大林監督が、出身地尾道市を舞台に郷愁を込めて作った『転校生』（一九八二年）、『時をかける少女』（一九八三年）、『さびしんぼう』（一九八五年）は、尾道三部作と呼ばれている。

一世紀前のその同じ空気をいままた生きているのではないか、映画は中原中也に導かれて二〇世紀の日本の戦争映画を訪ねるものであると監督の声が聞こえる。

作品は大林監督とともに歩んできたスタッフが結集し、大林映画を彩ってきた俳優たちが総出演、祝祭のように高揚感があふれている。観ることにエネルギーが必要な映画ではある。インターミッションを挟んだ約三時間、「映画こそ最先端のタイムマシン」として回転の速い多彩なエピソードが奇想天外な映像でめくるめき、笑いも涙も追いつけないほどに駆け抜ける。

『時をかける少女』を「リリシズムSF」と名づけた監督は、同じタイム・リープの手法を用いながら、本作を「シネマゲルニカ」と呼ぶ。リアルな写実では描けない、横顔に目が二つあるような想像力によって飽かずに観てもらえる映画、変形することで風化しない戦争の記憶を監督は試みる。

＊

尾道の海辺に建つ古びた映画館が降りしきる夜の雨に浮かぶ。地元の映画ファンに愛されてきた瀬戸内キネマの閉館の日、初代館主でいつも受付に座るお婆ちゃんが企画したのはオールナイトでの戦争映画の大特集だった。

手伝いに来てくれたのは対岸の島に住む一三歳の希子《のりこ》、集まった観客には映画少年の毬男、歴史マニアの鳳介《ほうすけ》、寺の小僧でヤクザに憧れる茂がいた。

「**野卑時代**」中原中也の生前未発表詩篇（一九三四年）。

「**秋の夜に**」中原中也の生前未発表詩篇（一九三〇年）。

壇上で希子が「教えてください、戦争」と叫ぶと、昔どおりの実演でわくわくとしたタップダンスがはじまる。そのとき、外の一閃《いっせん》の稲妻で三人の青年は画面のなかに迷い込む。絢爛《けんらん》たる花の江戸からはじまり、幕末の京都、戊辰《ぼしん》戦争の会津《あいづ》、満州事変後の中国戦線、太平洋戦争下の沖縄などの悲劇を三人はリアルタイムで体験し、目撃していく。映画は無声のモノクロにはじまり、殺陣《たて》やミュージカル、遊び心も満載でテンポの効いた怒濤《どとう》の展開である。

*

ちりばめられた戦争の時代の愛と別離、儚《はかな》い恋と月明かりの裸身、壮絶な戦闘とおびただしい死者、偽りの愛国とこの国の美しい海や空や田園、そして実ることのなかった青年の夢と挫折。中原中也の詩のごとく、幾時代もの戦争は茶色で、「汚れちまった悲しみ」は痛々しく、なすところもない。

映画は終盤の一時間で広島を描く。昭和二〇（一九四五）年八月一日、山間《やまあい》の村をよぎり煙を吐いて日本の夏を汽車が走る。

三人はその広島行き列車で移動劇団「桜隊」一行と乗り合わせる。そこから映画の時間は速度を落とし、三人は彼女たちの運命を救おうと奔走する。

だが誰一人広島を離れようとする団員のいないままその日は来る。晴れ渡った青空を飛ぶエノラゲイから投下される原子爆弾。ピカのあと、ドンまで聴いた人のなかには生

「汚れちまった悲しみ」
中原中也の代表詩「汚れっちまった悲しみに」（詩集『山羊の歌』所収／一九三四年）より。「汚れっちまった悲しみに／今日も小雪の降りかかる／汚れっちまった悲しみに／今日も風さえ吹きすぎる」ではじまる四連の詩。

き延びた人もいたという。だが守りたかった「希子」は、ドンを聴くことなく石段の影となる。

＊

『転校生』での「傷ましくも輝かしいわが少年時代に捧ぐ」というテロップを思い出す。「遊びをせむ」と生まれ、八二歳までを生きた大林監督は終生「時をかける少年」だったのだろう。

「もう誰も死なない、殺されない日が来るといいね」「青春が戦争の消耗品であってたまるか」。それがいつも彼の動力だった。「映画は哲学だが、ハッピーエンドにするのは観客の責任だ」と言う監督は、「恋人を自ら選ぶ心で平和をたぐりなさい」と呼びかける。

映画の最後で観客に別れを告げるように、大林監督はピアノを弾く謎の老人の姿で背中だけを見せる。

（『教育』二〇二〇年七月号）

監督：大林宣彦／脚本：大林宣彦、内藤忠司、小中和哉／配給：アスミック・エース／2020年日本／2時間59分

壊される労働と家族のゆくえ

『家族を想うとき』

長引くコロナ禍が社会構造の矛盾を噴出させている。増大した非正規雇用や名ばかりの「自営」は破綻し、おびただしい人びとが容赦のない貧困と不安に追い詰められている。限度を超えた困窮は家族の崩壊も連鎖させ、理不尽がいま世界にあふれている。

こんなとき、映画には一時《いっとき》の娯楽も求められるが、深い問題提起を触発してくれる作品にも出会いたい。近年、カンヌ国際映画祭やアカデミー賞も現代社会の理不尽とその集約点となる家族を照らす作品が注目を集めている。

才気あるストーリーと演出で映画はエンターテインメントの底に視点の反転を潜ませる。是枝裕和監督の『万引き家族』では盗まれているのは貧苦の家族の幸福ではないかと思わせ、ポン・ジュノ監督の『パラサイト　半地下の家族』は社会に寄生しているのは富裕層の側ではないのかと気づかせる。

いっぽう、ケン・ローチ監督の本作は外連味《けれんみ》のない直球の社会劇である。最後の作品と決めた『わたしは、ダニエル・ブレイク』から三年、八三歳の監督が引退を撤回した

『万引き家族』
監督：是枝裕和／二〇一八年日本
第七一回カンヌ国際映画祭において、最高賞であるパルム・ドールを獲得

動機は新しい搾取の構造によって激変した人びとの働かされ方、その下で壊されゆく家族の苦しみや悲しみの目撃だった。

「耐えられないことがあれば、変えること」。老監督はその可能性を探る。描かれているのはイギリスのありふれた労働者の家族である。かつての福祉の王国は見る影もなく、社会の荒廃は感染症のように人心を蝕《むしば》んでいる。

*

オープニングタイトルが流れる暗闇に、職歴とその苦労を語る男の声が流れる。場面は就労面接場で、声の主は不況で職を失った中年男のリッキー。マイホーム購入の夢をフランチャイズの宅配ドライバーに賭けている。それは雇用ではなく独立した仕事で、出勤表も売上目標もない、儲けは自分しだいと説明を受け、「長い間、こんなチャンスを待っていた」と応じてしまう。その働き方にはどんな罠が隠されているのか、映画はそこから現代の労働形態の変貌を執拗なまでに映し出す。

契約で個人事業主となったリッキーはまず高額の登録金を積まされ、配達用のバンを買うか借りるかを迫られる。借りるには割高の賃料が課されるためローンでの購入を決め、頭金には妻の車を売却するほかなかった。

妻のアビーは派遣型の訪問介護士だが、車を失い何軒もの訪問先へバスで移動することになり、さらに長時間労働へと追い立てられていく。

した。

『パラサイト　半地下の家族』
監督：ポン・ジュノ／二〇一九年韓国
第七二回カンヌ国際映画祭では韓国映画初となるパルム・ドールの受賞、第九二回アカデミー賞では作品賞を含む六部門にノミネートされ、作品賞、監督賞、脚本賞、国際長編映画賞の最多四部門を受賞。

『わたしは、ダニエル・ブレイク』
三七二ページ参照

「自己責任」とされるが本部から割り当てられる荷物量は膨大で、厳しいノルマを課せられ、休日もなく病休もとれない。駐車違反にも怯《おび》え、トイレに行く間もなくペットボトルで用を足す。届け先の不在も多く、客からのクレームは神経をさいなむ。心身の過労はやがてリッキーの愛する家族を壊しはじめる。

＊

小学生の娘はけなげで優しく、多忙をきわめる両親をいつも気遣うが、帰りの遅い母親を待ち焦がれ不眠や夜尿に苦しむ。高校生の兄は成績優秀だったが、父への反抗や校外での非行をくり返し、不登校になっていく。リッキーは家庭で感情が抑えられず、不機嫌や怒鳴る場面が多い。それでも妻のアビーは家族全員に気を配り、家事を切り盛りし、仕事では難しい老人たちにも「自分の親に対するように」を銘に敬意をもって親切な介護に努めるが、心の容量は限界を迎えている。

　世界のどこにもいる家族の共通する悩みや苦難が画面に流れ、観る者は自分の家族に重ねて成り行きを見守る。せがまれて助手席に乗せ、一緒に配達をしたときに娘が見せた父を守る行動、夜中の呼び出しに兄の提案で家族全員で歌いながらバンで母を介護先に送るエピソードが温かく、かつての労働組合の面影も短く織り込まれる。だがリッ

監督：ケン・ローチ／脚本：ポール・ラヴァティ／配給：ロングライド／2019年イギリス・フランス・ベルギー／1時間40分

キーの業務は過酷をきわめ、ある事故で重傷を負っても違約金や賠償を求められ、ついに妻の激情が本部にほとばしる。そして娘の善意の行動がさらに家族を危機の淵に追い詰め、息子の父への背反した想いが切ない。

＊

原題は『Sorry We Missed You』。宅配の不在時連絡票の文言だが、言葉のままに監督からのメッセージが聴こえる。私たちにも、見逃し、見失ってきた人びとや想いがある。父の車の前に立ちはだかる家族と、リッキーが運転席で見せる最後の涙に希望が光る。

（『教育』二〇二〇年八月号）

世界はとても不思議で美しい

『はちどり』

一四歳、中学二年生。その年齢を一九九四年の韓国で生きた少女ウニの物語。誰もが通り過ぎた思春期、時代も国境も性別も超えて観る者に多感だったあの季節の自分へ回帰させる映画である。

＊

曇天の下の巨大な集合団地に、学校からウニが帰宅する。均一に並ぶ階を間違え、応答のないドアを母を呼びながら叩《たた》きつづけるオープニングは、思春期に同じ制服を着せられて自分の存在を見失う中学生の寓意のようだ。

ウニの両親は下町で小さな餅屋を営み、朝から晩まで忙しく働いている。一九九四年の韓国はソウルオリンピックを終え、民主化と急速な経済発展の渦中で、社会の価値観も錯綜していた。

だが、ウニの父は男尊女卑と学歴信仰を捨てられず、成績優秀で生徒会長を務める兄にソウル大学進学の期待をかけ、受験に失敗し遊び歩く姉にはしばしば体罰にも及んで叱責していた。いっぽう、平凡な末妹のウニは両親からあまり期待も関心も寄せてもらえず、父や兄に殴られることもあった。

学校もウニにとって居心地のいい場所ではなかった。担任は威圧的で成績と規律ばかりを重んじ、時代錯誤なスローガンや人権無視の生徒指導に級友たちは内心の軽蔑を隠して服従していた。家庭でも学校でもウニの言葉はいつも短く、表情も曖昧で周囲からなかなか気持ちを汲みとってもらえない。

それでも一四歳の少女に、青春前期のささやかなきらめきはいくつかある。親友とのとりとめのない交友の楽しさ、初めて好きになった他校男子との交際、後輩女子から憧れを告白されたりもする。ときには煙草を吸ったり、万引きに誘われたり、悪の誘惑にも乗り、不安や失望や後悔をくり返す。

監督の演出は繊細で優しく、劇的ではない少女の日常のエピソードに長いカットを与え、画面は静謐《せいひつ》に流れる。高感度のカメラは逆光が多く、淡い色彩で思春期のみずみずしい揺れや情景をやわらかに照らす。

*

ウニが初めて信頼できるおとなと出会ったのは漢文塾だった。新しい女性講師ヨンジ先生は大学を休学中で、穏やかに対等に中学生に接してくれた。

ウニが兄から暴力を受けた日、親友に裏切られた日、先生は静かにお茶を

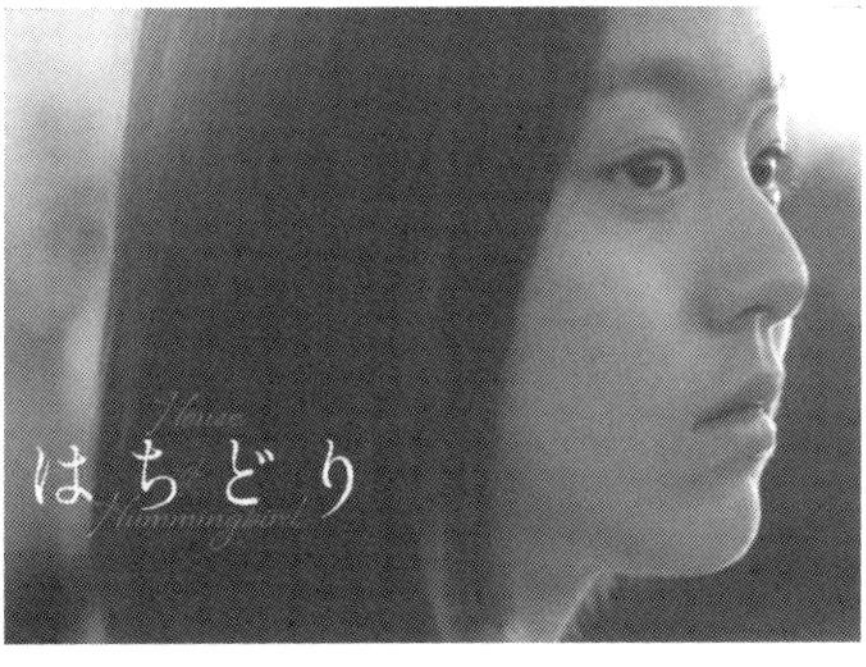

監督・脚本：キム・ボラ／配給：アニモプロデュース／2018年韓国・アメリカ／2時間18分

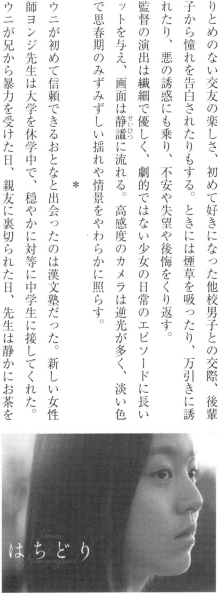

淹《い》れ、ただ話を聞いてくれた。先生の本棚からはいつも知性の匂いがした。

ウニが耳下腺炎で手術をしたとき、ヨンジ先生は病院に見舞いに来てくれた。その折、「ウニ、殴られないで」「黙っていたらだめ。立ち向かうのよ」と言ってくれた。それは若い世代に渡す韓国女性のバトンだった。

小さな恋を失った日に、ウニはユンジ先生のもとを訪れる。夜、塾からの帰り道、公園での会話が印象深い。

「先生は自分が嫌になったことは?」。信頼できるおとなにもっとも聞いてみたかった問いを、ウニは口にする。

ヨンジ先生は、中学生が相手なのに惑いながら、ゆっくりと言葉を探す。

「何度も。本当に何度も」

「自分を好きになるには時間がかかると思う」

「自分が嫌になるとき、心をのぞいてみるの。こんな心があるから、いまの私を愛せないんだって」

そしてヨンジ先生はつらいとき自分の可能性に気づくある方法をウニに教える。

＊

映画が一九九四年でなければならなかった理由は一〇月二一日のソンス大橋の崩落である。それは脆弱《ぜいじゃく》だった社会の基盤を人びとの目にさらす。そして、ウニは大切な人を

ソンス(聖水)大橋
漢江に架かる橋で、一九

この大事故で喪う。
その後、ヨンジ先生から漫画の好きなウニに真っ白なスケッチブックが届く。「悪いことがあればうれしいこともある。誰かと出会い、何かを分かちあう。世界はとても不思議で美しい」。添えられた手紙に「先生、私の人生もいつか輝くでしょうか」と、ウニは返信する。

夜明け前、滔々《とうとう》と流れる漢江《ハンガン》の岸辺から、ウニは忘れられない人の命を奪った橋を見つめつづける。

はちどりは世界でもっとも小さい鳥の一つでありながら、その羽を一秒に八〇回も羽ばたかせ、蜜を求めて飛びつづけるという。監督がその鳥を映画の題に選んだ理由が、後ろ姿のウニの小さな胸の鼓動のように伝わる。そして、幼かったはちどりのそれからの懸命な飛翔を予感させて、映画は閉じる。

この映画が初監督となるキム・ボラ自身が一九九四年に中学二年生だった。彼女はアメリカの大学院で映画を学び、思春期の「やり残した仕事」として四年をかけて脚本を書き、三〇代のほとんどを捧げてこの映画を撮ったという。

作品は世界各国で公開され、五〇を超える映画賞を受賞した。

（『教育』二〇二〇年一一月号）

七九年に完成したが、事故が起きたのは完成からわずか一五年後。事故の原因は手抜き工事で、調査によると溶接不良など目視でわかる手抜き工事の跡があり、施工管理と検査方法がずさんであったことは明白だった。

発展するために生まれたのではない

『ムヒカ　世界でいちばん貧しい大統領から日本人へ』

我々は発展するために生まれてきたのではない。
幸せになるために地球に生まれてきたのだ

――ホセ・ムヒカ――

暗闇に浮かぶ小さなメッセージに続いて胎児の心音が聴こえ、赤ちゃんの誕生から映画がはじまる。作品はドキュメンタリーだが、私的なルポルタージュのような視点で描かれ、新生児は当時三二歳だった田部井一真監督の息子であることが明かされる。編集はいささかぎこちないが、映像は新鮮で熱をもち、試みられているのはムヒカの眼と言葉を借りて自分の生き方を問い、日本の現在を照射することだった。

*

南米の片隅、日本の約半分の国土と人口三四五万人ほどのウルグアイで二〇一〇年から五年間大統領を務めたホセ・ムヒカ。二〇一二年ブラジルのリオでの国連持続可能な開発会議のスピーチで一躍注目を集め、彼の言動を追う番組や書籍は世界にあふれ、柔

国連持続可能な開発会議のスピーチ
「貧乏なひととは、少ししかものをもっていない人

和なその笑顔は広く知られることになった。当時、若いテレビディレクターだった監督はムヒカ大統領の直撃取材を命じられ、何度もウルグアイに飛ぶ。そして彼は実際にムヒカに接した印象とその深みをテレビでは伝えきれないことを悔しく思い、ムヒカへの敬愛を映画で表す決意をする。すでに各国の書籍や映像で知られ尽くしたように見えるムヒカに、残されたテーマは日本との関係と自分にとっての意味だと彼は思い定め、その切り口から映画を組み立てる。

*

きっかけはムヒカが思いがけず日本の歴史や文化をよく知っていたことである。子どもだった頃のムヒカの写真が画面に現れる。変わらないあどけなく無邪気な笑顔。幼くして父を亡くし、極貧だった少年時代に近所に住む日本人移民が菊の栽培を教えて助けてくれたという。昔ながらの勤勉な日本人だったと話す。やがてムヒカは花を持つ手で銃を持つようになり、反政府ゲリラの傑出したリーダーになっていく。

国内の激しい貧困と格差、社会の不公正と軍事独裁政権の弾圧に抗して、青年時代のムヒカは闘う。投獄四回、脱獄二回、銃撃戦で六発の銃弾を受け重傷を負い、獄中生活は一二年に及んでいる。ムヒカの現在の妻で恋人だったルシアもムヒカと行動をともにし、ほぼ同じ期間を獄中で過ごしている。彼らの優しい顔の裏には、壮絶な半生があった。一九八四年、国民投票で軍政が破れ民政に移行した翌年、二人は解放され、ムヒカ

ではなく、無限の欲があり、いくらあっても満足しない人のことだ」「私たちは幸せになるためにこの地球にやってきたのです。人生は短いし、すぐ目の前を過ぎてしまいます。命よりも高価なものは存在しません」などの言葉が世界の人びとの心を打った。

が大統領に選ばれたのはさらにその二五年後のことだった。

＊

ムヒカをとおして現代日本を照らすと何が見えてくるだろう。ムヒカの言葉が人びとの心を打つのはなぜだろう。監督はその問いを秘めてカメラを回し、観客に答えをゆだね思考をうながす。

時間をかけてムヒカの日常を追い、長いインタビューと会話が流れる。

「五〇年前の私たちは富の平等な分配で世界を変えられると考えていた。だがいまになって気づいたのは人間の考え方を変えなければ何も変わらないということだ」。ムヒカの言葉は簡潔で飾らない。限りなく欲しがることの害と、引き替えに失われていく生きるための時間を悲しむ。それは長い獄中での削ぎ落とされた生活と思索から見えてきた真実であり、現代日本と対比するなら雑多な情報と些《さ》末《まつ》な損得が見失わせている人生の核心と幸不幸の根源だろう。

日本へ招かれた夫妻はどこよりも広島訪問を望み、「人間だけが同じ石に二度つまずく」「我々は学ぶことができたのだろうか」と自問する。

最後に、日本の若者との対話を望んだムヒカは、東京外語大学で講演する。カメラは、政治に関心が薄く変革に期待をもたないと思われた日本の学生たちの真剣なまなざ

監督：田部井一真／配給：KADOKAWA／2020年日本／1時間38分

しをとらえる。質疑ではムヒカの主張の困難さと実現の可能性を疑う発言があった。愛はそれゆえの抗争を生み不幸ももたらすと返す学生もいた。ムヒカの応答はユーモアも交え即妙で秀逸だった。「生きることは問題に直面すること。問題がないのは墓地だけだ。恐れることはない」「人は何もできないはずはない。子をもてなかった私たちは学校を建てた。そこに私たちの子どもがいる」。客席で聞いていたルシアの目に、涙が浮かんだ。

＊

帰国したムヒカの農場で菊の花が光に揺れる。「自然の種は風や鳥が運ぶが、考え方は人間が運ぶ。私のまいた種はどこかで芽を出すこともあるだろう」。田部井監督はわが子に「歩世《ほせ》」と名づけたという。世を歩みつづける人間になってほしいと願って。

（『教育』二〇二一年二月号）

先生は未来に触れることができるから

『ブータン　山の教室』

コロナ禍で「不要不急」という言葉を何度も耳にした。映画を観ることはどうなのだろう。

遥か遠いヒマラヤ山脈の麓での教師と子どもをめぐる映画を見つめながら、さまざまな感情に揺られていた。自分の過去にも重ねて、教師という仕事が苦難を含んでもなぜ人を惹きつけてやまないのかを考えていた。

ブータンは九州程度の面積に七〇万人あまりが暮らす小国だが、GDP（国内総生産）に代わる指標としてGNH（国民総幸福量）を提唱したことで知られている。幸福は数値化できない。国が幸せを定義することもできない。それでもブータンは生産量ではなく、国民の幸福度の向上を政策の目標におく。経済的には貧しい国だが、教育費も医療費も無料だという。しかし当たり前だがブータンにも人が生きる困難や苦悩、葛藤はあふれている。雄大な自然も美しいばかりでなく、多くの地方は前近代的な不便さに満ちている。この国で、人びとは何に、どのように幸せを感じて生きているのだろう。

*

画面に現れた青年ウゲンはTシャツに書かれた「国民総幸福ブータン」というロゴが皮肉に見えるような怠惰な生活を祖母になじられている。幼い頃に親を失い、職業は教師だがやる気は見えず、外国に憧れてオーストラリアでミュージシャンになることを夢見ている。そんな彼がブータン最僻地《さいへきち》のルナナ村への赴任を命じられる。嫌々ながら、育ててくれた祖母に諭され、雪深いので冬までという契約で友人や恋人に見送られてウゲンは長距離バスに乗る。

そこから映画は辺境へのロードムービーに転じる。ルナナは「闇の谷」を意味するブータン最北端の村で、首都ティンプーからは八日を要する。バスで行ける終点に村長代理が迎えに来てくれ、ラバを引くポーターも合流してくれる。山中で極貧の家族に一宿を借りたあとは野宿の連続に疲れ果てるが、霧が晴れると峠に人の群れが見え歌声が聞こえる。村人が総出で「先生」を出迎えに来てくれているのだ。到着した村は人口五六人、標高四八〇〇メートル、この旅が青年の人生を変える。

*

本作が初長編となる若い監督は写真家でもあり、人と自然への視角と色彩に魅せられる。澄んだ青空と純白の雲、峻厳《しゅんげん》な山並みの麓

監督・脚本：パオ・チョニン・ドルジ／配給：ドマ／2019年ブータン／1時間50分

に草原が光る。出演している子どもも村人もすべて現地の人びとで、一度も映画を観たことがないというのに、日焼けした飾り気のない素顔と表情は観客を引きつける。

学校も現地のそのままの建物で、石を積んだ空っぽの教室には埃《ほこり》をかぶった粗末な机が並んでいる。外にある台所もトイレも破れた板の掘立て小屋で、電気もないあまりの生活環境にウゲンは目を疑う。窓から覗《のぞ》く弾んだ瞳の子どもたちを見ても気は重くなるばかりだ。

帰りたいというウゲンを村長は悲しそうに受け入れてくれたが、翌朝、目覚めると学級委員だという賢そうな少女が笑顔で迎えに立っていた。やむなく教室で自己紹介からはじめると、歌手になりたいと歌ってくれる少女や「先生は未来に触れることができるから」と教師をめざす少年を前にウゲンは辞めるとは言えなくなってしまう。

それからウゲンがこの地でどのように教師になっていったかを、詩のように映画は描く。幼くして厳しく生活を背負いながら、学ぶことに飢えた子どもたちにどう応えればいいのか。黒板がなくても壁に炭で板書し、紙が足りなくなると窓のガラスがわりの紙を配る。友人に教材になる図鑑やボール、ギターを送ってもらい、校庭で子どもと歌い、遊ぶ。村人が手作りで黒板やチョークを作ってくれ、親しくなった村娘が糞を燃料にとくれたヤクを子どもたちと教室で飼う。何もなくくすんでいた教室の壁が子どもたちの作品で華やいでいる。学校は不思議な場所だ。教えたい教師と学びたい子どもさえいれば楽園に変わる。

村人が持ち寄ってくれる食材や伝統料理、村娘や子どもたちが歌う民謡の伸びやかな歌声が日々を潤す。そして秋風に麦の穂波が揺れ、山の頂きが白くなり、やがて別れの冬が近づく。

＊

幸福は子ども時代に原型をつくる。

子どもたちが村人と歌いながらいつまでも遠ざかるウゲンに手を振る。惜別もまた一つの幸福かもしれない。ウゲンも子どもたちも何かを得て新しく生きていくだろう。

人は誰も心の水底に清らかな感情や純な思いを沈ませているのだろうか。それは触れるものによって思いがけず水面《みなも》によみがえる。幸福とは何か、という問いがもう一度観客の胸に浮かぶ。

映画はアカデミー賞国際長編映画賞にノミネートされた。


（『教育』二〇二一年五月号）

老い、喪失する記憶と愛

『ファーザー』

コロナ禍に遭遇した世界は死の影を日常に伏流させている。混迷が時代を覆っているが、本作は現代のもう一つの不安としての老いと孤立を、認知症にかかわる父と娘の相克として描く。

原作は三〇か国以上で上演され数々の賞を受けた戯曲で、登場人物は少なく、室内で錯綜する会話劇のように進行する。認知症を扱ったドキュメンタリーやドラマは多いが、作品が非凡であるのは観客が認知症の症状を内側から経験するかのように、主に父の視点から描写されている構成にある。そのために観る者も当事者のように事実と幻想が混濁し、喪失していく記憶と愛の迷路をともにさまようことになる。

＊

ロンドンの街角を不安そうな表情の女性が急ぎ足で歩いている。中年を過ぎ知的な職業に就いているように見える娘のアンをオスカー女優のオリヴィア・コールマンが演じている。彼女の心配は一人暮らしの老いた父アンソニーだ。上質なアパートの扉を開け、父を探す。奥の部屋でヘッドフォンを耳にまどろむ父を演じているのは米英でアカデミー賞受賞歴をもつ八一歳の名優アンソニー・ホプキンス。監督は彼への敬意をこめて主人公の名前と生年月日を同じに設定している。

父と娘は会うたびに諍《いさか》う。アンの手配した介護人をアンソニーが拒み、暴言で泣かせたようだ。「誰の助けも必要ない」「おまえはいつも心配ばかり」という父に、アンは新しい愛のはじまりとその人の暮らすパリへの転居を告げる。「それで介護人を押しつけて見捨てるんだな」「でも週末には戻ってくる。父さんをひとりにはしない」。会話は成り立っているように見えるが、「妙なことばかり起こる」という父の記憶には浸食がはじまっていた。

*

認知症初期の妄想に「盗難被害」がある。アンソニーが盗られたと思ったのは時間を象徴する腕時計だった。やがて自分の存在する場所も、対面している相手も認識が錯乱しはじめる。娘がアンではなく別人と入れ替わっている。自分の部屋のはずが見知らぬ男がいる。別れたはずなのに娘の夫だと名乗り、居候しているのはアンソニーの方だと言う。自室の窓を開けると見知らぬ風景があり、自分の現在がわからなくなる。アンソニーにはアン以上に溺愛《できあい》したルー

監督・脚本：フロリアン・ゼレール／脚本：クリストファー・ハンプトン／配給：ショウゲート／2020年イギリス・フランス／1時間37分

シーという画家の娘がいたようだが観客には真偽不明だ。アンの手配で新しく若い介護人が訪れる。ルーシーに似ていると喜び、上機嫌に振る舞うが、やがて衝突する。「お着替えしましょう? 青いお薬? 私は非常に知的だ、忘れるな」

認知症でも失われないものは誇りと自尊感情だろう。その核心を攻撃する無理解な人物としてアンの「夫」が配されている。「いつまで我々をイラつかせる気です?」「娘さんの人生を破壊しつづけます? 理性的な行動を願うのは高望みですか?」。責め立てる男は妄想なのか現実なのか、観客にも判断はつかない。

＊

アンソニーの苦しみにアンの悲しみが交差する。娘がわからず他人を見る目になった父。善意は誤解され、ひとり台所でコーヒーを飲みながらカップを落とし、泣きながら破片を拾うアン。眠った父の頬を撫《な》でながら、その首を絞める衝動を抑えられなかったアン。自分の人生か、親の幸福か、未来のようにぼやけた背景に水道管から垂れる水滴がゆっくりと落ちてゆく。

アンソニーはやがて偏屈な老人から素直な幼児にも回帰する。いつのまにか住まいは老人ホームに移り、陽光に満ちた部屋でベテランの介護人に甘えている。「私は誰? アンソニー? いい名前だ。母が名づけた。母さんに会いたい」。遠い思い出が老いを慰める。

「風や雨……枝からすべての葉を失っていくようだ」。老いるだけでなく、自分であることが見失われ、冬の裸木のように愛と記憶を喪っていく怯えと混迷が、アンソニー・ホプキンスの驚くほど自然な演技で哀切に伝わる。

＊

後半、ビゼーの歌劇『真珠採り』から「耳に残るは君の歌声」がテノールで流れつづける。歌われている儚い夢、後悔、熱情、幻影はアンソニーの記憶のなかで鳴る音楽なのだろうか。窓の外では青空に公園のやわらかな緑の葉がそよぐ。父を残してタクシーに乗り、ホームの窓を見上げていたアン。

コロナの時代の無数のアンとアンソニー、そして私自身の行く末に映画は静かに思いめぐらせて闇に消える。

（『教育』二〇二一年六月号）

『真珠採り』
ジョルジュ・ビゼー作曲一八六三年初演。アリア「耳に残るは君の歌声」は「ナディールのロマンス」としても知られる。

無名の〝英雄〟が救った一二万の命

『アウシュヴィッツ・レポート』

ホロコーストに関する映画は、若い日から数多く観てきた。それは戦争体験を負って生きた世代と、社会科教師という職業を選んだ自分に課した務めのようでもあったが、歴史にみる権力の為した極限の悪と人間の示した「抵抗」への関心だったかもしれない。

映画は最初に「事実に基づく物語」というテロップが刻まれる。私も未知だったが、あまり知られていない史実だからだろう。一九四四年四月にアウシュヴィッツを脱走した二人のスロバキア系ユダヤ人がいて、彼らの告発レポートがハンガリーから強制収容所への一二万人の移送を止めたという。

なぜいまこの映画が重要なのかと問われて、本作の監督は「世界には〝英雄〟が必要だからです」と答えている。

だが彼らは華々しい英雄ではない。無名の青年が過酷な状況のもとで、どのように英雄になりえたのか、そこには熾烈《しれつ》な迫害に耐えた無言の支えと無数の抵抗があったことを映画は描く。

＊

セピアがかった寒色の画面に、見せしめとして縛られ吊るされた男が風に揺れ、縞模様の囚人服の群れが追い立てられている。彼らの吐く息の白さで酷寒が伝わり、楽隊の軽快なマーチが葬送曲のように聞こえる。

新たに到着した一団に看守が叫ぶ。「ユダヤ人諸君、最初の任務は名前を忘れることだ。名前など無駄だ、番号のほうが間違いがない」。全裸で点検を受ける人びとは、名前や衣服とともに尊厳を剝ぎ取られる。

二人の脱走者は死体記録係を命じられていた。名はのちにレポートの呼称ともなったヴルバとヴェツラー。裸で物体として積み上げられた死体の山、アウシュヴィッツで「処理」される死体の数は一日平均三〇一二人、ひと月九万三四〇〇人だったという。想像を絶する実態を記録して缶に詰め、二人は監視のいなくなる時間を待ち、仲間の助力で資材置き場の下に潜り込む。

だがそこから逃げ出せる機会はなかなかめぐってこない。動けない体と痛み、空腹と寒さ、木材の隙間から覗き見る収容所の光景は緊迫を増していた。

サイレンが鳴り響き、二人のいた九号棟は連帯責任で全員が寒風

監督・脚本：ペテル・ベブヤク／脚本：ジョセフ・パシュテーカ、トマーシュ・ボムビク／配給：STAR CHANNEL MOVIES／2020年スロバキア・チェコ・ドイツ／1時間34分

の外で終日立たされている。責任を問われる監視の伍長は、整列する囚人を狂ったように打ちつけ、室長は撲殺される。

幾人もいたであろう良心の信徒も描かれる。自分のパンを取り置いて弱っている同胞に差し出す修道士、黙して仲間を売らない僚友、他者の痛みが自分のそれ以上に耐えがたい人びと。

九号棟の囚人たちと抑圧者、資材置き場の下の脱走者をほぼ無言のままカメラが交互に映す。

＊

映画はアウシュヴィッツでの残虐も点描されているが、主な力点は究極の逆境に立たされた人びとの心理と葛藤に置かれている。暴力による恐怖と、徹底して蔑み貶《おとし》めることで人を無力にする支配の作法。抑圧する側も戦争被害を抱え、「相手を間違えた復讐」は内心の底深い腐食をもたらしている。

色彩の乏しい薄明と冷たい闇が画面を覆い、観る者は自分ならどうするだろうと苦しく自問する。

後半、鉄条網からの脱走に成功した二人の逃避行に物語は移る。食料もなく道のない山林を抜ける二人をカメラは横転や乱高下をくり返して追い、彼らのめまぐるしい希望と絶望の浮沈を伝える。そして二人は村人に救出され、人間の穏やかな親切にたどり着く。

赤十字の吏員が面会に訪れ、二人はもう一つの戦時の実相を思い知る。国際社会を欺くナチスの情報管理は奏功していた。隠蔽された真相、偽装された善意、赤十字が送ったおびただしい支援物資は何一つ届かず、一人の命も救ってはいなかった。二人の書いたレポートは世界に信じられるのか。

＊

エンドロールで観客は過去から現在に引き戻される。暗闇に音声だけで各国の演説の断片が流れる。「ガス室など存在しなかった」「ヒトラーは偉大だった」。歴史の偽造と偏見、黒人や移民、性的少数者への差別と悪罵に拍手と歓声がこだまする。

現代における英雄とは誰だろうか。それは自分に使命を課した人間のことだろう。世界ではいまも圧政に抗う名もない人びとが怯《ひる》まずに闘いつづけている。

映画は回想ではなく呼びかけである。私たちには何ができるのだろう。

激越な憎悪の音声のあとに、ただ美しい女声のスキャットだけが流れつづける。

（『教育』二〇二一年八月号）

時を超える銀幕の虹

『キネマの神様』

「観るたびに思う。映画は旅なのだと。幕開けとともに一瞬にして観るものを別世界へ連れ出してしまう」。原作の冒頭の原田マハの言葉である。そのとき、自分の人生がつらくあっても、映画はときめきや慰めをくれる。そして、映画館は自分の実人生を「映画」に変え、別のアングルから編集し生き直すヒントや力も与えてくれる。

原作では往年の名作映画の数々が老いた主人公とアメリカ人映画評論家とのブログの応酬という形をとって論じられる。映画好きなら自分が出会ったさまざまな名画と再会し、映画に重ねてその時々の懐かしい過去に灯がともる。

本作は松竹一〇〇周年記念として山田洋次監督に託された映画である。題名と登場人物を借りてはいるが、原作とは別作品に仕立てられている。

監督はおそらく『キネマの神様』という題名に強く惹かれたのだろう。描かれているのは彼自身の映画の神々への賛歌と、後世に伝えたい映画が輝いていた時代の忘れ難い記憶である。

原作

『キネマの神様』原田マハ／文藝春秋／二〇〇八年

三九歳独身の歩は突然会社を辞めるが、折しも趣味は映画とギャンブルという父が倒れ、多額の借金が発覚。ある日、父が雑誌「映友」に歩の文章を投稿したのをきっかけに歩は編集部に採用され、ひょんなことから父の映画ブログをスタートさせることに。〝映画の神様〟が壊れかけた家族を救う、奇跡の物語。

＊

映画は二つの時代をまたぐ物語に構成されている。登場する同一人物たちを人気の若手俳優と老優が共演し、映画の青春と老いも重ねられている。

舞台となっているのは華やかだった昭和の松竹大船《おおふな》撮影所と、現代の東京の片隅にある寂れた名画座である。主人公ゴウの現在を演じるのは沢田研二、老境でもギャンブルと酒がやめられず、年金と公園掃除で得るわずかの収入も競馬と麻雀に消えていくダメ親父である。一人娘の歩は若くして離婚し、その息子勇太は長く引きこもりながらもいまは自室でウェブサイト制作で稼いでいる。老妻と娘と孫の四人暮らしの家庭に波風は絶えず、ゴウの多額の借金まで露見して険悪となり、妻にも娘にも見放されかけている。そんなゴウにも愛してやまない「映画」があることを家族はよく理解していた。

彼の映画の盟友テラシンは元映写技師で、いまは若い日の夢だった好きな映画だけを上映する「テアトル銀幕」の館主である。彼らはかつて自分たちがかかわった映画の深夜の試写を観ているうちに時間移動する。場面の転換には助監督だった若きゴウの姿がかすかに映る、当時の銀幕のスター桂園子の黒い瞳のクローズアップが魔法のように使われる。華やかさと気品を兼ね備え、誰からも愛された園子役には原節子の化身のように北川景子が配されている。映画はそうして「夢の工場」と呼ばれた時代の活気あふれる大船撮影所と、彼らの青春に帰って行く。

ちなみに映画化に際しては、山田洋次監督が自らの若き日を重ねて脚色している。それを受けて、原作者自身が映画をノベライズしたのが『キネマの神様　ディレクターズ・カット』原田マハ／文藝春秋／二〇〇八年。

＊

若い日に、ゴウは映画監督への道、テラシンはいつか自分の映画館をもつことを夢見ていた。撮影所近くの「とらや」のような食堂の看板娘淑子《よしこ》をめぐる二人の恋と友情は、わが愛しの山田作品『ダウンタウンヒーローズ』を思い出させる。雑然とした撮影現場、青年たちの熱い映画論、散見できる名匠たちの映画観や監督作法、懐かしい「寅さん」の語り口で交わされる映画愛にあふれた人びとの会話と交流が快い。

だが、自分の書いたシナリオで初監督のチャンスを得ながら不運な事故と失態で映画の世界から逃亡したゴウ。

恋に破れて大船を去ったテラシン。その後の二人のそれぞれの長い人生。

そしてあの日の脚本が歳月を経てよみがえる奇跡。スクリーンを抜け出て若いままの姿でゴウに会いに来てくれる映画の女神、園子は夢のように美しい。

本作で描かれているのは昔ながらの松竹人情劇であり、山田監督がくり返し描いてきた家族や隣人の織りなす善意に満ちた温かな世界である。それは河島英五の歌のように「時代おくれ」かもしれない。だが歌と同じように、「似合わぬことは無理をせず／人の心を見つめつづける」映画は、懐かしく優しい場所に回帰する幸福を観客にもたらす。若い頃から山田監督のほぼ全作品を観てきた私には、本作は監督の「卒業論文」のようにも思えた。

『ダウンタウンヒーローズ』
監督：山田洋次／一九八八年日本
戦後の旧制松山高校を舞台に破天荒で純情な青春と儚い初恋を描く。学生寮の壁に落書きされていたゲーテの言葉「憧れを知る者のみ、我が悩みを知らめ」が切ない。

「時代おくれ」
作詞：阿久悠、作曲：森田公一
河島英五の代表曲。一九八六年四月二一日発売。「目立たぬように、はしゃがぬように／似合わぬこ

＊

エンドロールに映画に携わってはいない「大船撮影所で一緒に映画をつくった諸先輩、仲間たち」と、主演を予定されながらコロナ禍に斃《たお》れた志村けんの名が流れ、時代が刻印される。

松竹試写室を出ると、梅雨に濡れた銀座の街に人影は少ない。映画のなかでいちばん好きな映画はと問われた淑子が『素晴らしき哉《かな》、人生！』をあげていたことを思い出した。私なら最期にもう一度観たい映画は何だろうと、ひとり微笑みながら考えていた。

（『教育』二〇二一年九月号）

とは無理をせず／人の心を見つめ続ける／時代おくれの男になりたい」

『素晴らしき哉、人生！』
監督：フランク・キャプラ／一九四六年アメリカ

監督・脚本：山田洋次／脚本：朝原雄三／原作：原田マハ／配給：松竹／2021年日本／2時間5分

抵抗を生きた隣国の人びと

『茲山魚譜　チャサンオボ』

この映画を作ったイ・ジュニク監督を知ったのは日本留学中に独立運動の嫌疑で逮捕され獄死させられた韓国の国民的詩人、尹東柱《ユンドンジュ》を描いた映画『空と風と星の詩人　尹東柱の生涯』を観たときだった。次にこの監督の作品と出会ったのは関東大震災下の東京であらゆる抑圧に逆らい無政府主義者として囚われた朝鮮青年と、最底辺で生きながら彼を愛し抜き獄死した鮮烈な日本女性を描いた『金子文子と朴烈《パクヨル》』だった。

いずれも個人の自由と生命さえも奪う権力の理不尽の前に、前者は美しい詩で、後者はアナキズムという思想で鮮やかな抵抗の礫《つぶて》を投げ返した。

彼らは「強いられたすべてのものは〝ほんとう〟ではない」と考え、茨木のり子の詩のように「ひとりにだけふさわしく用意された〈生の意味〉」を探す、どこか爽やかな青年たちであった。

本作の主人公はさらに時代を遡《さかのぼ》るが、彼らの系列に連なる青年である。

＊

『**空と風と星の詩人　尹東柱の生涯**』
監督：イ・ジュニク／二〇一六年韓国

『**金子文子と朴烈**』
監督：イ・ジュンイク（ジュニク）／二〇一七年韓国

茨木のり子の詩
「内部からくさる桃」（詩集『女がひとり頬杖《ほおづえ》をついて』童話屋／二〇〇八年）より

白黒画面の端正な映像で一八世紀初頭の朝鮮王朝宮廷が現れる。第二二代国王正祖《チョンジョ》に深く信頼されていた天才学者丁若銓《チョンヤクチョン》が、王亡きあと、後継の幼い王の後見となった王后から迫害を受け追放される経緯が短く描かれる。

若銓を長男とする丁《チョン》三兄弟が優れた学識をもちながら禁制のカトリックの敬虔《けいけん》な信徒だったからだ。史実のとおり凄惨な拷問のあと、次男は殉教し、死刑を免れた二人は流刑となる。若銓が流されたのは孤島、黒山島《フクサンド》だった。

島を統治する別将《ピョルチャン》は彼を「西洋の邪悪な宗教を信じた逆賊」として冷遇するが、島民の寡婦カゴは彼を引き取り「国にとっては罪人でもうちにとっては客人だ」ともてなす。島で若銓と出会い、運命を変えていく若者が張昌大《チャンチャンデ》だ。彼は貧しい母子家庭に暮らす漁師だが、学問好きで手に入るわずかな書物をくり返し読みふけり、学問と知識に飢えていた。それを知った若銓が学びに来るよう誘うが、朱子学を信奉し官職も夢見る昌大は「影響を受けたら大変だ」と断る。そんな二人がどのように親交を結んでいくのか、その曲折を映画は温かく描く。

*

若銓は流刑地で三冊の本を残している。カゴが苦しめられていた不当な税制の一つ、松の木への課税を告発した『松政私議』、島を

監督：イ・ジュニク／脚本：キム・セギョム／配給：ツイン／2021年韓国／2時間6分

訪れた商人の流浪の冒険譚《ぼうけんたん》を聞き取った『漂海始末』、そして本作の題名にもなっている『茲山魚譜』である。

最後の著作は後世にも影響を残した魚類図鑑だが、昌大が深くかかわっている。若銓は運命を呪わず、置かれた場所で関心を広げ、島の自然と海洋生物に魅せられていくが、そのきっかけは昌大が届けてくれる魚介とその生態に関する彼の博識だった。若銓は「人の生きる道を探究したが、そんなものは漁師の知識に遠く及ばない。これからは明白な事物に目を向ける研究に投じたい」と昌大に学びの交換を提案する。

学識を高めた昌大はやがて村人からの尊敬も得て、その学才は本土にも届くようになる。だが青年には野望がある。立身出世の機会を得た昌大は師との確執ののち、科挙の受験をめざし家族とともに島を捨てる。

本土で官吏となった昌大が目撃したのは衝撃の出来事の数々だった。過大な税や特産物の搾取、米俵に砂を混ぜ、一六歳からの軍布納税を赤子にも課す。未納者への苛烈な体罰や投獄。民を食い物にして私腹を肥やし、酒席で笑いあう官吏たちは現代日本の風刺画のようにも見えた。昌大はそれに耐えることはできなかった。

＊

海原の向こうから島が近づく。モノクロームの風景は遠い記憶のような印象を与える。隣国である韓国の歴史と人びととの暮らし、その喜怒哀楽が同胞のように伝わる。そして言葉に色彩を感じることがあるように、白黒の画面が見る者の視覚で色彩を帯びる。「私が願うのは両班《ヤンバン》も庶民もない世の中だ。主人と奴婢も然り。王すら必要のない世界だ」。時代を先駆けた若銓の思想に私たちも驚き、敬服する。

若銓が何度かつぶやく「好奇心」という言葉も時代に響く。本年のノーベル物理学賞を受賞した真鍋淑郎《しゅくろう》さんがくり返し語っていた「好奇心」こそは、学びや研究だけでなく生きる駆動力かもしれない。

イ・ジュニク監督の描く人びとは逆境を生きながら悲壮ではなく、しなやかな軌跡を描く。抵抗とはたとえ徒労であっても未来のために「準備」することなのだろう。そして最大の抵抗は怯まず悔いなく生きることにちがいない。

地味な作品ながら本作は韓国で百想芸術大賞を受賞し、大ヒットして多くの観客に感動と共感を残したという。

（『教育』二〇二一年一二月号）

両班
朝鮮の高麗《こうらい》、李朝時代の特権階級。文官（文班）、武官（武班）を合わせて両班と呼ぶようになった。

ままならなくて愛おしい家族と人生

『ローラとふたりの兄』

心が疲れたとき、ふと観たい映画はどんなジャンルだろう。私の場合は、思いどおりにはならずうまくはいかない人生の失意や失敗を温かく掬《すく》い、小さな笑いや涙で包むハートウオーミングな作品だ。本作は生きるうえで免れない傷や汚れにやわらかな陽光をそそぎ、その痛みにも深味を与えてくれるフランスのラブコメディーである。

＊

映画は最初に降るような光の畑で幼い子どもを慈しむ女性が絵のように映される。子どもは自分の子ではないようで、探しに来た母親に連れられ去って行く。女性は弁護士として働く三五歳のローラで、ファーストシーンの情景の意味に観客は最後に気づく。

映画の舞台はパリではなくフランス西部の地方都市で、画面は一転して爆破されるビルと、それを見つめる解体業者の次兄ピエールに変わる。彼は無骨だが仕事には真面目な印象で、そんな彼が眼鏡士《がんきょうし》をしている長兄ブノワの再々婚の結婚式に大幅に遅刻し、スピーチで大きな失態を演じたことから家族の関係がこじれていく。

三人の兄妹は毎月、亡き両親の墓の前で集まる習慣をもっている。墓地は静かで、色づいた樹々が美しく、墓石は慎ましい。その前で、結婚式でのしくじりをまだ責める兄と弁解する弟、取りなす妹に「騒がしい」と注意する墓守のような老人。「どうせみんな死んでいる」と開き直る弟が笑わせる。

*

三人の兄妹のそれぞれの生活や生き方を映画はテンポよくつないでいく。

ピエールは妻に男と逃げられた傷をもつが、飛び級で大学進学が決まっている優秀で心優しい息子との二人暮らしだ。彼は解体工事の影響で壁に亀裂の入った公団住宅に住む一人暮らしの老女にも親身に対応するが、営利優先の会社とは対立し職を失う。兄妹にそれを隠すピエールは、不器用だが物語が進むにつれて親しみと魅力を増す。

長男のブノワは監督が自ら好演している。生真面目で融通の利かない性格で経営する店も順調とはいえない。これまで二度の結婚に失敗し、ようやく気の合う年下の新妻を得たが、愛しながらも扱いには苦慮している。兄妹和解の食事会での妻の妊娠発表を喜ばなかったことからブノワの妻は家を飛びだし、次々に騒動が広がる。

末妹のローラは離婚調停の席で罵りあう夫婦を見慣れる毎日だ

監督：ジャン＝ポール・ルーヴ／脚本：ダビド・フェンキノス、ジャン＝ポール・ルーヴ／配給：サンリスフィルム、ブロードメディア／2018年フランス／1時間45分

が、調停の弁護をしたゾエールという男と親しくなる。裁判過程で知った欠点を超える魅力も感じたからだ。交際の初めに「僕はあなたの欠点を知らない、不公平だ」と問うゾエールに「兄が二人いるわ」と笑って答えるローラ。それはいつも悩まされてばかりの兄たちへの愛情表現にも聞こえた。

ローラの遅い結婚を兄たちは曲折のあと祝福するが、その後、予期しない残酷な事実を彼女は知ることになる。生き悩むローラは、それでも終始知的でチャーミングに撮られている。

＊

物語は「人間を観察するのが大好きだ」という監督自身が体験したり見聞きした私的な出来事を題材に構成されているために細部のリアリティーに満ちている。そこにはきょうだい、夫婦、親子など家族ならではの本音と、それゆえの諍いがあり、隠したい秘密もある。彼らは不運にうずくまりもするが、卑小であったり、失敗や弱さを恥じはしない。至らない兄たちの不始末が回収される機転や誠意にも魅力がある。

フランス人の日常の愛情表現の濃さや感情表現の率直さにも驚くが、愛することや伝えることはいつも難しい。

ちりばめられたさりげない会話の温かさがいい。終盤、困窮を言い出せなかった弟にかける兄の言葉、関係修復を望みながら帰らない妻への弟の言葉、苦境の父を気遣う息子の言葉、手を差し伸べる元同僚の言葉など相手に寄せるそれぞれの想いがラストにあふれる。

＊

映画は軽快な明るさで綴《つづ》られているが、フランス社会の暗部も覗かせる。老朽化した住宅、老人の孤独、数多《あまた》の離婚訴訟、就労の不安定、差別や貧困はこの国も蝕んでいる。だからこそ、映画の作り手たちは幸福のありかを真剣に追う。「幸福はみな似ている」というがそうでもない。夫を幸せにできないと打ちのめされるローラがどのように違う幸福を得るのか、いい条件から外れたところにある思いがけない幸福を映画はたどり、夫婦の驚くほど爽やかな選択によって上質なハッピーエンドで幕を閉じる。

（『教育』二〇二二年一月号）

「幸福はみな似ている」
「幸せな家庭はどれもみな似ているが、不幸な家族にはそれぞれの不幸の形がある」というトルストイの言葉から。『アンナ・カレーニナ　1』望月哲男訳、光文社古典新訳文庫／二〇〇八年より。

誰にも媚びない精神の自画像

『魂のまなざし』

ヘレン・シャルフベックというフィンランドの画家を知ったのは二〇一五年の夏だった。新聞の美術欄で興味をもち、東京藝術大学美術館に足を運んだ。魅せられて翌年、展覧会が神奈川県立近代美術館葉山館へ移った際にも再訪した。

ヘレンは一〇代から高度の技量を磨き、写実画家として歩みだしている。その頃の幼い兄妹を描いた絵や愛情あふれる母子像は温かく優しい。なかでも病気の癒えた少女が一輪の小枝を見つめて微笑む「快復期」には強く惹かれた。それは二〇代初めに彼女が体験した一方的な婚約破棄と不可解な失恋の傷が癒えた日の、自分自身の精神の自画像だったという。ていねいで穏やかで柔和な筆致に、二五歳だったヘレンの生きる希《のぞ》みが芽吹きのように託されている。

私もこの原稿を不意のコロナ感染の快復期に書いている。ただ生きてあることの香《かぐわ》しい懐かしさで、絵のなかの少女を思い出している。その後の人生を彼女はどのように生きたのだろうか。

ヘレン・シャルフベック 一八六二〜一九四六。フィンランドを代表する画家ヘレン・シャルフベックは、三歳のときに事故で左足が不自由となり、小学校に通えず、家庭教師に絵の才能を見出される。一一歳でフィンランド芸術協会の素描学校に入学を許可され、その後奨学金を得てパリに留学する。帰国して素描学校で教鞭も取るが体調不良で職を辞し、その後ほとんどどこにも旅行する彼女の絵で、いちばん私を打ったのは一八歳から没年の八三歳まで、繰り返し描かれている彼女の自画像だった。

＊

一九一五年、映画で描かれているヘレン・シャルフベックはもう五〇歳を過ぎ、郊外で老いた母と二人で暮らしている。画面にインタビューを受けているヘレンが現れる。「なぜ戦争や貧困を描くのか？ その題材は女流画家にはふさわしくない」「画家が描くときは作品の説明など考えない。女流のレッテルも貼られたくない、一人の画家だから」。短い応答に彼女の人となりと生きた時代が端的に示される。

はにかんだ微笑み、芯のある強さ。カメラは画布に向かうヘレン、自画像を描くヘレンを追う。美術界から離れた初老のヘレンには常に孤独が漂うが悲壮ではない。野の花が咲く庭のベンチで、若い日にパリで留学をともにした親友ヘレナに手紙を書く。「他人は関係ない。自分のために自由に描いて」と友は返してくれた。室内のシーンが多いが、窓から差す光線が多彩でヘレンの内面をさまざまな角度で照らす。

ある日、あまり訪ねる人のいないヘレンの家に二人連れの男が現れる。画商のヨースタ・ステンマンは「あなたには類いまれなる才能がある」と言い、絵の購入を求める。同行の若いエイナル・ロイターは森林保護官で作家だが、独学で絵も学びヘレンを尊敬しているという。二人の企画したヘルシンキでのヘレンの大規模な個展は思いがけず盛

ことともなく自画像や身近な題材で絵を描き続ける。「快復期」はフィンランドの国宝級の作品といわれ、彼女の誕生日は絵画芸術を祝う国民の日に制定されている。

展覧会
日本では二〇一五年が最初で国内三か所を巡回し、高い評価を得た。二〇一九年に日本・フィンランド外交樹立一〇〇周年を記念した『モダン・ウーマン――フィンランド美術を彩った女性芸術家たち』展が国立西洋美術館で開催され、ヘレンの作品も多数再公開された。私はこのときも待ちかねて見に行った。

況となり、ヘレンは若い日以来の脚光を浴びる。だが当時の通例として絵の対価は女性に帰属しない。「女の物は男の物、総取りもできる」と言う兄に「絵を描いたのは私。認めない」と抗うヘレン。「世間体が悪い」と嘆く母に「今に世間が追いつく」と言い放つヘレンが小気味よい。

*

ヘレンの人生に二度目の恋が訪れる。「描くところを見たい」と時折訪ねてくるエイナルと過ごす穏やかな時間。一九歳の年齢差を超えて気心が通じあう会話、芸術をめぐる共感、深まる信頼。エイナルから海辺の別荘で一緒に絵を描かないかと誘われ、短い幸せなひと夏がはじまる。

白いシルエットのヘレンが陽炎《かげろう》のように揺れ、幻影の幸福を美しく映す。ピアノで演奏されるアレッサンドロ・マルチェッロのアダージョが哀切に重なる。「あなたを描いても?」というヘレンの控えめな愛の表現で、エイナルの肖像が描かれる。

だが幸福は続かなかった。森林保護の仕事へ復帰したエイナルからの待ちわびた手紙に同封されていたのは彼の若い婚約者の写真だった。錯乱し、絵の具まみれとなって絶望するヘレンは心身の衰弱で入院する。やがて病室の窓に雪が舞い、一輪のカーネーションに冬の陽がそそぐ。

*

マルチェッロのアダージョ
「オーボエと弦楽合奏のための協奏曲 ニ短調」は、マルチェッロのもっとも有名な作品。バッハはこの作品をチェンバロ独奏曲（BWV 974）に編曲し、映画『ベニスの愛』（監督：エンリコ・マリア・サレルノ／一九七〇年イタリア）でもテーマ曲に使われた。本作で流れるのもバッハ編曲のピアノ版。

手紙
ヘレンとエイナルは結ばれることなく、ヘレンは生涯独身だったが、友情は長く続き、生涯に交わした手紙や葉書は一一〇〇通を超えるという。

映画は失恋譚ではない。画家の再びの「快復」と再起、芸術家の放つ強靱《きょうじん》な自意識と高貴なまでの美意識を一〇〇年の時を超えて伝えようとする。

母の死後、誰もいなくなった家で自画像を描き続けるヘレン。映画の原題は『HELENE』だが展覧会と同じ『魂のまなざし』という邦題の的確さに驚く。傷心が創造に転化するだけではない。何が美しいかの転換がその絵にはある。秘めた激情も、静かな諦念も、戻らない愛情も、老いてゆく容貌さえも、彼女には美であったのだろう。

ヘルシンキのアテネウム美術館に数多くのヘレンの絵が架けられている。最後に暗闇の美術館で、一枚ずつその作品が繰られていく。自分の情熱に誠実であること、現代の「評価社会」を覆すヘレンの呼びかけが聞こえる。

（『教育』二〇二二年九月号）

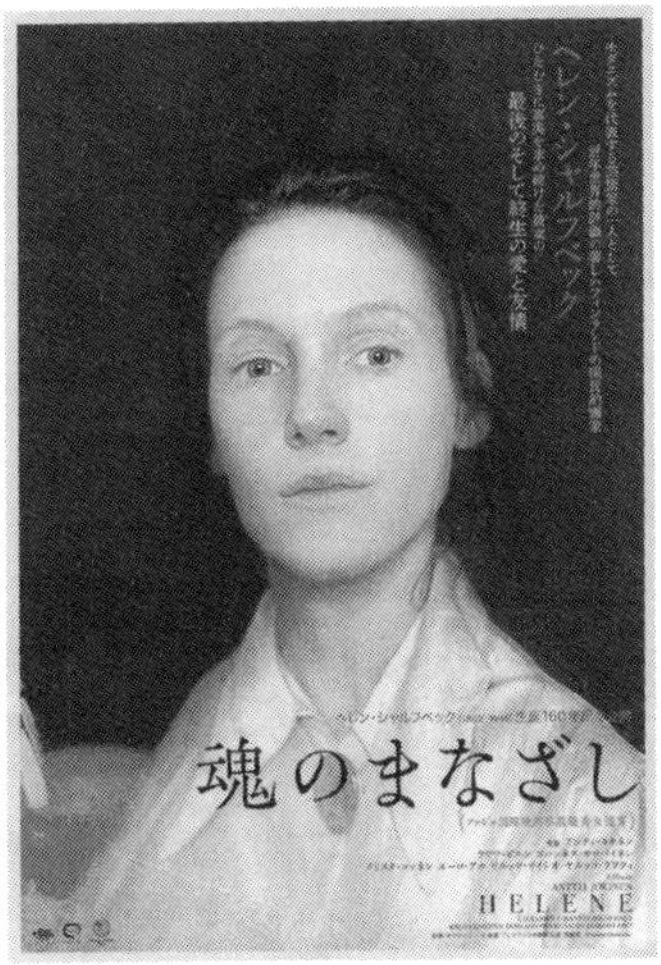

監督：アンティ・ヨキネン／配給：オンリー・ハーツ／2020年フィンランド・エストニア／2時間2分

おわりに

いつのまにか今年も雨と紫陽花《あじさい》の季節が去っていく。やがてまた新しい夏が来る。

私は人生のほとんどを〈学校〉で過ごした。生徒だったときも、教師になった後も、夏はいつも待ち遠しい季節だった。「夏休み」を迎える弾むようなうれしさ、夏の終わりの惜しむような淋しさ、思い出の夏はいつも少しの後悔を含んでまぶしく輝いている。そして永遠の夏休みに入ってから、この本をつくることは提出日を持たない長い「宿題」だった。

私は学校が好きだった。私の卒業した高松市立四番町小学校は廃校になったあとも校舎の一部と校庭は残されている。久しぶりに訪ねたとき、誰もいない校庭に夏の陽が落ちて、子どもだった自分の影が見えるようだった。たくさんの子どもだった私たちがそこを通り過ぎ、それぞれの人生の長い道のりを歩き続けてきた。

六年生のときに担任してくれた先生を思い出す。あまり取柄のなかった私に卒業前の学級会で劇を創るように勧めてくれた。たいした劇ができたわけではなかったはずなのに、友だちは笑って楽しんでくれ、先生は感謝してくれた。私も何か人に伝えるものが書けるかもしれない、と思わせてくれた初めての体験だった。

映画も学校と似ている。文化と触れあい、誰かと出会い、世界が広がり、新しい自分が生まれる。佐野洋子は子どもだった季節に「私は気づかずに人を愛するレッスンをしていた」という（『こどもの季節――恋愛論序説』河出書房新社／二〇一九年）。私たちは学校でも映画館でも同じレッスンを繰り返してきたのかもしれない。だから佐藤忠男は「映画館が学校だった」という（『映画館が学校だった――私の青春記』／講談社文庫／一九八五年）。

学校で出会ったさまざまな友だちが自分を映す鏡であってくれたように、スクリーンで見つめた数えきれない登場人物たちは自分を照らし、生きる問いを与えてくれた。

「幸福とは何か」という大きな問いも、密かに学校と映画が私に与えてくれた。「幸福はみな似ている」とトルストイはいう（四五九ページ参照）が、不幸だけでなく幸福もまたそれぞれに違うのではないかと映画を観てよく考えていた。負の要素にも幸福の欠片《かけら》はあるし、思いがけない幸福観の転換に微笑むラストを何度も映画で味わった。だから映画を観ることは、いつも学びで、いつも楽しい。

「宿題」は手伝ってくれる友だちがいるとはかどる。この本の編集は古くからの知人で雑誌掲載時にも担当してくれた分部恭子さんの助力に負っている。緻密なチェックだけでなく、本の意匠から私的なコメントを加えるアイディアまで彼女は楽しんで本を作ってくれた。二十年前に映画評を書くように勧めてくれたのは同じく若い頃からお世話になり、当事『教育』の編集を担当していた高原良治さんだった。お二人には深い感謝を捧げたい。

生前直接の面識はなかったが学生時代から敬愛していた川上徹さんの立ち上げた出版社から出版できることも喜びの一つであり、後を継ぎ広げているご子息の川上隆さんにも大変お世話になった。

また若い頃からその評論に親しみ、本書でも幾度も著作を引用した川本三郎さんに過分の推薦文をいただいたことも望外の喜びだった。

連載した雑誌『教育』の読者のみなさんや、教育科学研究会で出会い私の教育実践と生き方を豊かにしてくれたたくさんの友人、知人にもあらためて心からのお礼を申し上げたい。

二〇二二年七月　佐藤　博

若い頃から、観た映画は必ずパンフレットを購入し、チラシも大切に保存してきました。
・写真は、パンフレットの表紙を使用させていただきました。
・以下の作品はチラシを使用させていただきました。
『ラスト・プレゼント』『誰も知らない』『モーターサイクル・ダイアリーズ』『パッチギ！』『コーラス』『フラガール』『リトル・ミス・サンシャイン』『善き人のためのソナタ』『秒速五センチメートル』『シッコ』『きみの友だち』『スラムドッグ$ミリオネア』『半分の月がのぼる空』『マイ・バック・ページ』『かぐや姫の物語』『夢は牛のお医者さん』『ローマの教室で　我らの佳き日々』『わたしは、ダニエル・ブレイク』『花咲くころ』『海辺の映画館 キネマの玉手箱』『ブータン 山の教室』『ファーザー』『アウシュヴィッツ・レポート』『魂のまなざし』
・『我が心のオルガン』は、DVD（発売元：タキコーポレーション）のジャケットを使用させていただきました。

著者略歴

佐藤 博（さとう・ひろし）

1948年生まれ。香川県高松市出身。早稲田大学法学部卒。東京都北区と板橋区で36年中学社会科教師、在職中に東京大学、退職後法政大学・千葉大学・早稲田大学などで16年非常勤講師を務める。教育科学研究会常任委員。

著書（共著）:『若い教師の本』『中学教師もつらいよ』（ともに大月書店)、『新採教師はなぜ追いつめられたのか』『新採教師の死が遺したもの』（ともに高文研)、『みんな悩んで教師になる！』（かもがわ出版）ほか。

映画の本棚 2004-2022

世界はとても不思議で美しい

2022 年 9 月 5 日　　初版第 1 刷発行

著　者　　佐藤　博

編集協力　分部恭子

イラスト　佐藤　弦

装　幀　　クリエイティブ・コンセプト

発行者　　川上　隆

発行所　　同時代社

〒101-0065　東京都千代田区西神田 2-7-6

電話 03(3261)3149　FAX 03(3261)3237

組　版　　有限会社閏月社

印　刷　　中央精版印刷株式会社

ISBN978-4-88683-928-2